中国农业发展银行服务脱贫攻坚系列丛书

中国农业发展银行
定点扶贫之路

中国农业发展银行◎著

中国金融出版社

责任编辑：黄海清　童祎薇
责任校对：李俊英
责任印制：张也男

图书在版编目（CIP）数据

中国农业发展银行定点扶贫之路／中国农业发展银行著. —北京：中国金融出版社，2022.11

（中国农业发展银行服务脱贫攻坚系列丛书）

ISBN 978-7-5220-1426-5

Ⅰ.①中… Ⅱ.①中… Ⅲ.①中国农业发展银行—扶贫—概况 Ⅳ.①F832.33

中国版本图书馆CIP数据核字（2021）第249420号

中国农业发展银行定点扶贫之路
ZHONGGUO NONGYE FAZHAN YINHANG DINGDIAN FUPIN ZHILU

出版
发行　**中国金融出版社**

社址　北京市丰台区益泽路2号
市场开发部　（010）66024766，63805472，63439533（传真）
网上书店　www.cfph.cn
　　　　　　（010）66024766，63372837（传真）
读者服务部　（010）66070833，62568380
邮编　100071
经销　新华书店
印刷　天津市银博印刷集团有限公司
尺寸　185毫米×260毫米
印张　20
字数　390千
版次　2022年11月第1版
印次　2022年11月第1次印刷
定价　91.00元
ISBN 978-7-5220-1426-5
如出现印装错误本社负责调换　联系电话（010）63263947

丛书编委会

指导委员会： 钱文挥　解学智　湛东升

王昭翙　孙兰生　徐一丁　赵　鹏

张文才　朱远洋　周良伟　李小汇

编写委员会：

主　任： 钱文挥　湛东升

副主任： 徐一丁　张文才

成　员： 邵建红　杜彦坤　陆建新　欧阳平

陈小强　李国虎　陆　兵　李　玉

李卫娥　周建强　杨德平　武建华

赵建生　李振仲　吴　飚　刘优辉

肖　瓴

本书编写组： 吴　敏

吕维彬　刘俊标　杨绍帆　言东华

陈　博　吴霄宇

　　消除贫困、改善民生、逐步实现共同富裕，是社会主义的本质要求，是中国共产党对人民的庄严承诺。党的十八大以来，以习近平同志为核心的党中央把脱贫攻坚摆在治国理政的突出位置，作为实现第一个百年奋斗目标的重点任务，纳入"五位一体"总体布局和"四个全面"战略布局，采取一系列具有原创性、独特性的重大举措，组织实施了人类历史上规模空前、力度最大、惠及人口最多的脱贫攻坚战。经过全党全国各族人民共同努力，我国脱贫攻坚战取得全面胜利，完成了消除绝对贫困的艰巨任务，创造了又一个彪炳史册的人间奇迹。

　　金融扶贫，特别是政策性金融扶贫是国家层面的重要制度安排。中国农业发展银行作为我国唯一的农业政策性银行，自1994年成立以来，始终将服务国家战略和"三农"事业发展作为重要政治任务和职责使命，聚焦重点区域领域，特别是对贫困地区加大支持力度，资产规模突破8万亿元，贷款余额7.37万亿元，是我国农村金融体系中的骨干和主力。党中央打响脱贫攻坚战以来，农发行在全国金融系统率先发力，确立以服务脱贫攻坚统揽业务发展全局，坚定金融扶贫先锋主力模范目标不动摇，构建全行全力全程扶贫工作格局，大力支持易地扶贫搬迁、深度贫困地区、产业扶贫、"三保障"专项扶贫、定点扶贫、东西部扶贫协作和"万企帮万村"行动等，全力以赴支持打赢脱贫攻坚战。

　　脱贫攻坚期，农发行累计投放精准扶贫贷款2.32万亿元，占全国精准扶贫贷款投放额的四分之一；2020年末扶贫贷款余额1.5万亿元，投放额和余额始终稳居全国金融系统首位；连续5年荣获全国脱贫攻坚奖，5个集体和3名个人在全国脱贫攻坚总结表彰大会上荣获表彰，在历年中央单位定点扶贫成效评价中均获得"好"的等次，树立了"扶贫银行"的品牌形象，为脱贫攻坚战全面胜利贡献了农业政策性金融的智慧和力量。

习近平总书记指出："脱贫攻坚不仅要做得好，而且要讲得好。"2021年，农发行党委决定组织编纂"中国农业发展银行服务脱贫攻坚系列丛书"，系统总结政策性金融扶贫的成功经验，传承农发行服务脱贫攻坚精神，为支持巩固拓展脱贫攻坚成果、全面推进乡村振兴提供启示和借鉴。系列丛书共6册，依次为《农业政策性银行扶贫论纲》《中国农业发展银行金融扶贫"四梁八柱"》《中国农业发展银行金融扶贫模式》《中国农业发展银行定点扶贫之路》《金融扶贫先锋》《我所经历的脱贫攻坚故事》，从理论思想、体制机制、产品模式、典型案例、先进事迹等维度，全景式展现农发行服务脱贫攻坚的历史进程和实践经验。

本书为系列丛书第四册，以纪实的手法，精选记录了脱贫攻坚中农发行定点扶贫和对口支援的艰辛历程和实践壮举。编写组深入农发行五个定点扶贫和对口支援县，实地采访地方党政领导，定点扶贫和对口支援县村镇干部、企业和群众，农发行挂职干部，掌握了大量一手资料，勾勒和再现了发生在吉林大安、云南马关、广西隆林、贵州锦屏、江西南丰的感人故事，凝缩出了为定点扶贫和对口支援而战斗的农发行人的热情、智慧、坚韧和豪迈，力求全面展现农发行人"支农为国，立行为民"的家国情怀，甘于奉献、敢于牺牲的意志品质，坚定不移、贯彻始终的执行力和创新力，以期为乡村振兴阶段定点帮扶工作提供借鉴。

在一年多的编写过程中，编写组得到了来自农发行系统内外各位领导的悉心指导和各级行、各部门的大力支持。在此，谨向长期以来关心、支持和直接参与农发行服务脱贫攻坚工作的各级领导表示衷心感谢，向奋战在脱贫攻坚一线、为政策性金融扶贫事业作出贡献的广大同仁致以崇高的敬意！

由于编者水平有限，书中难免有疏漏、不当之处，敬请读者批评指正。

"中国农业发展银行服务脱贫攻坚系列丛书"编写委员会

2022年6月

目录
CONTENTS

战略背景篇

顶层设计篇

四级联动篇

融资助战篇

融智助力篇

附　录

后　记

战略背景篇

一、吹响脱贫攻坚号角

消除贫困、改善民生，逐步实现共同富裕，是社会主义的本质要求，是中国共产党的重要使命。

这些年，中国共产党领导全国人民实施大规模扶贫开发，7亿农村人口摆脱贫困，伟大成就举世瞩目，谱写了人类反贫困历史上的辉煌篇章。

实现全民共同富裕，是全党的历史性任务。党的十八大以来，扶贫开发工作纳入"四个全面"战略布局，作为实现第一个百年奋斗目标的重点工作，摆在更加突出的位置。大力实施精准扶贫，不断丰富和拓展了中国特色扶贫开发道路，不断开创了扶贫开发事业新局面。

习近平总书记2013年11月3日在湘西土家族苗族自治州花垣县排碧乡十八洞村调研，首次提出"精准扶贫"，强调扶贫要实事求是，因地制宜。要精准扶贫，切忌喊口号，也不要定好高骛远的目标。"让几千万农村贫困人口生活好起来，是我心中的牵挂。"习近平总书记对精准扶贫精准脱贫作出重要指示。他指出"扶持对象精准、项目安排精准、资金使用精准、措施到户精准、因村派人精准、脱贫成效精准"。

面临我国中西部省份贫困人口多、贫困程度深、减贫成本高、脱贫难度大的现实，2015年11月，中央扶贫开发工作会议在北京召开，中共中央、国务院印发《关于打赢脱贫攻坚战的决定》，对新阶段脱贫攻坚作出全面部署。

明确总体目标是：到2020年，稳定实现农村贫困人口不愁吃、不愁穿，义务教育、基本医疗和住房安全有保障。实现贫困地区农民人均可支配收入增长幅度高于全国平均水平，基本公共服务主要领域指标接近全国平均水平。确保我国现行标准下农村贫困人口实现脱贫，贫困县全部摘帽，解决区域性整体贫困。确立六项基本原则：坚持党的领导，夯实组织基础。坚持政府主导，增强社会合力。坚持精准扶贫，提高扶贫成效。坚持保护生态，实现绿色发展。坚持群众主体，激发内生动力。坚持因地制宜，创新体制机制。

强调加大金融扶贫力度：鼓励和引导商业性、政策性、开发性、合作性等各类金融机构加大对扶贫开发的金融支持。运用适当的政策安排，动用财政贴息资金及部分金融机构的富余资金，对接政策性金融机构的资金需求，拓宽扶贫资金来源渠道。

要求健全定点扶贫机制：进一步加强和改进定点扶贫工作，建立考核评价机制，确保各单位落实扶贫责任。深入推进中央企业定点帮扶贫困革命老区县"百县万村"活动。完善定点扶贫牵头联系机制，各牵头部门按照分工督促指导各单位做好定点扶贫工作。

中共中央、国务院要求各级党委和政府必须把扶贫开发工作作为重大政治任务来抓，切实增强责任感、使命感和紧迫感，不辱使命、勇于担当，只争朝夕、真抓实干，加快补齐全面建成小康社会中的这块突出短板，绝不让一个地区、一个民族掉队。

二、定点扶贫新定位

定点扶贫工作最早开始于20世纪80年代中期，与我国开展有计划、有组织、大规模的扶贫工作基本同步。

在波澜壮阔的扶贫开发实践中，党政机关、企事业单位、社会团体充分发挥各自优势，对贫困县开展定点帮扶，成为扶贫开发工作的重要组成部分。经过多年来的艰辛探索和帮扶实践，定点帮扶工作已经形成有效的模式。

定点扶贫工作有利于革命老区、民族地区、边疆地区、贫困地区加快脱贫、加快发展步伐，有利于定点扶贫单位贴近基层，了解民情，培养干部，转变作风，密切党群、干群关系，更有利于确保完成扶贫开发任务，顺利实现全面建设小康社会奋斗目标。

2015年6月，习近平总书记在部分省区市扶贫攻坚与"十三五"时期经济社会发展座谈会上指出："要健全党政机关定点扶贫机制，各部门要积极完成所承担的定点扶贫任务，国有企业要承担更多扶贫开发任务。"这是习近平总书记对脱贫攻坚工作的新要求，也是对定点扶贫工作的新定位。

定点扶贫工作总体任务是：宣传农村工作的各项方针政策，帮助稳定解决扶贫对象温饱问题并实现脱贫致富，坚持开发式扶贫，创新工作机制，调动各方力量推进定点扶贫工作。以国家扶贫开发工作重点县为主要对象，优先考虑西部地区，重点支持革命老区、民族地区、边疆地区、贫困地区的重点县。定点扶贫工作单位针对定点扶贫地区经济社会发展实际和现实需求制定帮扶工作规划，以整村推进、产业化扶贫、易地搬迁扶贫、基层干部和劳动力培训、基层组织建设等为工作抓手，把开展定点扶贫工作与培养锻炼干部结合起来，积极筹集和严格监管定点扶贫资金，确保专款专用。加强对定点扶贫工作的组织领导，做到分工明确、责任到人。

脱贫攻坚期间，国务院扶贫开发领导小组办公室会同中央定点扶贫牵头部门，不断调整完善结对关系，最终将参与定点扶贫的单位增加到320个，实现了中央单位定点扶贫资源与贫困县的两个全覆盖。

三、农发行定点扶贫阵地

使命在身，责任在肩。

从2002年起，在第一个十年农村扶贫纲要实施期间，农发行作为272个中央单位定点扶贫的单位之一，全力帮扶吉林省大安市和通榆县。2012年，在实施第二个十年农村扶贫纲要期间，国家部署开展新一轮定点扶贫工作，明确农发行定点帮扶吉林大安、云南马关、广西隆林、贵州锦屏4个县（市），同时对口支援江西南丰。

四县定点帮扶，三县深度贫困。一县对口支援，革命老区待兴。帮扶任务非常艰巨，光荣使命摆在农发行面前。

大安市，位于吉林省西北部，国土面积4879平方千米，隶属白城市，是吉林省8个国定贫困县之一，地处大兴安岭南麓集中连片特困地区。全市18个乡镇、5个街道、10个场站。2015年，大安市223个行政村中重点贫困村94个，贫困发生率达14.8%。地区生产总值为143亿元，全社会固定资产投资为120亿元，一般预算全口径财政收入和地方级财政收入分别为15.5亿元和9亿元。城镇居民人均可支配收入和农村居民人均纯收入分别为18940元和5980元，城乡收入差额巨大。尽管大安市属于平原地区，但全市有未利用地18.86万公顷，其中盐碱地11.1万公顷，占比58.85%，开发利用成本过高，资源有效利用率过低。在当地流传着"辛辛苦苦奔小康，得场大病全泡汤"的顺口溜，疾病已成为横亘在贫困户脱贫路上最大的"拦路虎"。"老人村""空巢村""空壳村"现象严重，内生动力严重匮乏，缺志气、缺活力、缺产业，加大了脱贫致富的难度。

马关县，位于云南省东南部，隶属文山壮族苗族自治州。南与越南老街、河江两省的箐门、新马街、黄树皮、猛康四县接壤。国境线长138千米，占中越陆地边界线长的6.92%，占云南省国境线长的1/10还多。辖内都龙为国家级陆路口岸。全县国土面积2676平方千米，有13个乡镇125个行政村（社区）、1个农场管理区。2015年贫困人口10.01万人，贫困发生率达21%。贫困村115个，占比92%。全县地区生产总值为69.3亿元，地方一般公共预算收入为5.1亿元，城镇、农村常住居民人均可支配收入分别为23527元和7644元。全县石灰岩山地与峡谷相间，石峰林与溶蚀洼地、溶蚀盆地交错，山地和窄型谷地约占全县面积的87.7%，丘陵盆地占12.3%，人均耕地仅1.39亩，土壤瘦、薄、酸、黏现象突出，缺磷少钾，土地质量差，产出率低。全县经济发展受地处"战区"影响，1993年才开始开发建设，改革开放较晚，思想观念保守，经济基础薄弱，产业发展滞后，是集边境、民族、贫困、山区、老区、原战区为一体的典型贫困县份。

隆林各族自治县，位于广西壮族自治区西北部，地处滇、黔、桂三省（区）交界处，隶属百色市，是中国仅有的两个各族自治县之一，境内民族风情多样，被誉为"活的少数民族博物馆"。全县总面积3551平方千米，境内海拔较高，山脉纵横，石漠化严重，无平原。2015年，全县辖16个乡镇179个行政村，2015年贫困人口2.7万户11.57万人，贫困发生率为23.57%，有贫困村97个。全县地区生产总值为48亿元，城镇居民人均可支配收入为25866元，农村居民人均可支配收入为5836元。隆林是国家级深度贫困县，是2019年广西壮族自治区认定的4个极度贫困县之一，也是2020年全国最后出列的52个贫困县之一。人民群众生活在荒漠的大山之中，被"贫困"二字压得喘不过气来。县域内部分村无硬化路，村民出行走的是山间羊肠小道，到县城只能是"两脚换两轮，两轮换四轮"。大多数村屯不通自来水，喝水全靠家庭水柜接储雨水，若到村边水井取水，住得远的村民来回要走两个半小时。隆林实现脱贫，既要与艰苦的自然环境抗争，又要走出大山找思路、找出路、找财路。

锦屏县，位于贵州省东南部，隶属黔东南苗族侗族自治州，地处云贵高原向湘西丘陵过渡地带，地貌破碎，九山半水半分田。总面积1597平方千米。2015年，全县有15个乡镇205个行政村，贫困村112个，4个社区委员会，2015年贫困人口7.08万人，贫困发生率达34.29%。全县地区生产总值为39.6亿元，全社会固定资产投资为222亿元，一般预算全口径财政收入和地方级财政收入分别为3.53亿元和1.98亿元，城镇居民人均可支配收入和农村居民人均纯收入分别为24826元和7157元。锦屏县经济基础差、底子薄，缺人才、缺资金、缺产业。绝大部分贫困户生活在偏远山区，居住分散，交通不便，远离集镇。杉木原本属于优势资源，因运输困难而成了难以变现的"死"资产。水果种植是锦屏的传统产业，尽管家家有果、树树开花，却因地力透支、植株老化、品质下降、销路过窄而逐渐被弃种，严重掣肘农民增收。

南丰县，位于江西省东南部，隶属抚州市，是原中央苏区核心县，国土面积1920平方千米。2016年，全县有12个乡镇、1个垦殖场，175个行政村，总人口32万人，贫困人口4723人，贫困发生率为1.6%。全县地区生产总值为115亿元，一般预算财政收入为11.97亿元，固定资产投资为89.2亿元，农村居民人均可支配收入为1.8万元。南丰以盛产蜜橘而闻名，是驰名中外的"中国蜜橘之乡"。民富而县穷，百姓普遍收入相对较高，但全县支柱产业小、散、弱。一遇市场波动或自然灾害，传统产业难以抵抗风险。蜜橘和龟鳖产业虽享誉全国，但科学种养技术偏弱，缺乏龙头企业带动，没有形成完整的产业链条。

四、农发行定点扶贫优势

习近平总书记强调，"做好金融扶贫这篇文章"，"加大对脱贫攻坚的金融支持力度，特别是要重视发挥好政策性金融和开发性金融在脱贫攻坚中的作用"。

贫困地区和贫困人口是"三农"最突出的短板、弱势领域中最薄弱的环节，迫切需要政策性银行发挥主导性作用，提供资金和智力支撑。农发行作为我国唯一的农业政策性银行，始终牢记习近平总书记的嘱托，"支农为国，立行为民"，把国家和人民的利益摆在至高无上的位置，把贫困群众对美好生活的向往作为追求，始终将服务脱贫攻坚作为重大政治任务和历史使命，充分发挥先锋主力模范作用，全行全力全程支持打赢脱贫攻坚战。

发挥资源优势，奋勇前行当先锋。

农发行的政策性与扶贫开发的战略性、公益性高度契合。多年来始终坚持服务国家战略，坚持社会效益优先，主动扶持弱势领域，主动让利于贫穷落后地区和贫困弱势群体。在思路创新、产品研发、模式探索、专项行动、信贷投放上实现"五个率先"。瞄准贫困地区义务教育、基本医疗、住房安全和饮水安全等薄弱环节，研发推出教育扶贫、健康扶贫、贫困村提升工程等扶贫信贷产品。坚持把产业扶贫作为精准扶贫、稳定脱贫的关键之举，创新推广产业扶贫模式，及时推出产业化联合体、总部经济、产业扶贫合作平台的模式，重点支持贫困地区粮棉油收储、特色产业提升和新产业新业态的发展。率先打响金融服务易地扶贫搬迁的"第一枪"，迅速推出专门贷款产品。聚焦贫困地区交通出行、公共服务均等化、农村人居环境等领域，充分发挥好产品组合拳优势。大力支持贫困地区交通、水利、生态保护等基础设施建设。突出解决瓶颈制约问题，多渠道筹集资金回流贫困地区和贫困群体，彰显引导和先导作用。

立足人才基础，负重奋进当主力。

脱贫攻坚是一场硬仗，深度贫困地区脱贫攻坚更是硬仗中的硬仗，需要拿出"敢教日月换新天"的气概，鼓起"不破楼兰终不还"的劲头，攻坚克难，乘势前进。成立之初就履行金融扶贫职责的农发行，肩上有沉甸甸的担子，身后有群众眼巴巴的目光。全行2100多个机构、5万多名干部员工心系农民、根在农村，长期深耕"三农"，机构和人员重心都在基层，始终专注服务农业农村经济社会发展，始终竭力助推贫困人口脱贫致富。在服务"三农"和扶贫开发阵地上勇挑重担，冲锋陷阵，成为骨干、支柱和主力，锻造了一支懂农业、爱农村、会帮扶、作风硬的队伍。农发行四个定点扶贫县、一个对口支援县实现机构全覆盖。通过多年支持"三农"发展的实践，全行干部员工具有敢为人先、勇打头阵的奋斗精神，具有越是艰险越向前的斗争精神，具有团结向上、精诚合作的团队精神，这是做好定点扶贫工作的坚实基础。

依托经验积累，奋发有为当模范。

农发行支持贫困地区发展积累了丰富经验，具备专业能力。农发行自1994年成立以来，承担着包括信贷扶贫在内的农业政策性金融业务，支持《国家八七扶贫攻坚计划》，开办了一般扶贫贷款、边境贫困农场贷款和康复扶贫贷款等扶贫业务，到1997年末扶贫贷款余额达331亿元。1998年以后，农发行业务范围发生较大调整，但通过支持粮棉油收储和农业农村基础设施建设，仍持续加大对贫困地区信贷投入。农发行长期专注支持农业和贫困落后地区，是机构覆盖面最广泛的政策性银行，在扶贫金融方面形成了独特的优势和信贷管理经验。在《中国农业发展银行政策性金融扶贫五年规划》中，农发行对自身的能力和优势予以清晰界定。脱贫攻坚使命在眼前，无论是从履职需要、拓展业务还是锻炼队伍、储备人才方面，农发行都有实力、有能力、有信心模范地履行好职责，承担起定点扶贫的神圣使命。

■ 2016年5月20日，召开农发行2016年度脱贫攻坚工作会议。国务院扶贫办主任刘永富出席会议

■ 2017年2月23日至24日，召开农发行2017年度脱贫攻坚工作会议。国务院扶贫办主任刘永富出席会议

■ 2018年4月16日，召开农发行2018年度脱贫攻坚工作会议。国务院扶贫办主任刘永富出席会议

■ 2019年2月27日至28日，召开农发行2019年度脱贫攻坚工作会议暨中央脱贫攻坚专项巡视整改工作会议。国务院扶贫办副主任欧青平出席会议

顶层设计篇

脱贫攻坚是一项系统性工程，定点扶贫是这项工程的重要方面，必须集中全行力量和资源，层层压实责任，坚持优先优惠，实施精准帮扶。

一、规划统筹引领

（一）绘制五年蓝图

蓝图绘就扶贫业，历经挑战不动摇。

只有鲜明的目标任务，农发行在服务脱贫攻坚的道路上才能蹄疾步稳。《中共中央　国务院关于打赢脱贫攻坚战的决定》印发后，2016年7月农发行便在全国金融系统率先出台《中国农业发展银行政策性金融扶贫五年规划》（以下简称《规划》），明确指导思想、基本原则、任务目标、工作要求和政策措施，为农发行政策性金融扶贫提供坚强指引。《规划》中明确扶贫工作要做到创新引领，形成符合贫困地区需求，具有农发行特色的产品服务体系、政策制度体系、运营管理模式和核心业务能力，扶贫贷款做到支持精准、管理到位，财务可持续，风险总体可控；扶贫贷款资金来源稳定，资金来源的种类、结构、数额与资金运用相匹配；要求扶贫成效比较突出，得到社会认可，向中央签署脱贫攻坚责任书的22个省份的省级分行、832个国家级贫困县中有机构的县支行成为当地脱贫攻坚先进单位。

在支持区域上，重点支持国家级贫困县摘帽，解决区域性整体贫困。积极支持建档立卡贫困村退出，加快改善贫困村生产生活条件。特别是把贫困地区中的革命老区、农发行定点扶贫县和政策性金融扶贫实验示范区作为支持的重中之重，加大投入和优惠力度。在支持领域上，聚焦贫困户"两不愁，三保障"问题，切实加大支持力度，以易地扶贫搬迁为重点，统筹支持产业扶贫、基础设施扶贫、职业教育扶贫、生态保护扶贫和转移就业扶贫等。在支持模式和支持手段上，重点推进承贷主体创新、信贷产品创新、贷款方式创新、管理手段创新等。

明确把定点扶贫工作作为全行扶贫工作的窗口和标志，为全行扶贫工作积累经验、树立标杆。建立定点扶贫工作总行行领导分工联系工作机制，明确责任目标，多方筹措资源，选派优秀挂职干部，组建帮扶工作小组，进一步提高定点扶贫的精准度和有效性，着力增强定点扶贫地区造血功能。制订定点扶贫工作规划和实施方案，落实规划时间表、路线图。与定点扶贫县合作建立脱贫专项资金，加大资金投入、智力支持、技术服务以及信息与政策指导，把工作目标瞄准贫困户，确保帮扶资金和措施落到贫困人口，不断提高帮扶实效。对吉林大安、广西隆林、贵州锦屏和云南马关4个定点扶贫县，执行政策性金融扶贫实验示范区同等优惠和先行先试政策，在贷款利率上参照执行实验示范区的贷款利率政策，助推定点扶贫县率先脱贫、稳定脱贫。对尚无金融服务机构的定点扶贫县，加快设立分支机构；建立农发行党员和领导干部结对帮扶工作机制。加强与国务院扶贫办、人民银行等定点扶贫综合协调和牵头部门的沟通汇报，以扶贫成效为导向，扎实推进定点扶贫各项工作开展。

（二）谋定三年行动

2018年，脱贫攻坚"棋至中局"，距离2020年打赢脱贫攻坚战只有三年时间。农发行经历了脱贫攻坚辉煌战役的烽火历程，经受了定点扶贫艰苦卓绝的淬炼洗礼，对于肩上重任愈发不敢丝毫懈怠，仍需坚韧进取，继续行动。

《中共中央　国务院关于打赢脱贫攻坚战三年行动的指导意见》印发后，2018年11月农发行迅即出台《中国农业发展银行支持打赢脱贫攻坚战三年行动方案》。三年行动着力在精准和聚焦上下功夫，做到调子不变、力度不减、工作不松，扶贫投入更加有力，信贷投向更加聚焦，金融服务更加优质，工作成效更加突出，在打赢三年脱贫攻坚战中成为金融扶贫的先锋主力模范。

咬住目标不松劲。

三年行动精准扶贫贷款投放不低于8000亿元，力争实现投放9000亿元。金融服务紧紧围绕贫困地区、贫困群众脱贫需求，积极适应国家政策变化要求。确保贫困地区和贫困群众满意，得到社会广泛认可，定点扶贫在中央考核中保持第一梯队。

八大坚持不松手。

继续坚持精准方略，围绕"两不愁，三保障"目标，确保扶真贫、真扶贫、真脱贫、脱真贫。坚持创新引领，推进金融扶贫产品创新、服务创新、管理创新和体制机制创新。坚持把提高脱贫质量放在首位，更加注重金融扶贫投入、结构及长期效果。坚持优先优惠，按照保本经营原则，合理确定扶贫贷款价格。坚持可持续发展，遵循银行规律，围绕现金流定项目，确保放得出、收得回、能保本。坚持强化资源保障，拿出真金白银，确保政策性金融扶贫"粮多弹足"。坚持构建全行扶贫和大扶贫工作格局，完善扶贫金融事业部运行机制，强化全行、全力、全程扶贫。坚持加强作风建设，将脱贫攻坚战场作为锤炼作风的重要阵地，促进各项扶贫举措落实到位。

定点扶贫不松劲。

聚焦定点扶贫县重点领域和薄弱环节，加大政策性金融投入力度，确保定点扶贫县贷款增速不低于全行贷款增速，精准扶贫贷款增速不低于全行和所在省级分行精准扶贫贷款增速、不低于所在县同业精准扶贫贷款增速"三个不低于"目标。加大定点扶贫捐赠力度，每年新增捐赠指标优先向定点扶贫县倾斜。定点扶贫县同等享受"三区三州"深度贫困地区、实验示范区差异化支持政策。加大招商引资力度，积极推进融商合作，搭建产业对接平台。加大对贫困村党支部书记、致富带头人、实用科技人才"三支队伍"的培训力度。健全总行统筹、省级分行负总责、市县（分）支行抓落实的工作机制。定点帮扶工作纳入对总行部室和省级分行年度工作考核。定期开展督导检查，促进定点扶贫县党政落实脱贫攻坚主体责任和扶贫政策措施。建立定点扶贫县精准扶贫统计台账和工作台账，加强扶贫资金、扶贫措施、扶贫成效的监测管理。

东西部扶贫协作不松懈。

聚焦人才支持、市场对接、劳务协作、资金支持等重点，争取将更多的优质客户、产业项目、资金、担保资源引入西部贫困地区。主动对接地方政府，及时了解对口支援贫困地区重大建设项目，优先解决信贷资金需求；大力支持东部地区企业到西部地区建设产业园区、"扶贫车间"和发展产业，吸纳贫困人口就业。东部地区省级分行平均每年要引导辖内2~3家带贫成效显著、符合国家相关政策要求的企业到西部贫困地区投资，鼓励辖内企业通过建立产销对接、吸纳贫困人口就业等方式，支持西部贫困地区脱贫攻坚，将东西部扶贫协作工作情况纳入脱贫攻坚工作考核。

"万企帮万村"扶贫不松动。

充分利用各类贷款产品为参与"万企帮万村"行动的扶贫企业量身定做金融服务方案，着力支持一批实力强、效益好、诚信好、有良好社会声誉、内部管理规范、精准扶贫成效显著的示范企业。协调扶贫办、工商联系统，推动以省、市、县为单位利用扶贫资金、财政资金等多种形式建立专项担保基金，探索"政银担""政银保"等为参与"万企帮万村"行动企业多方增信的"2+N"信贷模式。将支持"万企帮万村"精准扶贫行动发放的贷款纳入扶贫贷款管理，适当放宽示范企业准入门槛，实施差别化贷款条件，强化资源配置，开辟绿色办贷通道，适度提高风险容忍度，落实尽职免责，建立贷款共管机制，加大考核挂钩力度。

二、紧抓部署落实

五年来，农发行党委每年召开脱贫攻坚工程领导小组会议，召开扶贫金融事业部执行委员会会议、总裁办公会会议，累计研究制定各类扶贫文件上百份，高频度、高效率、高质量部署落实定点扶贫工作。

2016年，全面启动之年。

这一年，农发行研究政策、建立机制、设计模式，印发"十三五"期间脱贫攻坚纲领性的五年规划，向定点扶贫县增派人员，在全国首创三人小组帮扶模式，定点扶贫正式成为农发行脱贫攻坚工作的窗口和标志。5月，在首次农发行脱贫攻坚工作会议上，时任董事长解学智特别强调，作为中央单位，加大对定点扶贫县的帮扶力度是农发行的分内职责，全行上下要增强服务定点扶贫县贫困人口脱贫的责任感，把定点扶贫工作摆在更加突出的位置，作为全行扶贫工作的窗口和标志，进一步强化责任，完善机制，拿出过硬的措施助力定点扶贫县率先脱贫，为全行扶贫工作积累经验、树立标杆。6月，时任行长祝树民主持召开扶贫金融事业部执行委员会2016年第1次会议，定点扶贫相关基础性文件制度框架在本次会议中初具雏形，包括扶贫金融事业部执行委员会工作机制、《政策性金融扶贫五年规划》《加快推动定点扶贫有关工作的意见》《省级政策性金融扶贫实验示范区工作方案》《优化精准扶贫贷款办法》的制定流程和贷款审批权限问题。10月，时任行长祝树民主持召开扶贫金融事业部执行委员会2016年第7次会议，审议关于创建第二批省级政策性金融扶贫实验示范区的建议；审议对定点扶贫三人小组派出人选的初步建议。三人小组工作模式正式启动。

2017年，深入探索之年。

这一年，农发行定点扶贫工作全面深化，创建连续三年召开深度贫困地区脱贫攻坚现场推进会机制。制定总行机关部门脱贫攻坚工作专项考核指标，客观评价脱贫攻坚工作质量和成效。在山西吕梁召开现场推进会，全行推广产业扶贫"吕梁模式"。1月，时任行长祝树民主持召开扶贫金融事业部执行委员会2017年第1次会议，审议《关于召开脱贫攻坚工作会议的方案》《助推定点县脱贫攻坚对接推进暨培训会工作方案》。4月，农发行召开助推定点扶贫县脱贫攻坚对接推进会，精准对接定点扶贫县脱贫攻坚需求，搭建对接合作平台，提升定点扶贫县造血功能与自我发展能力。7月，定点扶贫（对口支援）县干部培训班首次开班，标志农发行"四融一体"中融智工作进入实践阶段，中央企业的帮扶工作从单一的资金支持延展到智力、智能、志气的立体化帮扶。

2018年，承前启后之年。

这一年，农发行召开年度脱贫攻坚工作会议，时任国务院扶贫办主任刘永富应邀出席并讲话。出台《支持打赢脱贫攻坚战三年行动方案》。首次组织22家中西部省级分行向总行党委签订《服务脱贫攻坚责任书》，5家省级分行向总行党委签订《定点扶贫责任书》和《对口支援责任书》。2月，时任行长钱文挥在总行会见隆林县党政班子时指出，隆林县是集中连片特困地区县，又是深度贫困县，隆林县的脱贫工作中有农发行的重要责任，隆林县的脱贫任务完成也有农发行的光荣。总行党委对扶贫工作特别是定点扶贫工作非常重视，专门成立了以解学智为组长的定点扶贫工作领导小组，建立了总行行领导包片扶贫联系制度。董事长等多位行领导多次赴隆林县实地调研指导，做了大量工作，并取得了积极的成效。3月，时任董事长解学智主持召开脱贫攻坚工程领导小组暨定点扶贫工作领导小组2018年第1次会议，学习贯彻习近平总书记在打好精准脱贫攻坚战座谈会上的重要讲话精神，谋划2018年政策性金融扶贫工作，时任行长钱文挥出席。4月，时任行长钱文挥主持召开扶贫金融事业部执行委员会2018年第2次会议，传达学习国务院脱贫攻坚工作专题会议精神，审议《中国农业发展银行健康扶贫贷款办法》《关于做好政策性金融支持贫困村提升工程的意见》《关于做好政策性金融支持贫困村创业致富带头人工作的意见》《定点扶贫县贷款利率优惠方案》。7月，时任行长钱文挥主持召开扶贫金融事业部执行委员会2018年第3次会议，传达学习《中共中央　国务院关于打赢脱贫攻坚战三年行动的指导意见》。10月，中国人民银行在贵州省锦屏县召开中央金融单位定点扶贫工作推进会，农发行承办，时任董事长解学智、副行长鲍建安出席会议并讲话。11月，时任行长钱文挥主持召开扶贫金融事业部执行委员会2018年第4次会议，听取承办中央金融单位定点扶贫工作推进会情况报告和5个定点扶贫县产业扶贫招商引资对接会情况报告。审议《中国农业发展银行督促检查定点扶贫县履行脱贫攻坚主体责任工作方案》。

■2018年10月，农发行配合人民银行协办中央金融单位定点扶贫工作成果展

2019年，冲刺进取之年。

这一年，"四融一体"帮扶局面全面展开，定点扶贫工作进一步提速增质。2月，时任行长钱文挥、副行长殷久勇出席农发行2019年金融债券承销团组建大会暨债券发行15周年高峰论坛，招商基金与广西隆林县政府代表举行扶贫捐赠签约仪式。9月，时任行长钱文挥主持召开扶贫金融事业部执行委员会2019年第4次会议暨扶贫金融事业部总裁办公会2019年第3次会议，审议《中国农业发展银行2019年定点扶贫（对口支援）县招商引资对接会筹备方案》和《农发行2019年助推定点扶贫县脱贫攻坚专项督导工

作方案》，听取扶贫领域作风问题专项治理情况，研究使用人民银行专项扶贫再贷款资金事宜。在浙江杭州召开2019年定点扶贫（对口支援）县招商引资对接会。

2020年，决胜攻坚之年。

这一年，对未摘帽的贫困县采取更加有力的差异化倾斜政策，召开"四级联动"挂牌督战视频会议17次。3月，时任行长钱文挥、副行长赵鹏出席服务广西脱贫攻坚挂牌督战暨隆林县定点扶贫工作视频会。4—9月，副行长徐一丁先后三次出席季度定点扶贫（对口支援）专题调度视频会并讲话。9月，副行长徐一丁到苏州农村干部学院出席2020年定点扶贫县扶贫干部第一期培训班开班仪式并致辞，出席在广西南宁举行的2020年定点扶贫县消费扶贫现场推进会。12月，董事长钱文挥主持召开脱贫攻坚工程领导小组2020年第2次会议暨扶贫金融事业部执行委员会2020年第4次会议，听取扶贫金融事业部执行委员会成员单位脱贫攻坚工作和定点扶贫工作情况，部署重点工作。

三、搭建组织架构

农发行坚持以脱贫攻坚统揽全局，把服务脱贫攻坚作为首要任务紧抓不放。建立系统化金融扶贫组织体系，对脱贫攻坚和定点扶贫工作进行专题研究，形成了同频共振、力出一孔的工作格局。

（一）成立脱贫攻坚工程领导小组

2015年，农发行成立脱贫攻坚工程领导小组，负责对全行支持脱贫攻坚工程的组织领导，定期研究分析政策性金融扶贫形势，决定政策性金融扶贫重大问题，争取有利的外部环境和政策支持。

领导小组办公室设在扶贫金融事业部，负责日常工作，承担综合、协调、沟通、督办、服务等职能，推进落实领导小组各项决策部署。

（二）成立扶贫金融事业部

2016年5月16日，按照党中央、国务院要求，经报银监会批复同意，农发行成立扶贫金融事业部，实行事业部制管理，在农发行公司治理框架下运作，在授权范围内开展经营管理工作，实行单独核算，总行参照内设部门进行管理。总行行长担任总裁，主管副行长担任常务副总裁，设立扶贫金融事业部执行委员会，负责贯彻落实总行党委重大决策和议定事项。扶贫金融事业部内设扶贫综合业务部、易地扶贫搬迁部、产业发展扶贫部、基础设施扶贫部、扶贫信贷管理部和风险控制部6个职能部门。2018年、2019年两次调整优化扶贫金融事业部机构设置及部门职能，形成"1＋N＋M"组织架构："1"

是扶贫综合业务部为扶贫金融事业部综合统筹部门，重点发挥综合、协调、沟通、督办、考核等职能。"N"是扶贫金融事业部组成部门，包括粮棉油扶贫部、基础设施扶贫部、创新扶贫部、扶贫信贷管理部4个部门。"M"是扶贫金融事业部执行委员会成员单位，包括战略规划部、资金部、信用审批部、风险管理部、内控合规部（法律事务部）、财务会计部、人力资源部7个部门。构建"一组两会"运行机制，即脱贫攻坚工程领导小组、扶贫金融事业部执行委员会、扶贫金融事业部总裁办公会。

（三）开展扶贫干部双向交流

农发行把服务脱贫攻坚作为培养干部、储备人才的重要平台，选优配强贫困地区分支机构干部。从总行扶贫金融事业部选派10名扶贫干部，到"三区三州"等深度贫困地区市县行履职帮扶，履职期2年，充实脱贫攻坚一线力量，提升服务贫困地区脱贫攻坚能力。从扶贫工作重点省市分行交流10名业务能力突出、工作经验丰富的扶贫业务骨干，充实到扶贫金融事业部关键处室、关键岗位，交流期2年，在脱贫攻坚最关键时期发挥攻坚拔寨"突击队"的作用，确保尽锐出战，强化扶贫金融事业部攻坚作战能力。"三区三州"省级分行扶贫业务处人员配置不少于7人，明确1名副处长专职分管"三区三州"金融扶贫工作。其他省级分行扶贫业务处人员配置不少于5人。

（四）设立扶贫金融事业部分部

2017年，在向中央签署脱贫攻坚责任书的22个省份（含吉林、江西、广西、贵州、云南）的省级分行设立农发行扶贫金融事业部分部，成立扶贫金融事业部分部执行委员会，在省级分行党委领导下开展经营管理工作，同时接受总行扶贫金融事业部的业务指导和管理。扶贫金融事业部分部由省级分行行领导和扶贫业务处、产业发展扶贫处、基础设施扶贫处、扶贫信贷管理和风险控制处组成。

（五）成立定点扶贫县三人小组

2016年，农发行对定点扶贫县在已派一名干部的基础上，总行、省级分行各增派一名干部，组成三人小组，协助地方党委和政府拓宽工作思路，创新扶贫方式，抓好中央各项扶贫政策落地。按照中央要求需要派人到定点扶贫县贫困村任第一书记的，从三人小组中选派。三人小组围绕"两不愁三保障"精准施策，深入调查研究定点扶贫县经济社会发展状况及致贫原因，进村入户开展调研督查，协助开展东西部扶贫协作，加强专项扶贫捐赠资金管理，督促定点扶贫县党委和政府履行脱贫攻坚主体责任，推动定点扶贫县各项扶贫工作开展，认真落实重大事项报告制度，加强外部交流宣传，协助组织定点扶贫县干部培训，全力助推定点扶贫县率先脱贫摘帽。

■ 农发行召开派驻定点扶贫县挂职三人小组动员会议

■ 2018年12月29日，隆林三人小组到贫困户家中走访慰问

■2019年1月31日，马关三人小组春节前到基层调研并慰问贫困户

■2019年5月16日，三人小组协同马关县招商部门有关人员赴浙江省衢州市与浙江天子股份有限公司进行招商引资合作洽谈

（六）增设定点扶贫县支行

2016年，农发行4个定点扶贫县中，贵州锦屏、云南马关没有农发行县级支行，由扶贫工作组负责宣传推介农发行金融扶贫政策和产品，对接地方政府扶贫开发工作，协助地方政府编制脱贫攻坚规划和融资方案，制定政策性金融扶贫业务发展规划和年度计划并提供金融服务。根据银监会"鼓励银行业金融机构到贫困地区、贫困县、机构空白乡镇设立标准化固定营业网点"的要求，2017年，农发行在云南马关县和贵州锦屏县增设县支行。9月15日、10月17日，农发行马关县支行、锦屏县支行相继开门营业。至此，农发行对定点扶贫县实现机构全覆盖。

四、实行优惠政策

全力支持深度贫困地区打赢脱贫攻坚战。农发行2018年制定28条支持深度贫困地区差异化政策，2019年制定10条支持"三区三州"等深度贫困地区脱贫攻坚的特殊举措，2020年制定11条未摘帽贫困县金融扶贫差异化信贷支持政策。定点扶贫县和对口支援县享受同等信贷倾斜政策。三年制定政策，三年贯穿始终，三年稳步推进，三年情真意切，农发行在定点扶贫工作上的决心、使命、情怀与担当得到充分展现。

（一）差异化支持"三区三州"28条专项政策

（1）降低客户信用等级准入要求，"三区三州"精准扶贫贷款客户信用等级准入要求全部放宽至BBB级（含）以上。（2）项目资本金执行国家规定的最低比例要求，对于"三区三州"深度贫困地区农村基础设施类项目，通过实物出资、以工代赈等形式先期投入建设形成的项目资产，在地方政府提供合法真实的证明文件材料的基础上，由地方政府审计、财政等有权部门或农发行认可的中介机构进行评估确认，经省级分行认定后，可作为项目资本金。（3）对"三区三州"深度贫困地区建设用地，涉及农用地转用和土地征收的，在做好依法补偿安置的前提下，可以边建设边报批，当地国土部门出具相关说明后，可以作为贷前条件先行审批。（4）切实落实中央"万企帮万村"相关政策要求，积极营销培育优质民营企业客户，切实转变观念，增强市场意识，提升经营能力，重点关注项目的可行性和效益性，不得以企业所有制性质作为贷款决策的先决条件。（5）加大"三区三州"产业扶贫支持力度，进一步推广产业扶贫"吕梁模式"，对小微型企业的准入条件，所有者权益由1000万元（含）以上调整为500万元（含）以上，具体标准可由省级分行结合实际进行细化明确。"三区三州"产业化龙头企业扶贫贷款准入标准可以参照"吕梁模式"准入标准执行。（6）脱贫攻坚期内，对"三区三州"深度贫困地区经营正常的产业扶贫贷款客户，在风险可控的前提下，可根据客户需求办理无还本续贷业务。（7）对"三区三州"实施差异化利率优惠政策，在"三区三州"发放的精准扶贫贷款，最低可执行人民银行同期贷款基准利率下浮10%，原则上不上浮。（8）推动"三区三州"深度贫困地区优先使用PSL资金支持精准扶贫项目，进一步降低资金使用成本。（9）对在"三区三州"等深度贫困地区拟与农发行建立扶贫业务融资关系的客户，其首次客户信用等级评定由省级分行审批（不得转授二级分行）。进一步向省级分行下放"三区三州"深度贫困地区利率优惠的审批权限。（10）参照鼓励实验示范区创新的做法，对"三区三州"分支机构创新推出的产品、政策、模式等，报总行扶贫金融事业部执委会审议通过后即可执行。（11）"三区三州"深度贫困地区扶贫贷款在项目还款来源落实、满足其他评审要求的情况下，可采用在建工程及未来固定资产抵押等担保方式。可考虑采用抵押、质押、保证担保方式，按客户提供的担保额同比例发放贷款，担保额必须与贷款余额相匹配。（12）将支持深度贫困地区贫困村提升工程作为推动信贷资金进村入户的重要抓手，着力解决贫困村基础设施、公共服务、产业发展短板；对"三区三州"等深度贫困地区符合精准扶贫贷款认定要求的贫困村提升工程贷款项目，实施区域可扩展到区域内全部村庄。（13）积极支持深度贫困地区教育扶贫工程，助推创建特色学校，进一步加大对深度贫困地区基础教育和职业教育、职业培训的支持力度，阻断贫困的代际传递；加大健康扶贫信贷投入，重点解决深度贫困地区三级医疗体系的建设问题，努力改善医疗卫生服务能力，从源头上预防因病致贫因病返贫问题。（14）对于"三区三州"等深度贫困地区发放的扶贫贷款不良率不高于3.5%与对采取"吕梁模式"发放的产业扶贫贷款不良率不高于5%的业务操办人员，在业务操作管理方面遵守有关法律法规和监管规定，恪尽职业操守，不涉及道德风险的前提下，将予以尽职免责，不追究业务操办人员责任，考核时不作为扣分因素。（15）将全行所有精准扶贫贷款全部按照政策性贷款进行管理，总行要在制度层面和系统操作层面相应予以调整。（16）参照《关于做好西藏和四省藏区青稞产业扶贫信贷工作的通知》的政策要求，将"三区三州"深度贫困地区用于青稞的收购、储备、加工等贷款业务全部纳入精准扶贫贷款范围。（17）在总行统筹年度信贷计划范围内，对深度贫困地区所在省级分行精准扶贫贷款超年度增量计划需求给予全额满足。（18）年度财务费用配置中，聚焦精准扶贫、提高挂钩权重，进一步加大向"三区三州"等精准扶贫工作的挂钩分配力度，充分保障"三区三州"等深度贫困地区业务发展经营的合理费用需求。（19）在财政部核定的捐赠指标内，确保"三区三州"所在分行捐赠指标不低于上年，并争取有所增长。（20）用工上对"三区三州"深度贫困地区分支机构给予一定的扶贫特殊政策，积极吸引贫困学生到深度贫困地区农发行机构实习；下达"三区三州"分支机构的校园招聘和社会招聘计划中，招聘建档立卡贫困家庭学生比例不低于10%，学历条件可放宽至大专。（21）对"三区三州"分支机构实施员工双向交流制度，推动内地发达地区员工交流到"三区三州"工作帮扶，"三区三州"员工交流到内地学习提升，对交流帮扶工作成效显著的，要优先予以提拔重用。（22）在收入上，提高"三区三州"员工收入水平，按照《关于调整艰苦偏远地区津贴标准的通知》（农发银发〔2018〕126号）要求，进一步调整"三区三州"艰苦偏远地区员工津贴标准，交流到"三区三州"工作的员工同步享受该项政策。（23）在绩效考核上，建立深度贫困地区收益考核还原机制，对"三区三州"项目或借款人发放的优惠扶贫贷款，考核计算贷款利息收入时，按照基准利率和系统内借款利率两者之间的较高值进行还原。（24）深度贫困地区分支行脱贫攻坚工作考核在本省平均分以下或者被人民银行等外部监管部门评为合格以下的，取消相关行行长、分管副行长年度评优评先资格。（25）在总行行领导对22个扶贫重点省份分片包干的基础上，实行行领导对"三区三州"分片包干、对口联系，加大对"三区三州"工作指导和帮扶力度，每年至少深入包干地区调研指导和工作督查一次。（26）开展对"三区三州"的免费培训，"三区"培训面向主管扶贫或金融的县级领导干部，"三州"培训面向主管扶贫或金融的州、县领导以及县发改局、金融办、财政局等相关部门负责人。（27）组织开展帮扶"三区三州"贫困学生公益活动，动员全行系统相关领导干部，每人至少资助1名建档立卡贫困家庭学生。（28）以购代捐，组织各级行以略高于市场的价格，长期购买"三区三州"深度贫困地区的农副产品。吉林大安、广西隆林、贵州锦屏、云南马关同等享受上述政策，江西南丰除扶贫贷款利率最低执行基准利率下浮5%外，其他政策也可享受。

（二）加大"三区三州"支持力度"新10条"专项政策

（1）在风险可控的前提下，取消该模式下对小微型企业所有者权益的准入要求。（2）对"三区三州"企业择优发放信用贷款。对在"三区三州"实施重点扶贫项目的优质企业(企业本部资产负债率不高于75%、近两年连续盈利且经营性净现金流为正的)，在贷款项目归属企业本部投资权益占比不低于50%的前提下，经省级分行贷款审查委员会审议，确定企业经营能力强、项目优质，项目建成后可产生充足稳定的现金流，第一还款来源有保障的，在应抵尽抵的前提下，经审慎评估可对风险敞口部分发放信用贷款。对在建工程具备抵押条件的，要及时抵押给农发行。（3）对深度贫困地区政府和社会资本合作（PPP）项目择优适当调整担保条件。对深度贫困地区依法合规的PPP项目，在风险可控的前提下，可单一采用项目PPP合同项下应收账款进行质押，相关抵（质）押条件按农发行相应基础产品管理办法有关规定执行。（4）优化扶贫贷款办贷手续。对符合人民银行及农发行扶贫贷款认定要求、符合地方政府脱贫攻坚规划内容、带贫成效显著的扶贫项目，可不再要求提供项目纳入当地具体行业、领域专项扶贫规划的证明文件。对省级分行确定的重点支持企业或地市级（含）以上政府确定的重点扶贫项目，可视实际情况，不再将借款企业的借款决议、担保企业的担保决议文件作为贷款调查审查要件，在贷款审批前取得即可。（5）优化贷款支付流程。对深度贫困地区扶贫项目，涉及农用地转用和土地征收的，在做好依法补偿安置的前提下，可以边建设边报批，当地国土部门出具相关说明后，可以作为贷前条件先行审批；对上述贷款已审批项目，在取得项目用地预审文件的前提下，地方政府相关有权审批部门对该项目建设用地规划许可、建设工程规划许可、建筑工程施工许可、环评批复等出具证明文件明确该项目符合批复要求的，经省级分行风险与内控管理委员会会议审议确定风险可有效控制的，可对贷款资金先行支付（此条仅限深度贫困地区执行）。（6）继续用好扶贫过桥贷款政策。积极落实中央扶贫专项巡视的反馈要求，在不增加地方政府债务负担的情况下，用好扶贫过桥贷款政策，对上级安排专项资金支持的、已开工的扶贫项目，在资金到位前提供过渡性信贷支持，解决时间错配问题，加快项目实施，避免造成"半拉子"工程，贷款期限应控制在3年以内。（7）优化"三保障"专项扶贫贷款政策。教育扶贫贷款、健康扶贫贷款、贫困村提升工程贷款等贷款产品，在有效控制风险的前提下，根据借款人偿债能力、投资回收期、工程建设进度等合理确定贷款期限，原则上不超过20年，对超过上述期限的贷款，按规定流程报总行审批；在审慎评估借款人综合财务能力的基础上，对采用公司自营融资模式的项目，综合偿债备付率要求统一调整至"不低于1.1"。（8）加大干部交流力度。参照农发行对西藏分行选派干部的优惠政策，进一步推动建立针对"三区三州"分支机构的东西部干部交流制度。由"三区三州"所在省级分行提出人员及岗位需求，总行统一部署选派总行及内地发达地区优秀干部到"三区三州"分支机构交流帮扶，并选派"三区三州"优秀员工到总行和内地发达地区分支机构交流锻炼。同时，省级分行要及时在辖内开展与本省深度贫困地区机构之间的干部交流，并在地方政策允许的情况下，积极推动与省内深度贫困地区开展银政干部交流。（9）优先使用专项扶贫再贷款资金。充分用好人民银行支持"三区三州"专项扶贫再贷款特惠政策，对"三区三州"带贫成效显著的借款企业或项目，按总行对专项扶贫再贷款资金使用相关管理规定，优先使用专项扶贫再贷款资金予以支持；对没有使用专项扶贫再贷款资金的借款企业或项目，可进一步安排PSL资金支持。（10）优先配置财务资源。对深度贫困地区办公设施不足或条件较差的分支机构，优先配置财务资源予以解决。对辖内多数县区无分支机构且路途较远的"三区三州"二级分行，可根据实际情况适当增加公务用车数量。"新10条"适用于吉林大安、广西隆林、贵州锦屏、云南马关、江西南丰。

（三）差异化支持未摘帽贫困县11条专项政策

（1）延长复工复产绿色通道信贷政策执行期限。对52个未摘帽贫困县扶贫贷款项目，复工复产绿色通道信贷政策执行期限延长至2020年底。（2）适当调整信贷准入条件。在风险可控的前提下，对投放用于52个未摘帽贫困县的扶贫贷款，借款人准入条件、项目准入条件可按相应基础产品的最低标准执行。对单一法人、集团客户母公司或集团成员企业在52个未摘帽贫困县的客户，若扶贫贷款部分准入条件与基础产品有差距但又确需支持的，在防控实质风险的前提下，可适度放宽，但相应贷款由省级分行审批。（3）适当调整基础设施项目最低资本金比例。对52个未摘帽贫困县扶贫贷款项目资本金执行国家规定的最低比例要求，其中公路（含政府收费公路）、物流、生态环保、社会民生等领域的补短板基础设施扶贫项目，在投资回报机制明确、收益可靠、风险可控的前提下，最低资本金比例按照《关于加强固定资产投资项目资本金管理的通知》（国发〔2019〕26号）规定，由20%适当降低至15%。（4）视情采用单一质押担保方式。对52个未摘帽贫困县扶贫成效明显、合法合规的PPP项目，在还款来源有保障、风险可控的前提下，经省级分行有权审批人同意，可单一采用PPP合同项下应收账款质押贷款方式，质押折率应符合农发行有关规定。（5）适当下放融资性担保公司核准权限。对拟为52个未摘帽贫困县扶贫贷款提供担保的政府性融资担保公司，在符合融资性担保公司管理办法规定准入条件，或虽个别准入指标未达到规定标准，但对担保不构成实质影响的，经省级分行风险与内控管理委员会审议后，报省级分行有权审批人核准后办理。（6）实施差异化信贷审批授权。52个未摘帽贫困县的单一法人客户、辖内集团母公司或成员企业客户信用等级评定、授信和用信权限全部由省级分行审批。对集团母公司或成员企业在52个未摘帽贫困县的跨省集团客户，可由主办行审批总行权限内跨省集团客户授信。52个未摘帽贫困县的客户信用等级评定、流动资金贷款用信审批权限、合同监督权限、资金支付核准权限可差别转授二级分行。（7）执行更加优惠的利率政策。对投放用于52个未摘帽贫困县的贷款（包括扶贫贷款和非扶贫贷款），明确"整体优惠+首年再优惠"的组合优惠政策。在科学、合理测算价格后，经与客户协商确定执行价格，并在执行价格基础上给予客户首年120个基点的优惠支持（具体见2020年度基本授权）。（8）建立收益考核还原机制。对执行优惠利率的未摘帽贫困县贷款，在绩效考核时，将涉及贷款利息收入有关的指标还原为同类别、同期限、非优惠利率贷款锚定LPR的平均利率水平计算。在年末核定利润预算时，将此类贷款执行优惠利率作为弹性利润预算因素，对实际执行利率低于年初下达利润预算所用测算利率的差额部分予以调减。（9）延长重点信贷产品贷款期限。对支持解决52个未摘帽贫困县"三保障"和饮水安全突出问题的教育、健康、贫困村提升工程等扶贫贷款产品（扶贫过桥贷款除外），在风险可控的前提下，可以根据借款人资信状况、项目建设进度、管理运营需要、投资回报周期等实际情况适当延长最长贷款期限，但延长不得超过5年。（10）进一步优化经济资本配置。将52个未摘帽贫困县2020年投放的扶贫贷款经济资本战略调整系数在全系统2020年扶贫贷款优惠系数0.6的基础上进一步下调至0.4，实施更加优惠的经济资本管理。（11）提高不良贷款容忍度。在符合有关法律法规和监管规定的前提下，对52个未摘帽贫困县发放的扶贫贷款，不良率高于全行贷款不良率年度目标3个百分点（含）以内的，可不作为内部考核评价的扣分因素。若后期审计等职能部门认定不良贷款形成存在业务操作合规风险或涉及道德风险的，根据实际情况再调整当期考评指标。同时，对此类不良贷款责任认定追溯延长执行3年。上述11条差异化政策，4个定点扶贫县贵州锦屏、广西隆林、云南马关、吉林大安均可参照执行。

（四）定点扶贫县和对口支援县5条特惠支持政策

（1）全额保障定点扶贫县和对口支援县PSL资金需求。总行全力支持定点扶贫县和对口支援县脱贫攻坚，宣介PSL资金特惠支持政策，提高基层行发放PSL资金贷款的主动性和积极性，提升PSL资金贷款使用效率。（2）对定点扶贫县和对口支援县贷款实行利率下浮优惠。定点扶贫县无法使用PSL资金的贷款，可在中国人民银行同期同档次贷款基准利率基础上最多下浮10%；对口支援县无法使用PSL资金的贷款，可在中国人民银行同期同档次贷款基准利率基础上最多下浮5%。（3）对定点扶贫县和对口支援县贷款实行定价测算优惠。对定点扶贫县和对口支援县贷款进行定价测算时，可将当地政府在农发行的涉农资金存款纳入存款贡献进行测算。（4）加强对定点扶贫县和对口支援县贷款定价管理。定点扶贫县和对口支援县所在行要按季度汇总分析定价执行利率与测算利率之间的差距，对让利幅度要心中有数、惠在明处。（5）定点扶贫县新发放的扶贫贷款，1年以内（含1年）期限贷款利率定价下限为1年期LPR减55个基点，1~5年（含5年）期限贷款利率定价下限为1年期LPR减21个基点，5年以上期限贷款利率定价下限为5年期以上LPR减68个基点。对口支援县参照定点扶贫县优惠政策执行。

五、实施重点突破

定点扶贫事关几十万贫困户脱贫致富，农发行使命在心、责任在肩，必须稳扎稳打、步步为营。结合定点扶贫和对口支援工作实际，"三年行动"期间，有针对性地制定年度工作意见，明确当年帮扶目标，不断完善措施保障，指导年度定点扶贫工作有力有序推进。

（一）完善机制种好"责任田"

2018年重点工作是：（1）持续加大对重点领域和薄弱环节的支持力度。包括支持产业扶贫取得实质性突破。推动建立增信机制、风险分担机制和项目筛选机制等，积极推动产业扶贫"吕梁模式"在定点扶贫县率先落地，突出支持易地扶贫搬迁，探索"易地扶贫搬迁+"扶贫模式，全力推进基础设施扶贫，支持乡村绿色发展，大力支持教育扶贫和健康扶贫。（2）坚持扶贫扶智相结合。包括主动提供政府融智服务，深化与苏州农村干部学院合作，定期赴定点扶贫县宣讲金融知识，开展职业技能培训，发挥党建在扶贫攻坚中的引领作用，促进基层党组织建设。（3）积极推进融商合作，包括持续推进"万企帮万村"精准扶贫行动。进一步深化"东西部扶贫协作"结对帮扶机制，加大招商引资力度。（4）积极开展爱心帮扶。包括扩大扶贫捐赠，积极推进消费扶贫，进一步提升专项扶贫捐赠资金使用效力。（5）努力探索定点扶贫新模式。包括打造定点扶贫创新基地，创新开展定点扶贫互惠合作，建立创新保障机制。（6）建立健全督促检查制度。包括督促定点扶贫县党政落实脱贫攻坚主体责任，定期开展精准扶贫精准脱贫督促检查，督促定点扶贫县落实扶贫政策措施。

（二）补齐短板改良"低产田"

2019年目标任务是：全力助推吉林大安、云南马关2019年如期脱贫摘帽，助力贵州锦屏、广西隆林完成2019年脱贫攻坚目标任务。完成2019年度中央单位定点扶贫责任书任务指标，全年投放信贷资金不低于13亿元，帮助引进企业投资不低于6亿元，投入帮扶资金不低于1500万元，引进帮扶资金不低于2350万元，培训县乡村基层干部、产业致富带头人不低于500人，培训技术人员不低于1000人次，购买贫困地区农产品不低于600万元，帮助销售贫困地区农产品不低于3000万元。继续争当金融单位定点扶贫先进，力争在中央单位定点扶贫考核中获得"好"的评价。（1）发挥行业优势。着力支持补齐产业扶贫短板，确保每个定点扶贫县2019年至少落地3个以上签约项目。持续开展智志双扶，开展精准帮扶活动，加强捐赠资金管理，加大消费扶贫力度。（2）强化机制保障。通过选派得力干部，靠实帮扶措施，完善考核措施，强化保障机制，加强挂职干部管理等方式，加强三人小组考核、监督和管理，要求省级分行党委加强对三人小组日常工作的指导和管理。（3）确保各项措施落地见效。靠实帮扶主体责任，明确总、省、市、县各方职责，推动各项帮扶政策措施落地见效。完善总行行领导定点扶贫工作指导机制，拟定董事长、行长遍访定点扶贫县工作计划，建立行领导定点扶贫工作批示指示督办台账。督导地方党政落实脱贫攻坚主体责任，尤其是建立常态化督导机制、开展专项督导、用好督导台账。（4）深化对外合作。汲取其他单位定点扶贫工作的好经验、好做法，积极搭建中央单位定点扶贫资源共享平台，认真研究制订培训方案，推进定点扶贫县产业发展；做好典型经验宣传，主动挖掘推广定点扶贫先进典型、成功经验和好模式，充分利用中央主流媒体、新媒体以及农发行媒介定期宣传报道，激发贫困群众的脱贫攻坚内生动力，为开展定点扶贫工作创造良好氛围。

（三）全力攻坚打造"示范田"

2020年目标任务是：全力助推广西隆林县如期高质量脱贫摘帽，协助巩固吉林大安市、云南马关县、贵州锦屏县脱贫成果，力争超额完成2020年度中央单位定点扶贫责任书任务指标。全年投放信贷资金14亿元以上，帮助引进企业投资65亿元以上，投入帮扶资金3000万元以上（其中支持广西隆林县1000万元以上），引进帮扶资金2360万元以上，培训基层扶贫干部、农村创业致富带头人600人以上，培训农村技术人员1200人次以上，购买贫困地区农产品700万元以上，帮助销售贫困地区农产品5000万元以上。争当金融单位定点扶贫先进，力争在2020年中央单位定点扶贫考核中获得"好"的评价。（1）开展消费扶贫、易地扶贫安置区后续支持、就业扶贫、教育扶贫、健康扶贫、特困帮扶、专项培训、支持隆林县脱贫摘帽八大专项行动。（2）巩固提升脱贫成果，帮助解决"两不愁三保障"突出问题，用好信贷资金和专项捐赠资金，做好与定点扶贫县沟通衔接，发挥政策性金融"智囊"作用，逐县制订帮扶实施方案，推动已签约意向项目落地；确保隆林县2020年新开工招商引资项目不少于3个，其他定点扶贫县不少于1个；深化东部地区与定点扶贫县的结对帮扶关系，加强捐赠资金管理，坚决支持打赢疫情防控阻击战。（3）确保帮扶举措落地，严格执行贫困县摘帽不摘责任、不摘政策、不摘帮扶、不摘监管政策，加强三人小组帮扶力量，抓好中央专项巡视问题整改，定点扶贫工作纳入省级分行脱贫攻坚工作考核，力争每个定点扶贫县推出1~2项帮扶品牌。

六、考核考评机制

世界上任何事物都具有定性、定量两大因素。在轰轰烈烈的脱贫攻坚战中，加强对脱贫攻坚的考核考评也必不可少。考核脱贫攻坚和定点扶贫工作，是对帮扶单位和帮扶人工作标准、工作成效的检验。为推动加大帮扶力度，实现向深度贫困地区和乡村基层两个延伸的目标，2017年国务院扶贫开发领导小组印发加强中央单位定点扶贫工作指导意见，对中央单位帮扶定点扶贫县明确了考核考评责任和内容。

2018年，农发行在2016年、2017年对脱贫攻坚实施省级分行考核、专业条线考评基础上，形成了定点扶贫考核机制。

■ 2018年4月16日，召开农发行2018年度脱贫攻坚工作会议。国务院扶贫办主任刘永富出席会议

考核内容日趋丰富。

2016年，定点扶贫仅考核投入帮扶资金一项指标。从2017年起，国务院扶贫办主要考核帮扶成效、组织领导、选派干部、督促检查、基层满意情况五个方面。2018年，农发行结合定点扶贫实际，将考核指标增至八项，分别是投入帮扶资金、引进帮扶资金、培训基层干部、培训技术人员、购买贫困地区农产品、帮助销售贫困地区农产品、投放信贷资金、帮助引进企业投资。考核指标逐年丰富完善细化，从一维到多维，从资金帮扶到全面多层次帮扶，考核指标更加精准，为定点扶贫工作的开展提供了一套完整的可量化、可衡量、易检验的考核评价体系。

考核方式日臻完善。

全面落实各级行"一把手"脱贫攻坚责任制。农发行在2018年度脱贫攻坚工作会议上，首次组织22家中西部省级分行现场签订《服务脱贫攻坚责任书》，5家省级分行签订《定点扶贫责任书》和《对口支援责任书》。在农发行扶贫综合业务条线考核中明确定点扶贫工作占10分，吉林、贵州、云南、广西四个省份考核得分根据当年省级扶贫开发领导小组评定结果确定，江西省得分根据项目推动、捐赠资金、党政评价等因素综合确定。省级分行支持脱贫攻坚工作按脱贫攻坚工作目标任务、地区差异等因素实施分组考核。贵州、云南、广西划入第一组，江西、吉林划入第二组。考核结果纳入年度综合考核的权重根据各省级分行脱贫攻坚任务量确定：2019年，第一组和第二组考核定量指标占75分，定性指标占25分（其中定点扶贫情况占5分）。2020年，第一组和第二组考核定量指标占72分，定性指标占28分（其中定点扶贫情况占7分，较2019年增加2分）。对于贫困人口较少的省份加大考核指标分数占比，调动积极性为定点帮扶工作压力较大的省份提供支持，保障了上下级行纵向制度贯穿有序，形成了各省份间横向互助格局。实行年初确定任务、按季定期调度、按月及时督导、年末集中考核。考核方式日渐科学，考核权重趋于合理，考核结果更加精准，体现的是农发行对定点扶贫的高度重视，展现的是农发行落实国家战略部署的政治自觉和行动自觉。

督导工作一丝不苟。

农发行作为国务院扶贫开发领导小组成员单位，有义务对定点扶贫县党政履行脱贫攻坚主体责任情况进行督导检查。每年由总行牵头部室负责人带队，赴定点扶贫县实地督导。围绕定点扶贫县贫困人口脱贫、贫困村退出、定点扶贫县"脱贫摘帽"的目标，指导帮助定点扶贫县脱贫攻坚。同步督导农发行扶贫信贷资金支持定点扶贫县脱贫攻坚，捐赠资金和引进帮扶资金使用管理及成效，定点扶贫专项行动开展，定点扶贫县所在省级分行落实总行工作要求，所在定点扶贫县挂职扶贫干部履职尽责等情况。及时发现并纠正问题，助力定点扶贫县打赢打好脱贫攻坚战。

在中央单位定点扶贫年度考核"好、较好、一般、较差"四个等次中，农发行连续4年获得"好"的等次。

国务院扶贫办指标完成情况一览

年份	投入帮扶资金（万元）	引进帮扶资金（万元）	培训基层干部（名）	培训技术人员（名）	购买贫困地区农产品（万元）	帮助销售贫困地区农产品（万元）	引入企业实际投资额（万元）	引入企业带贫人数（名）
2016	822	—	—	—	—	—	—	—
2017	1476	596.1	200	—	—	—	1600	444
2018	1305	4831	284	272	263.1	1291	84870	5728
2019	2383	2711	713	1645	1177	37814	7710	27738
2020	3817	3142	1659	4241	5758	57410	39349	2026

2020年中国农业发展银行定点扶贫责任书情况统计表

指标	单位	锦屏县		马关县		隆林县		大安市		其他省份合计数	合计	
责任书完成情况		计划数	完成数	计划数	完成数	计划数	完成数	计划数	完成数		完成数	完成率
对定点扶贫县投入帮扶资金	万元	800	992.14	800	999.69	1000	1313.03	400	511.97	—	3816.83	127.2%

续表

指标 责任书 完成情况	单位	锦屏县		马关县		隆林县		大安市		其他省份合计数	合计	
		计划数	完成数	计划数	完成数	计划数	完成数	计划数	完成数		完成数	完成率
为定点扶贫县引进帮扶资金	万元	700	1072.66	700	817.8	710	805.33	250	446.39	—	3142.18	133.15%
培训基层干部人数	名	160	273	160	580	200	446	80	360	—	1659	276.5%
培训技术人员人数	名	450	860	450	642	400	1356	260	1383	—	4241	353.42%
购买贫困地区农产品	万元	130	244	60	206.83	100	219.39	50	760.32	4327.17	5757.71	822.53%
帮助销售贫困地区农产品	万元	100	202	100	2901.3	150	748.91	300	3375.98	50181.36	57409.55	1148.19%

四级联动篇

上下同欲者胜，同舟共济者兴。

服务史无前例的脱贫攻坚，必须凝心聚力、联袂奋战。农发行干部员工在这场战役中始终心往一处想，劲往一处使，拧成一股绳，众志成城、不折不扣地扛起党中央赋予的历史使命，形成了总、省、市、县四级行高频沟通、高效衔接、高质量推进的定点扶贫四级联动机制。

一、目标一致，上下同心

农发行始终坚持发挥党委总揽全局、协调各方，坚持总、省、市、县四级行党组织书记抓扶贫，形成总行统筹、省分行负总责、市县行抓落实的政策性金融扶贫工作格局。

（一）党委成员包片扶贫

农发行党委成员分别包片联系负责中西部22个签订脱贫攻坚"军令状"省级分行的脱贫攻坚工作，联系4个定点扶贫县、1个对口支援县。每年到联系行所在省份和联系点开展扶贫专题调研，帮助理清工作思路，破解工作难题，指导开展金融支持脱贫攻坚战略合作，对接重大项目，加强与地方党政沟通协调；指导对口帮扶，协调资源优先配置，支持定点扶贫和对口支援县尽早实现脱贫攻坚目标。同时听取联系行、联系点和挂职干部工作汇报，了解重点工作贯彻落实情况。脱贫攻坚期间，农发行先后3次调整完善分片任务分工，进一步聚焦深度贫困地区，确保责任不落空。

2016年总行行领导包片扶贫联系行和联系点

总行行领导（时任）	联系行/联系点
解学智	新疆分行、陕西分行，贵州省锦屏县
祝树民	西藏分行、广西分行，广西壮族自治区隆林县
鲍建安	贵州分行、山西分行、江西分行，江西省南丰县
陈剑英	四川分行、海南分行
姚瑞坤	重庆分行、吉林分行，吉林省大安市
林　立	湖南分行、内蒙古分行、云南分行，云南省马关县
殷久勇	河北分行、宁夏分行、青海分行
时任行领导	河南分行、甘肃分行、安徽分行
朱远洋	黑龙江分行、湖北分行

2017年总行行领导包片扶贫联系行和联系点

总行行领导（时任）	联系行/联系点
解学智	贵州分行、陕西分行，贵州省锦屏县
祝树民	广西分行、西藏分行，广西壮族自治区隆林县
鲍建安	山西分行、江西分行，江西省南丰县
姚瑞坤	吉林分行、重庆分行，吉林省大安市
林　立	内蒙古分行、湖南分行、云南分行，云南省马关县
殷久勇	青海分行、宁夏分行、新疆分行
时任行领导	安徽分行、河南分行、甘肃分行
宋先平	海南分行、四川分行
朱远洋	河北分行、黑龙江分行、湖北分行
周良伟	黑龙江分行、青海分行（"三区三州"涉及海北、黄南州、果洛、海南、海西及玉树自治州）
李小汇	河南分行

2018年总行行领导包片扶贫联系行和联系点

总行行领导（时任）	联系行/联系点
解学智	陕西分行、贵州分行，贵州省锦屏县
钱文挥	西藏分行、广西分行，广西壮族自治区隆林县
鲍建安	山西分行、江西分行，江西省南丰县
林　立	内蒙古分行、湖南分行、云南分行，云南省马关县
殷久勇	新疆分行、吉林分行，吉林省大安市
时任行领导	安徽分行、河南分行、甘肃分行
宋先平	海南分行、四川分行
孙兰生	重庆分行、宁夏分行
朱远洋	湖北分行、河北分行
周良伟	黑龙江分行、青海分行
李小汇	河南分行

2020年总行行领导包片扶贫联系行和联系点

总行行领导（时任）	联系行/联系点
解学智	陕西分行、贵州分行，贵州省锦屏县
钱文挥	西藏分行（"三区三州"涉及拉萨、昌都、山南、日喀则、林芝、那曲及阿里地区）、广西分行，广西壮族自治区隆林县
林 立	内蒙古分行、湖南分行、云南分行（"三区三州"涉及怒江、迪庆州），云南省马关县
王昭翮	海南分行、四川分行（"三区三州"涉及阿坝、甘孜、凉山自治州）
孙兰生	甘肃分行（"三区三州"涉及武威市、临夏回族自治州、甘南藏族自治州）、江西分行，江西省南丰县
徐一丁	山西分行、新疆分行（"三区三州"涉及南疆四地州）、吉林省大安市
赵 鹏	安徽分行、吉林分行
张文才	重庆分行、宁夏分行
朱远洋	湖北分行、河北分行
周良伟	黑龙江分行、青海分行（"三区三州"涉及海北、黄南州、果洛、海南、海西及玉树自治州）
李小汇	河南分行

定点联系行比照建立分片包干制度，省级分行"一把手"联系定点扶贫县，确保脱贫攻坚任务全面贯彻落实，确保定点扶贫县支行成为当地脱贫攻坚先进单位。明确对口帮扶工作责任部门，对接地方政府脱贫攻坚政策措施，制定对口帮扶工作规划，加大支持力度，总结提炼定点扶贫经验做法，加大宣传力度，推动成果共享。

（二）签订责任书，立下军令状

军令一申人百勇，议郎当日佐元戎。

要想实现如期脱贫，必须把责任挺在前面。农发行作为政策性银行，历来事不避难，义不逃责，通过制度固化责任，激发服务定点扶贫县决战决胜脱贫攻坚的信心和斗志。

2018年，农发行在年度脱贫攻坚工作会议上首次组织中西部省级分行签订《服务脱贫攻坚责任书》，定点扶贫和对口支援县所在省级分行追加签订《定点扶贫工作责任书》和《对口支援责任书》，坚决落实党委主体责任和党委书记第一责任人责任，瞄准"两不愁三保障"加大贷款投放力度，坚决完成扶贫贷款年度目标任务。

■2018年定点扶贫工作责任书封皮

定 点 扶 贫 工 作 责 任 书

根据《中共中央国务院关于打赢脱贫攻坚战的决定》和中国农业发展银行脱贫攻坚工作会议的部署，谨向总行党委承诺以下定点扶贫责任：

一、以习近平新时代中国特色社会主义思想为指导，全面贯彻党的十九大精神，坚决按照党中央、国务院对中央单位定点扶贫工作的部署和要求，把定点扶贫作为总行党委交办的重要任务，切实履行好定点扶贫第一责任人职责，高质量助推定点扶贫县打好精准脱贫攻坚战，全力支持定点扶贫县如期脱贫摘帽。

二、坚持精准扶贫精准脱贫基本方略，围绕定点扶贫县脱贫攻坚目标任务，瞄准"两不愁、三保障"，全力支持定点扶贫县易地扶贫搬迁、产业扶贫、就业扶贫、基础设施扶贫、教育扶贫、健康扶贫、生态扶贫等重点领域，聚焦深贫地区和特困群体，积极开展爱心帮扶，确保在本自治区定点扶贫工作考核中结果为"好"。

三、加大定点扶贫投入力度，创新定点扶贫支持模式，确保信贷投入"三个不低于"目标，即定点扶贫县贷款增速不低于全行各项贷款平均增速，精准扶贫贷款增速不低于全行精准扶贫贷款增速及所在省级分行精准扶贫贷款增速，不低于所在县同业精准扶贫贷款增速。

四、每年向总行党委报告定点扶贫工作情况，自觉接受监督考核。

中国共产党中国农业发展银行
广西壮族自治区分行分行委员会
签字：武建华

二〇一八年四月十六日

本责任书一式三份，总行扶贫金融事业部、总行党委组织部、广西壮族自治区分行分行各留存一份。

■2018年定点扶贫工作责任书

2019年，《服务脱贫攻坚责任书》签订范围进一步扩大至全部31家省级分行，对东部地区9家省级分行支持东西部扶贫协作、"万企帮万村"扶贫行动、消费扶贫等重点任务提出明确的量化指标。

2020年，农发行对52个未摘帽贫困县所属分支行服务脱贫攻坚工作实行挂牌督战。农发行党委成员全部签订挂牌督战责任书，坚持以上率下、靠前指挥，统筹推进落实挂牌督战、定点扶贫、业务发展等各项重点工作。

（三）协同各方联合作战

农发行始终主动加强与国家部委沟通联系，注重与地方政府联合协作，协助省级政府搭建省级投融资主体，统一承接各类扶贫资金，探索财政资金、政策性金融扶贫资金协同机制。积极支持市县级政府成立扶贫投融资主体，推进扶贫项目顺利实施。联合地方政府探索设立扶贫贷款风险补偿金或专业担保机构。积极与金融同业机构合作，充分发挥政策性银行优势，探索批发贷款、委托贷款方式，为贫困地区地方中小银行、合作性金融机构、村镇银行提供融资支持，降低贫困地区融资成本，探索与保险、证券、基金等机构扶贫合作。

二、心系一线，靠前指挥

在脱贫攻坚战前沿，在定点扶贫县阵地，处处留下了农发行党委成员的身影。脚下裹满泥，心中才有数。农发行坚持实事求是，注重深入一线调研，了解真实情况，作出科学决策。服务脱贫攻坚，开展定点扶贫更是如此。五年来，农发行党委成员先后48次深入定点扶贫县访贫问苦、调研帮扶，亲力亲为推动农发行定点扶贫各项政策措施落地见效，将满腔真情挥洒在定点扶贫县的每一寸土地上。

（一）步伐愈加坚定

"扶贫马关，使命光荣。帮助马关县做好扶贫攻坚工作是中国农业发展银行义不容辞的责任，农发行严格按照中央、省委和州委确定的扶贫目标和工作要求，当好参谋和助手，全力以赴帮助马关县做好扶贫各项工作，在基础设施建设、产业发展、干部培训等方面给予最大力度的支持帮助。"2018年12月5日，农发行时任董事长解学智时隔两年再次来到马关县。

"以前，我们还居住在年久失修、交通不便的房屋里，今天，我们住进了宽敞明亮、干净整洁的新房，真是太好了。"马关县马白镇易地扶贫搬迁户徐天兰在自家的新屋里激动地对解学智说。

农发行贷款支持的马关县幸福社区，是马关南山高原特色农业产业化园区易地扶贫搬迁安置点。马关县立足实现搬迁群众在城镇和园区周边完成安置，解决就业和脱贫增收问题，在园区内建设该安置点，惠及9个乡镇贫困户773户3027人，随迁户702户2682人。

解学智先后到逢春片区生态湿地恢复建设项目现场、南山园区易地扶贫搬迁安置点、马关县贵翔农业公司等地调研，走访慰问了南山园区易地扶贫搬迁安置点的贫困户。

信贷资金支持安置点建设，捐赠资金帮助社区服务建设运行，招商引资为贫困户提供更多就业机会，农发行在"搬得出，稳得住，能致富"的易地扶贫搬迁道路上添砖加瓦，支撑贫困户走向幸福生活。平坦宽敞的公路、新建的民居、红彤彤的工业辣椒、绿油油的菜畦，脱贫攻坚的步伐越来越实。看到马关实实在在的变化、贫困户意气风发的精神面貌和马关人民的高昂斗志、务实作风，解学智表示对马关县脱贫摘帽充满信心。

（二）唱响梨园致富曲

夏日午后慵懒的阳光，透过挂满硕果的梨树泼洒在地面上，空气中弥漫着清甜的梨香，浑圆饱满的金秋梨压弯了枝头，锦屏县罗丹村的果农要过上好日子了。

■ 解学智同志赴贵州省锦屏县考察农发行支持罗丹村金秋梨品质提升工程

爽朗的笑声来自树下一群围坐的人，他们中有农发行时任董事长解学智，农发行贵州省分行行长张孝成，黔东南州州长罗强，锦屏县副县长龙咸勇，农发行锦屏三人小组组长、罗丹村第一书记秦小军。解学智与当地果农亲切交谈，详细了解罗丹村精品水果基地发展情况和存在的困难，勉励大家要有信心有决心战胜困难。解学智指出，打赢脱贫攻坚战，产业是关键，要抓好组织方式、利益联结和产销对接，因地制宜培育好产业、发展好产业，让老百姓增收脱贫。2019年8月4日这个暖心的瞬间让人难忘。

"脱贫攻坚既要抓好帮扶，更要做好督导，有问题要梳理，及时解决，确保帮扶有成效、有实效，老百姓实实在在受益。锦屏县脱贫工作既要统揽全局，又要做足绣花功夫，把工作抓细抓实，把问题解决在根源。脱贫攻坚工作时间紧任务重，要注重目标导向，全身心投入脱贫攻坚工作中。农发行系统要有大担当大作为，切实履行责任，针对存在的短板，围绕'两不愁三保障'，抓紧研究切实可行方案，帮助锦屏在今年打赢脱贫攻坚战。"在随后召开的座谈会上，解学智对锦屏定点扶贫工作提出了更高的要求。

（三）一片扶贫真情

2018年10月的天空，高远清蓝。青山铺满了翠绿，田野摇曳着丰收的景象。就在这个充满希望的季节，隆林县正是脱贫冲刺阶段。这天，农发行时任行长钱文挥满怀深情，带着希望深入隆林县开展调研。农发行是少有的专门设立扶贫金融事业部的金融机构，在推进定点扶贫工作方面农发行和定点扶贫县地方党委、政府相互衔接、相互配合、相互支持，取得了非常大的进步和阶段性的成果。

调研期间，钱文挥指出要加大信贷投入，继续做好金融服务，积极配合，在交通、教育、医疗以及产业扶贫等方面加大投入力度，满足地方政府交通、农业产业、旅游小镇、县域基础设施等方面的要求。要加大捐赠力度，重点把捐赠的钱用好，如果2020年脱贫以后政策不限制，将继续保持一定的捐赠量。要强化智力扶持。加大对贫困县贫困干部培训的力度，加大东西部协作扶贫的帮扶力度。优化三人小组机制，在资金、人才等方面加大投入，为2020年全面脱贫打下坚实基础。

钱文挥强调，农发行定点扶贫工作要求真务实，务求实效，既不降低标准，也不吊高胃口。要发挥好资金桥梁、信息桥梁、智力桥梁的作用，确保承诺到位，资金的投入实实在在，投入的成效可见，同时做好信息中介，推动招商引资，促进东西部协作，确保产业扶贫进展，进而推动整个脱贫的思想环境、智力环境、人才环境都能有可持续的发展变化。要把农发行自身的事情做好，三人小组要在县委、县政府的分工中把个人职责落实好，也期待县委、县政府和农发行的配合工作能够做好。

（四）为隆林脱贫保驾护航

"连续两年到隆林调研，我的感受都很深。虽然我们作的贡献比较小，但也是整个历史功绩的参与者、创造者，也有很多自豪感。让我们一起努力，共同向党中央、国务院交一份满意的答卷。希望我们明年再来的时候，看到你们成功打赢脱贫攻坚战的喜报。"2019年9月18日，时任行长钱文挥在隆林调研座谈会上，对隆林定点扶贫工作提出"四个还要"时，语重心长，话语铿锵。

在信贷投入上还要进一步加大力度。贷款投放上，总、省、市、县四级行要共同努力，保持合理发展速度。贷款审批上，省行和市行要加大资源配置力度，提高贷款审批效率。如需在政策上创新拓展，总行研究后会再给予进一步支持。在帮扶过程中遇到新情况新问题，各行要加强调研，加大创新力度，满足脱贫攻坚决战决胜阶段隆林对金融服务的需要。

在招商引资上还要做得更实更细。没有产业发展，缺乏自主"造血"功能，仅靠长期"输血"，扶贫工作是不可持续的。实践证明，一个大项目、一类大产业，可以在相当长的历史阶段左右地方经济发展和脱贫攻坚大局。客观来说，不可能所有通过招商引资吸引来的企业都能在隆林投资建厂。但只要我们把招商引资工作做实做细，及时发现问题，及时跟踪进度，招商引资项目落地的数量和质量就能稳步提升，隆林的可持续发展就能实现。

在金融创新上还要进一步探索突破。广西人多地少，人口密度大，平坦土地较少，丘陵较多，没有适度的集约化和规模化，没有支农金融创新，农业水平很难提高。要通过金融创新，探索契合的合作化模式，将核心企业与众多分散的农户紧密连接起来，依靠核心企业带动产业发展。争取在今明两年的时间里，探索出5~6个模板、7~8个模式，在县域复制推广。要着力发挥政策性金融扶贫实验示范区的作用。总行扶贫部要在几个示范区里种试验地，创新突破现有制度，做好新旧制度衔接，形成高质量实例，向全国推广。

在具体项目上还要抓好落实推进。国家明令禁止的，农发行坚决不做；国家没有明令禁止的，农发行要有担当。确属不可抗力因素致使企业经营状况发生变化的，农发行要履行应尽的社会责任，承担该承担的损失。在具体工作中，要抓实抓细，确保依法合规。要继续跟进与广东分行合作项目，跟进产业园区建设，跟进与农担公司的业务合作。

（五）沙场点兵送人才

定点扶贫是光荣的使命。

2016年11月，农发行时任副行长鲍建安在总行派驻定点扶贫县三人小组动员会议上讲话，动员既是嘱托也是勉励，既有深情也有严令。鲍建安强调定点扶贫工作是全行扶贫工作的窗口和标志，10名派驻三人小组成员将在农发行定点扶贫之路上留下深深的脚印。

充分认识三人小组的重要使命。落实对定点扶贫县帮扶是中央明确给党政机关和企事业单位的责任要求。三人小组将代表总行完成中央明确的任务，工作的成绩将直接关系中央对农发行定点扶贫工作的考核。一定要时刻保持紧迫感和危机感，兢兢业业，把功夫下在日常的点点滴滴，在定点扶贫工作中作出实绩。

深刻领会总行党委对定点扶贫的工作要求。支持定点扶贫县率先脱贫摘帽是农发行服务脱贫攻坚的重中之重。定点扶贫县扶贫成效如何，直接关系农发行扶贫工作的影响力和说服力，必须摆上突出位置切实抓好，不仅要实现率先脱贫、稳定脱贫，而且要为全行扶贫工作积累经验、树立标杆。三人小组成立后，总行的考核关键有两点：一个是定点扶贫县在本省率先脱贫，另一个是成为本省乃至全国脱贫攻坚的先锋和模范。

强化融智服务。成立三人小组，就是要发挥集体的智慧，增强扶贫合力，当好定点扶贫县的智囊团。要深入贫困村、贫困户，了解定点扶贫县经济社会发展状况、致贫原因、贫困程度、贫困范围，因地制宜、因户施策，多想、多提扶贫的思路办法。要依托当地实际，紧紧依靠当地政府，帮助当地政府履行好脱贫攻坚主体责任，要协助政府理清脱贫思路，主动为定点扶贫县脱贫攻坚建言献策。要会同农发行当地分支机构，主动对接扶贫项目，及时掌握项目进展和资金需求情况。特别是要督促和推动总行制订的定点扶贫县金融服务方案中相关项目落地。

当好扶贫的桥梁与纽带。要尽快转变角色，做好政策传导，做好需求衔接，做好模式探索，加强与其他金融机构及帮扶单位的沟通合作，引导其他金融机构加大信贷投入，协助定点扶贫县建立完善定期联席会议制度，资源共享、优势互补、形成合力，充分发挥好农发行金融扶贫的骨干引领作用。

做好专项扶贫捐赠资金使用和管理。要按照联系行领导及捐赠资金管理办法的要求，用好、管好捐赠资金。资金的使用不能"撒胡椒面"，要集中使用，做几件有影响力、立足长远的大事。资金的使用手续要合规，要通过当地政府相关部门审核、挂职干部审核、总行审核等流程，具体用款要报定点扶贫县包片行领导批准后执行。

"要始终发扬艰苦朴素的作风，用心接触农民，用情帮助农民，真正和农民兄弟打成一片，真正融入当地生活，体会到贫困群众的艰辛，扎扎实实地为当地群众干实事，真正取得脱贫成效。这次挂职肯定会是一次愉快的经历、一次难忘的锻炼。总行会时刻关心着大家，是你们积极开展工作的坚强后盾。衷心祝愿大家在新的工作岗位上一切顺利。"鲍建安这样殷切嘱托。

（六）援引甘露润心田

水送山迎入富春，一川如画晚晴新。

2019年9月26日至28日，农发行第三届定点扶贫县（对口支援县）招商引资对接会在浙江杭州举办。时任党委委员徐一丁指出，作为我国唯一的农业政策性银行，农发行坚决贯彻落实党中央、国务院脱贫攻坚决策部署，秉承家国情怀，强化政治担当，自觉提升站位，构建全行、全力、全程扶贫工作格局，真心真情扶贫，推动各方力量、各项工作、各种资源向服务脱贫攻坚聚集，切实发挥政策性金融在脱贫攻坚中的作用。

农发行将定点扶贫作为重大政治任务，紧紧围绕定点扶贫县脱贫攻坚目标任务，聚焦"两不愁三保障"和饮水安全等突出问题，查短板、补弱项，全力支持贵州锦屏、吉林大安、云南马关、广西隆林脱贫攻坚和江西南丰经济社会振兴。

徐一丁强调要深化融资、融智、融商、融情"四融一体"。一是着力增强攻坚合力。希望定点扶贫县干部群众、东部帮扶地区党政、金融机构、涉农企业携手起来，紧紧围绕脱贫攻坚目标任务，聚焦"两不愁三保障"和饮水安全等突出问题，查短板、补弱项，做深做实做细各项工作，确保实现如期脱贫、稳定脱贫。二是着力发展产业扶贫。发展特色产业是打赢打好精准脱贫攻坚战、实现乡村振兴的根本途径。希望各定点扶贫县党委、政府持续抓好产业扶贫，发挥好规划引导、政策支持等作用。广泛组织发动贫困群众，推广"公司＋农户"模式，推动建立利益联结机制，让各方共同受益。各位企业家发挥好懂市场、善经营、会管理的特点，加快推进签约项目落地，力争早见成效。三是着力深化东西部扶贫协作。希望东西部协作双方进一步深化工作机制，建立健全常态化的交流平台，拓展合作领域。东部发达市县充分发挥在资金、人才、技术、管理、市场等方面的优势，推动更多更好的项目和企业向定点扶贫县转移。四是着力构建持续发展的长效机制。希望定点扶贫县完成脱贫攻坚任务后，持续保持攻坚态势，稳定相关政策举措，推动贫困地区乡村振兴，用乡村振兴的措施巩固脱贫攻坚成果。

会议期间，5个定点扶贫县党政负责人推介了当地产业项目和优惠政策，并与浙江天子股份有限公司等15家企业签订了投资合作协议，意向投资金额20亿元。16家企业代表参加了定点扶贫县现场爱心捐赠。举办了"农发易购"电商平台上线启动仪式。通报了东部9个省级分行2019年定点帮扶成效，东部9个省级分行共同发布加强东西部协作定点帮扶倡议。此外，5个定点扶贫县还分别组织召开政银企三方洽谈会，围绕企业到定点扶贫县投资进行深度对接。

■农发行举办定点扶贫县招商引资对接会

（七）战鼓声声催人紧

春风摇翠柏，清雨润瑰红。

这个季节，脱贫攻坚战已经进入决战决胜期。农发行服务决胜脱贫攻坚也进入了最关键的阶段。2020年4月16日，副行长徐一丁主持召开东部省级分行定点扶贫帮扶工作调度视频会议，组织东部省级分行交流定点扶贫工作情况，研究部署推动下一步工作，9家省级分行参会。

徐一丁指出："从汇报来看，我印象比较深的还是各行任务完成情况不平衡的问题，有的干得很好，有的做得还很不够。比如，山东分行近年在东部分行脱贫攻坚工作考核中一直名列前茅，今年又继续保持领先，产业扶贫贷款投放已经完成了总行下达任务的60%；特别是在定点帮扶工作中，有关处室相互配合、通力协作，采用多种方式，动用辖内124个机构全部参与定点扶贫县农副产品购买活动，充分利用总行扶贫贷款差异化支持优惠政策，在政策允许范围内，给予企业合理的优惠让利，使企业成为推动定点扶贫的生力军。截至目前，5项指标全部完成，有的指标是十多倍超额完成。其他分行也有一些工作亮点值得肯定，但总的来看，指标完成情况还是很不理想。"

"各行前一阶段指标完成得不好，的确有客观因素，但更应从主观上找原因。"徐一丁强调，一要切实提升政治站位。2020年是脱贫攻坚收官之年，也是决战决胜之年。东部作为先发展起来的地区，要有"功成必定有我"的使命感、融入感和荣誉感，为中西部地区贫困县脱贫摘帽、巩固脱贫成果努力作出应有的贡献。二要有为"扶贫银行"品牌增光添彩的自觉。定点扶贫工作一直是农发行的特色工作、品牌工作，连续三年获得中央定点扶贫考核"好"的评价来之不易。东部省份要认识到"争先不易、保先更难，不进则退、慢进就是退"的道理，珍惜农发行来之不易的地位和荣誉，一定要尽全部力量巩固好、维护好全行扶贫银行的品牌形象。三要有为兄弟行减压的担当。近几年的脱贫攻坚战中，22家中西部分行发挥了脱贫攻坚主力部队的作用，同时9家东部分行也发挥了重要的、不可替代的协同作战作用，成绩是全行上下共同努力的结果，这一点毋庸置疑。东部分行作为兄弟行，有责任、有义务多帮其他中西部分行一把，主动替中西部分行分担压力，能多承担就多承担一点。四要全体动员各尽所能、各展其长。各行要善于宣传、善于动员，鼓励所有有资源、有能力的同志都积极参与脱贫攻坚工作。希望东部各省份认真分析研判形势，真正践行家国情怀、专业素养，支农为国、立行为民的农发行文化，为决战决胜脱贫攻坚贡献最大的力量和智慧。五要充分发挥东部地区优势。要加大社会帮扶资源动员和整合力度，主动与客户沟通对接，统筹各类资源到定点扶贫工作中来。积极协调东部优质客户、项目进入定点扶贫县，承接产业转移，延伸产业链，加强劳务协作，切实做好消费扶贫工作。六要力争尽早超额完成任务。各级行不能满足于序时完成所设定的全年任务目标，而要付出更多的、更大的努力，力争提前、超额完成任务。

三、抱成一团，勠力攻坚

聚是一团火，散作满天星。

在鼓角争鸣的脱贫攻坚战中，在战阵纷繁的定点扶贫中，农发行坚持思想一个调，行动一盘棋，发挥系统化整体化作战优势，群策群力，将顶层方案一贯到底，联合诊治，把基层困难一抓到头。

（一）四级联手破难题

地处平原的大安，白茫茫的盐碱地变成了绿油油的网格式"地毯"，这是中科佰澳格霖农业发展有限公司（以下简称中科佰澳公司）整治过后的水稻田。从寸草不生到亩产粮食千斤，中科佰澳公司为大安注入数字化和智能化的盐碱地综合整治、循环农业、设施农业开发的科技赋能新动力。

2019年，经农发行牵线，中科佰澳公司与大安市政府签订《土地整治项目合同书》，实施盐碱地改造项目。得知项目资金存在缺口，农发行大安三人小组协调召开农发行大安市支行、大安市政府、中科佰澳公司座谈会，对接项目融资事宜，并两次赴长春向吉林省分行汇报有关情况。

吉林省分行、白城市分行、大安市支行把中科佰澳项目落地大安作为重中之重，第一时间抽调业务骨干组成联合工作组，深入企业开展调查评估。在调查评估过程中，因中科佰澳公司资产负债率超出了农发行信贷政策规定的界限，项目一度受阻。资产负债率是一项政策性很强的指标，按照一般信贷调查评估标准，农发行无法进行信贷支持，项目也将难以落地。

总行粮棉油部作为大安牵头联系责任部门，积极统一调度协调，仅在一周内就牵头召开调度会研究中科佰澳贷款事宜。在农发行总、省、市、县四级行和三人小组超常规力度支持下，5000万元信贷资金迅速到位，项目如期落地。

（二）四处奔波挖潜能

地处边陲的马关，经济建设起步晚，社会发展滞后，缺乏主导产业，地方财力较弱，基础设施建设历史欠账较多。资金的匮乏和发展的需求形成了尖锐的矛盾，长期困扰着马关县。要想加快马关县经济社会发展，必须对内加快形成主导产业，对外加快融资步伐。政府有意推进经济社会发展、国有企业有意借款经营、农发行有意融资支持，但受制于增信资产匮乏，马关的融资难题长期得不到有效解决。

2016年10月，农发行马关三人小组到任，了解到马关融资困境后，认为"等水喝"不如"找水喝"。通过初步盘点和梳理，凭借长期积累的信贷经验，马关三人小组和信贷组（当时尚未成立马关支行）敏锐地发现，当地可用抵押资源总量不少，分别隶属于马关不同部门、不同单位，存在"多头管控、分散闲置"现象，尚未得到有效利用。如果将其集中到一个主体，统一运营管理使用，作为贷款的还款来源和抵押担保，将大大改善马关融资状况。

农发行马关三人小组会同省市县三级行，提出的整合资产、统一运作、撬动融资方案，得到马关县政府认可。在短短三个月时间里，政银企通力协作，梳理出10多亿元的经营性资产和30多个项目的融资规划。在有效资产的支持下，倒推信贷要件、承贷主体、信贷产品选择、融资期限、融资成本估算，为项目顺利融资和建设打下基础。

农发行为马关县找到了加速经济发展的突破口。围绕"两不愁三保障"，以马关骏成集团为承贷主体，与县政府共同谋划建设项目，为马关县提供良好的融资保障。马关县支行仅成立一年，就为马关县提供10余亿元的信贷支持，脱贫攻坚期间信贷支持30多亿元，为马关县脱贫攻坚工作提供了有力支撑。

（三）四级机构倾心血

一家单位，总、省、市、县四级机构都选派人员集中到1个定点扶贫县挂职帮扶，实属罕见。而在广西隆林，就有这样一支来自农发行的队伍。

脱贫攻坚期间，农发行总行派驻隆林三人小组，会同总、省、市、县四级行，为隆林提供融资支持25.62亿元，协助优化营商环境，帮助引进了大北农生猪养殖、吉利百矿等一批龙头企业，协调农发行系统内外向隆林无偿捐赠7147.12万元，从基础设施建设到产业发展壮大，从资助贫困学生就学到帮助特困群众脱贫，提供多维度、深层次、全方位支持。

脱贫攻坚期间，隆林县那么村先后三任第一书记都来自农发行广西区分行，他们有的即将退休、有的家庭遇故、有的初为人父，但他们坚守在那么村，一任干给一任看，一任接着一任干，扶强支部，搭桥修路，谋划产业，带领那么村从贫困走向富足。

隆林县水洞村的村民，自从农发行百色市分行派驻第一书记以后，不仅结束了"靠天喝水"的日子，实现了"人在家中坐，水从管中来"，终于喝上了自来水，而且靠家门口翠绿的桑叶、小小的蚕茧织就了就业致富、安居乐业的锦绣生活，"桑蚕种得好，媳妇容易找"在当地广为流传。

在老寨村，远近闻名的特产清水鸭已经成为这个村的主导产业。一羽清水鸭，致富千万家。老寨村由穷到富的变化，源于思想观念的转变和主导产业的兴起，这得益于农发行隆林县支行派驻的第一书记。

（四）四梁八柱立锦屏

"那是我亲自做的第一笔贷款，那时候没有经验，折腾了将近一个多月。后来发现自己做的资料不行，又向农发行请教，从支行到省行，一边摸索一边请教，从锦屏问到贵阳，在农发行手把手的指导下把项目资料全部准备好。1.98亿元土地收储贷款落地，共收储土地7900多亩。经开区的启动资金有了保障，这笔贷款的贡献影响一直延续到现在。"谈到与农发行的邂逅，贵州锦屏县经开区副主任杨声栋特别有感触。

2014年，锦屏县经开区筹备伊始，缺资金、缺项目、缺思路，经开区发展方向在哪里，建设资金在哪里，难住了杨声栋。从第一次向农发行申请1.98亿元土地收储项目贷款开始，锦屏县经开区就和农发行结下了不解之缘。

种好梧桐树，引得凤凰来。

在农发行土地收储贷款的支持下，三通一平，道路通畅，基础设施逐步完善，入园企业更加规范，生产管理高质高效，内生动力愈发强劲，经开区的开发步伐越走越快、越走越稳。有了这个基础，农发行的帮扶更加火热。不仅依托挂职干部帮助谋划产业发展，总行更是把招商引资会开到了锦屏。一批龙头企业来到锦屏落户投资，生态鹅养殖、羽毛球生产、铁皮石斛加工、啤酒饮料生产逐步成为锦屏经济发展的骨干和支柱产业。2020年，园内落地企业17户，产值达7亿元，贡献了锦屏县本地可控财政收入的80%，正以"农头工尾"的优势支撑朝气蓬勃的锦屏迈向光明未来。

（五）四手联弹谱新曲

农发行重点扶持企业、中国竹业龙头企业、农业产业化龙头企业，拥有81项国家专利，带动农户就业致富超过万人，累计为地方税收贡献近5000万元，集诸多荣誉于一身的江西南丰振宇实业集团公司（以下简称南丰振宇集团）是响当当的行业领跑者。

对口支援原中央苏区南丰县，是农发行义不容辞的责任。农发行总、省、市、县四级行对此认识高度一致。对南丰县支柱产业和龙头企业的支持力度、准入门槛和容错范围有所倾斜。2013年，农发行江西省分行成立对口支援帮扶领导小组，抚州市分行主要负责人包片帮扶，市县行一起开展帮扶，三级行方案共谋、资源共享、责任共担，为南丰提供最全面最直接的对口支援。

脱贫攻坚初期，南丰振宇集团一度处于半停产状态，企业产品、创新、市场都出现了很大的问题，公司经营困难。本着对口支援工作的使命与责任，农发行面对潜在的信贷风险主动担当，不仅在企业最困难的时候不停贷、不断贷、不压贷，还组织省市县三级行专项工作小组，多次会商企业，共商应对策略，帮助转型升级，使企业恢复活力重归正轨。

四、竿头一步，督战收官

习近平总书记在2020年3月6日决战决胜脱贫攻坚座谈会上强调："剩余脱贫攻坚任务艰巨。全国还有52个贫困县未摘帽、2707个贫困村未出列、建档立卡贫困人口未全部脱贫。虽然同过去相比总量不大，但都是贫中之贫、困中之困，是最难啃的硬骨头。'三保障'问题基本解决了，但稳定住、巩固好还不是一件容易的事情，有的孩子反复失学辍学，不少乡村医疗服务水平低，一些农村危房改造质量不高，有的地方安全饮水不稳定，还存在季节性缺水。剩余建档立卡贫困人口中，老年人、患病者、残疾人的比例达到45.7%。

新冠肺炎疫情带来新的挑战。疫情对脱贫攻坚的影响主要表现在这样几个方面。

一是外出务工受阻。据国务院扶贫办统计，2019年全国有2729万建档立卡贫困劳动力在外务工，这些家庭三分之二左右的收入来自外出务工，涉及三分之二左右建档立卡贫困人口。现在，一些贫困劳动力外出务工受到影响，如不采取措施，短时间内收入就会减少。二是扶贫产品销售和产业扶贫困难。贫困地区农畜牧产品卖不出去，农用物资运不进来，生产和消费下降，影响产业扶贫增收。三是扶贫项目停工。易地扶贫搬迁配套、饮水安全工程、农村道路等项目开工不足，不能按计划推进。四是帮扶工作受到影响。一些疫情严重的地区，挂职干部和驻村工作队暂时无法到岗。

巩固脱贫成果难度很大。已脱贫的地区和人口中，有的产业基础比较薄弱，有的产业项目同质化严重，有的就业不够稳定，有的政策性收入占比高。据各地初步摸底，已脱贫人口中有近200万人存在返贫风险，边缘人口中还有近300万存在致贫风险。

脱贫攻坚工作需要加强。当前，最大的问题是防止松劲懈怠、精力转移，我去年在重庆座谈会上讲了这个问题。但是，随着越来越多贫困人口脱贫、贫困县摘帽，一些地方出现了工作重点转移、投入力度下降、干部精力分散的现象。形式主义、官僚主义屡禁不止，数字脱贫、虚假脱贫仍有发生，个别地区'一发了之''一股了之''一分了之'问题仍未得到有效解决，部分贫困群众发展的内生动力不足。"

习近平总书记在决战决胜脱贫攻坚座谈会上肯定了取得的成绩，深刻剖析了脱贫攻坚过程中存在的问题。这些问题不彻底解决，就不可能打好打胜脱贫攻坚战。

针对2019年底未摘帽的52个贫困县、贫困人口超过1000人的88个村和贫困发生率超过10%的1025个村，国务院扶贫开发领导小组2020年1月25日出台挂牌督战工作指导意见，确保剩余贫困人口如期脱贫、贫困县全部摘帽。

（一）迅速部署

挂牌督战工作既要较真碰硬"督"，更要凝心聚力"战"。2020年1月18日，时任行长钱文挥在农发行年度工作会议上指出：收官之年要有收官之年的打法，要建立健全攻坚责任制，对各类短板问题实行挂牌督战，持续压实责任，确保如期全面"交账"。深刻认识如期全面完成剩余脱贫任务的特殊重要性和复杂艰巨性，锁定目标，挂牌督战，确保如期全面完成任务。

2月，农发行相继印发坚决助力打赢2020年脱贫攻坚收官战的意见和脱贫攻坚挂牌督战工作方案，重点督战对52个未摘帽贫困县的金融支持工作，以及对未摘帽的广西隆林及辖内人口超过1000人的村和贫困发生率超过10%的村的全面帮扶工作。统筹调配各类资源协同攻坚，督促相关分支机构狠抓工作落实，全面完成扶贫贷款投放目标，确保扶贫贷款投放高于上年同期、扶贫贷款增速高于所在省级分行扶贫贷款平均增速，充分发挥政策性银行在金融扶贫中的先锋主力模范作用，坚决助力如期实现现行标准下农村贫困人口全部脱贫、贫困县全部摘帽。

农发行挂牌督战坚持分级督战、上下联动原则，总行统筹、省级分行负总责、总行部室对口联系、市县行抓落实。总行主要负责牵头抓总、统筹协调、资源调配、信息沟通。农发行对未摘帽贫困县所在省级分行分片包干，全年至少2次赴包干片区实地调研、座谈交流，深入一线助力解决突出问题。扶贫金融事业部执委会成员单位与相关省级分行建立对口联系机制，部门负责人带队全年至少3次深入对口联系地区督导，做好政策对接，强化条线指导，协助整合资源，推动对口联系地区完成各项脱贫攻坚任务目标。同时注重减轻基层负担，加强统筹安排，防止层层督战、多头督战、重复督战，注重督战实效，严防形式主义、官僚主义，避免只督不战，督而无果、督而无效。

省级分行制订辖内挂牌督战实施方案，层层传导压力，压实责任。省级分行"一把手"是挂牌督战第一责任人，党委成员对市级分行分片包干，并对未摘帽贫困县金融支持实行责任包干，按季到包干地区对接地方政府，走访相关企业，支持解决现实问题。省级分行处室与未摘帽贫困县分支机构建立对口联系，处级干部挂牌担任攻坚队长，率领业务骨干组成工作专班，全程指导对口联系机构，全力以赴支持未摘帽贫困县脱贫出列。隆林作为农发行定点扶贫县，广西区分行还要统筹安排对隆林县域内贫困人口超过1000人以及贫困发生率超过10%的村的挂牌督战工作，明确挂牌主体、目标和责任，助推挂牌村贫困人口如期脱贫。二级分行每月召开工作调度会，集中优势资源支持挂牌县解决突出问题。县级支行发挥机构优势推动各级部署落实到位。

依托"建立督战台账、实行清单管理、实行监测通报、实施约谈督导、强化考核问责"组合拳，推动挂牌督战工作落细、落小、落实到位。总行、省级分行紧扣挂牌督战内容建立督战台账，及时报送总行党委。用好任务清单、项目清单、问题清单，序时跟进各项工作，确保工作按时保质完成，实行实时监测、按月通报。对工作过缓的，及时提示督导；严重滞后的，直接约谈。持续加大考核力度，将挂牌督战执行情况纳入考核，确保挂牌督导工作有效落实。

（二）前线督战

挂牌督战工作期间，农发行党委成员现场督战36人次，对农发行四个定点扶贫县特别是唯一未摘帽的隆林县尤为重视。

2020年3月26日，时任行长钱文挥出席服务广西脱贫攻坚挂牌督战暨隆林县定点扶贫工作视频会，副行长赵鹏主持。隆林县县委书记张启胜、县长杨科应邀参加。

钱文挥指出，党中央全面打响脱贫攻坚战以来，广西壮族自治区的脱贫攻坚工作取得了决定性成就，农发行广西区分行充分发挥了政策性金融扶贫的示范引领作用，隆林县脱贫攻坚和定点扶贫工作一年一个新进步，为2020年彻底脱贫摘帽打下了坚实基础。现在距离年底仅有200余天，时间紧、任务重，尤其是年初新冠肺炎疫情的暴发，给原本艰巨紧迫的任务在工作安排、工作节奏上带来了很大冲击。我们要深入学习贯彻习近平总书记3月6日在决战决胜脱贫攻坚座谈会上的重要讲话精神，增强"四个意识"、坚定"四个自信"、做到"两个维护"，坚持目标任务不变、措施力度不减、工作标准不降，凝心聚力、一鼓作气、乘势而上、尽锐出战，支持广西彻底打赢脱贫攻坚这场硬仗。

钱文挥强调，要进一步提高思想认识，全力履行好挂牌督战的工作职责。挂牌督战是习近平总书记和党中央的要求，是解决脱贫攻坚难中之难、坚中之坚的关键举措，也是农发行的政治责任。要明确督战重点，重点要做好"五督"：督学习和贯彻习近平总书记重要讲话精神情况，督任务完成情况，督重大政策落实和重点工作推进，督精准管理，督干部作风。要全面落实督战责任，按照分级督战、上下联动的原则，建立总行统筹、省级分行负总责、总行部室对口联系、市县行抓落实的工作机制。贷款投放等重点任务要争取在上半年完成，最晚第三季度要见到成效。

钱文挥强调，要进一步做好隆林县定点扶贫工作。统筹加快推进隆林县脱贫攻坚各项工作，对标2020年中央单位定点扶贫责任书任务指标，力争上半年最晚8月底前完成各项任务。全面深化融资、融智、融商、融情"四融一体"帮扶体系，重点抓好消费扶贫、易地扶贫搬迁安置区后续支持、就业扶贫、教育扶贫等八大专项行动，积极帮助隆林县打造"隆林品牌"，确保帮助隆林县高质量完成脱贫摘帽任务。总行相关部门要切实研究、帮助解决隆林县定点帮扶工作中的实际问题。

6月4日，时任董事长解学智出席服务锦屏县定点扶贫挂牌督战调度会。解学智指出，全行要把学习贯彻"两会"精神作为当前重要政治任务，切实把思想和行动统一到习近平总书记的重要讲话精神上来。要把挂牌督战作用持续发挥好，强化工作联动、力量统筹、分片负责，坚决助力打赢脱贫攻坚收官战。定点扶贫工作要再接再厉，进一步深化"四融一体"工作格局，发挥好三人小组的作用，把定点扶贫做深做实做细。

（三）密集调度

农发行人在定点扶贫的道路上，为扶贫事业挥洒汗水，付出了艰苦卓绝的努力。2020年，在决战决胜脱贫攻坚的紧要关头，农发行高频次、高密度按季召开工作调度会议，目的就是扎实完成定点扶贫工作的"最后一公里"，向党和人民交上一份合格的答卷。

4月8日，第一季度专题调度视频会议上，副行长徐一丁强调：

一要瞄准目标任务精准发力。总行党委对今年各县定点扶贫和对口支援工作提出了明确目标，向国务院扶贫开发领导小组签订了责任书，定点扶贫的目标任务是很清楚的，就是要全力助推隆林县如期高质量脱贫摘帽，协助巩固大安市、马关县、锦屏县脱贫成果，全面完成2020年度中央单位定点扶贫责任书任务指标，力争在中央考核中继续获得"好"的等次。各级行各部门要切实提高对做好定点扶贫工作重大意义的认识，举全行之力把总行党委关于定点扶贫工作的决策部署做深做实做细，务必逐县完成总行党委制定的目标任务。总行今年已提前下达3500万元的捐赠资金，还加大了党费对定点扶贫县的划转使用，下一步还要积极组织员工开展爱心捐赠，这是总行高度重视定点扶贫工作的具体体现。各级行各部门都要对照总行有关文件要求，对照任务分工，认真履职，积极为定点扶贫工作多作贡献。

二要围绕"四融一体"精准发力。农发行融资、融智、融商、融情"四融一体"的帮扶体系已经形成品牌，在金融同业乃至社会上已有一定名气，从往年帮扶情况看是成功的、有效的，今年要进一步深化完善。国务院扶贫开发领导小组强调中央单位定点帮扶要发挥行业优势，农发行作为金融机构，行业优势就是融资，要围绕各县脱贫摘帽的短板项目，巩固脱贫成果、防止返贫致贫的薄弱环节，切实加大信贷支持力度。要加强融智服务，推动完善地方投融资体系和营商环境，优化贫困县干部群众培训方式，以就地培训、线上培训为主，加快培训进度。要加强招商引资，协调推动已签约项目落地，确保2020年新开工招商引资项目达到计划要求。要深化融情帮扶，努力克服企业受疫情影响无偿捐赠不确定因素增多等困难，多措并举、提早动员，确保完成引进社会帮扶资金指标。

三要扎实开展好定点扶贫专项行动。2020年中央单位定点扶贫考核要求的一项内容就是创建帮扶品牌。国务院扶贫办领导也指出，农发行扶贫信贷支持力度很大，但创建品牌的力度还可以再加大。农发行在总结前几年帮扶经验的基础上，提出2020年的定点扶贫要组织开展消费扶贫、易地扶贫搬迁安置区后续支持、就业扶贫、教育扶贫、健康扶贫、特困帮扶、专项培训、隆林县脱贫摘帽八大专项帮扶行动，每项行动都是2020年定点扶贫工作的重要抓手。据了解，一些地方已经有了专项行动方案，下一步要精心推动实施，尤其在消费扶贫、易地扶贫搬迁安置区后续支持、健康扶贫等领域要加大支持力度，在出亮点、出特色、出成效上下功夫，为农发行定点扶贫工作打造出更多更好的品牌。当然，这八大专项行动并不是每个行动都平均发力，一定要结合实际，把当地急需的，能够做大、做强、做出品牌的行动先做起来。

四要用好、用足金融扶贫优惠政策。总行高度重视对于定点扶贫县的政策保障，明确定点扶贫县可以运用农发行支持深度贫困地区脱贫攻坚相关差异化支持政策。总行2018年、2019年连续2次共出台了38条深度贫困地区差异化支持政策，2020年又出台了最新10条差异化支持政策，这些政策定点扶贫县都能用。可以说，总行对各定点扶贫县在政策支持上算是倾囊相助了，后续如果需要还可以再研究。各分支行要结合各定点扶贫县实际，积极研究政策落地举措，优先把定点扶贫县作为农发行落实优惠政策的责任田、创新地，力争最大限度地发挥好政策红利的作用。

五要积极发挥各类帮扶资源作用。各级行要加大社会帮扶资源整合力度，统筹用到定点扶贫工作中来。要深化与有关方面的合作，积极开展经常性互访交流，学习借鉴其他单位定点扶贫工作中的好经验、好做法，实现资源共享、优势互补，共同为定点扶贫县提供更多政策指导、产业扶持等方面的支持。要深化东部地区与定点扶贫县的结对帮扶关系，积极协调东部地区的优质客户、项目进入定点扶贫县，加强劳务协作。

六要关心关爱挂职扶贫干部。各县三人小组及驻村扶贫干部的工作十分辛苦。总行党委十分关心挂职干部的工作状态和身心健康，绝不让一位挂职干部因为工作过于劳累、生活条件过差、保障措施不到位等原因对干部本人、家庭造成伤害。各级行各部门要加强同挂职干部的日常沟通联系，提供工作保障，关心身体健康，推动解决问题，创造各种条件支持挂职干部有力有效开展帮扶工作。

七要以专项巡视"回头看"整改为契机推动定点扶贫工作。虽然专项巡视"回头看"没有直接指出农发行定点扶贫工作中存在的问题，但没有指出问题不代表没有问题。拿各分行来说，巡视没有指出问题的分行，同样要全面对照巡视指出的问题，查找自身存在的问题，都要举一反三、融会贯通。对待定点扶贫工作也要拿出这种态度，认真查找工作中存在的问题，比如，主体责任、监督责任是不是认真履行到位了，短板、弱项是不是聚焦支持了。各行要以巡视"回头看"整改推动定点扶贫工作，以定点扶贫的成果检验巡视整改的成效。

9月29日，第三季度定点扶贫工作专题调度会在广西南宁召开，副行长徐一丁指出：

第一，保持攻坚态势，大力推进八大专项行动。八大专项行动是总行党委按照中央单位定点扶贫考核要求创建帮扶品牌的重要举措，每项行动都是2020年定点扶贫工作的重要抓手，要因地制宜，继续扎实推动，争取更大的成效，为当地脱贫攻坚作出更大的贡献。要扎实开展好消费扶贫行动。产业扶贫成效的关键是要把产品卖出去，消费扶贫就是产业扶贫的"最后一公里"，是促进贫困人口稳定脱贫的重要途径，是促进贫困地区稳定脱贫和实施乡村振兴的长久之策、关键之举。马克思把商品转化为货币称为"商品的惊险跳跃"，这个跳跃如果不成功，摔坏的不是商品，而是商品的占有者。扶贫产品卖不出去，变不成钱，摔坏的不是扶贫产品，而是扶贫产业和贫困群

■2019年4月17日，农发行浙江省分行及企业助力马关县消费扶贫项目签约仪式

众。前三年，全行为各县招商引资，引进企业、项目、技术、资金、人才，现在产业发展起来了，卖是难点、痛点，也是下一步帮扶的重点。各行各部门要高度重视消费扶贫工作，全面发挥金融优势、行业优势和系统优势，从扶贫产品消费、生产、流通各环节全面发力，帮助解决扶贫产品滞销卖难问题。定点扶贫县三人小组要把好产品准入关和价格关，主动做好与地方政府、企业和农户沟通协调工作，保障物美价廉的扶贫产品及时足额供应到位；对带贫效应明显、质优价廉的扶贫产品，要及时协调在"农发易购"电商平台上线；广西区分行和隆林县三人小组要加强对"农发易购"电商平台的运营和维护，确保平台运行稳定。要抓好稳岗就业，贫困户脱贫主要靠的是就业，一旦收入下降，稳定脱贫就可能会出问题。当前我国经济发展环境和形势依然严峻复杂，稳住贫困劳动力现有就业岗位仍然面临很大压力。三人小组要密切跟踪研判当地贫困劳动力就业形势，帮助地方党政落实进一步强化贫困劳动力就业的具体措施。相关省级分行要结合当地实际积极支持扶贫车间、扶贫工厂、扶贫龙头企业等复工复产，吸纳当地贫困劳动人口稳岗就业；要支持易地扶贫搬迁安置点周边扶贫产业园建设，吸纳易地扶贫搬迁人口就地就近就业，确保有劳动力的搬迁家庭有人就业。要全力配合做好隆林县脱贫摘帽行动。隆林县脱贫摘帽已经到了冲刺阶段，广西区分行和隆林县三人小组要帮助排查隆林县脱贫摘帽评估验收指标的完成情况，协助查找脱贫攻坚中存在的短板和不足，帮助解决工作中存在的问题，确保如期脱贫摘帽。

第二，查漏补缺，认真开展定点扶贫专项检查。随着脱贫攻坚战临近收官，各方都高度重视，中央有关监管部门对农发行扶贫工作多次进行检查，总行纪检、巡视也开展了相关工作。最近落实钱文挥行长指示要求，总行发了预通知，10月总行将组织力量对定点扶贫工作进行一次比较全面的专项检查，要求相关省级分行会同三人小组认真配合，提前开展自查，及时查找问题、解决问题，把收官阶段定点扶贫工作做得更扎实。各行和三人小组要把这次专项检查当作收官阶段的一次全面体检，组织专门力量对过去五年的定点扶贫工作"回头看"，对投放的信贷资金质效、捐赠资金使用情况、帮助引进的资金使用管理情况、招商引资项目落地情况等进行全面自查，建立问题台账，逐项制定整改措施，及时整改纠偏，确保定点帮扶各项工作成果经得起检验。扶贫工作不但要做好定点扶贫县的帮扶工作，还要对县里扶贫工作中存在的问题进行监督。据了解，隆林县此前已按要求进行了整改，国庆节后请总行扶贫部、广西区分行和三人小组再进行一次核查，及时向驻行纪检组报告情况。其他县也要举一反三，提醒当地党政认真开展查漏补缺的工作，指导和督促当地对各方面发现问题坚决彻底整改。总行在开展专项检查时要把这方面的要求纳入方案。定点扶贫县党政领导同志要继续保持攻坚态势，克服"松口劲、歇歇脚"的想法，对脱贫攻坚各项目标任务完成情况进行"回头看"，要对各项检查、督查发现的问题狠抓整改、举一反三，建立长效机制，确保高质量完成脱贫攻坚这项具有重大历史意义的任务。

第三，精心组织，全力做好年度考核评估准备工作。自从实施中央单位定点扶贫考核以来，农发行已经连续三年被国务院扶贫开发领导小组评价为"好"的最高等次。争先进不容易，保先进压力更大。8月18日，人民银行对2020年中央金融单位定点扶贫工作情况进行了通报，从通报情况来看，22家中央金融单位中有18家已经提前超额完成全年的定点扶贫责任书指标任务，可见2020年考核评比竞争更加激烈。为继续保持住"好"的考核等次，各行各部门现在就要着手做好年度考核评估相关准备工作。总行有关部室要牵头抓总，加强与人民银行、国务院扶贫办沟通联系，对接好2020年中央单位定点扶贫工作考核的新要求新部署，按要求及时报告阶段工作，及时上报考核评估材料。总行相关部室、相关省级分行和三人小组要明确专人负责及时填报数据，收集整理相关证明材料，确保各种资料收集及时，真实有效，准确无误，经得起检查。要主动向地方党政汇报定点扶贫工作的新举措、新进展、新成效，保证定点扶贫县在地方评价中排名靠前。

第四，协同发力，持续巩固定点帮扶成果。这几年，农发行与定点扶贫县共同攻坚，结下了亲人般的深厚情谊。各县对农发行继续支持定点扶贫县开展招商引资、实施乡村振兴等方面提出了有关建议。2020年后，定点扶贫县虽然摘了贫困县的帽子、贫困人口都脱了贫，但是定点扶贫县自身发展能力较弱、经济发展水平与东部地区相比仍然有较大差距的现状没有变，脱贫人口生产生活水平较低、与全国平均水平仍有较大差距的现状没有变，这就需要各方仍然持续加大对定点扶贫县的支持力度，一是帮助定点扶贫县全面脱贫，二是持续巩固脱贫攻坚成果，三是解决相对贫困，四要实现乡村振兴。各定点扶贫县作为脱贫攻坚的主体，要充分发挥主体主导作用，持续巩固脱贫攻坚成果，做好引领和规划，确保各项政策举措落地落实。农发行将一如既往地关心和支持定点扶贫县脱贫攻坚工作，总行相关部门要及时跟进中央关于中央单位定点扶贫的有关政策设计，未雨绸缪及早研究制订或调整2020年后定点扶贫工作方案，继续把定点扶贫县作为农发行的"试验田"和"示范田"，推动农发行巩固脱贫成果、防止返贫的各项政策举措在定点扶贫县先行先试。相关省级分行要继续履行定点扶贫工作帮扶主体责任，切实担起牵头、推进、协调、落实的责任。三人小组要继续发挥好桥梁和纽带的作用，做好政策传导和需求对接，及时把地方的诉求和农发行的优势有机结合起来，因地制宜、整合资源、凝聚合力，确保各项工作落实落细落好。

第五，全面总结，讲好农发行定点扶贫故事。定点扶贫是中央交给农发行的一项政治任务，脱贫攻坚结束后是要向中央交账的。过去五年，农发行把定点扶贫作为全行重大政治任务，构建全行全力全程帮扶格局，创新融资、融智、融商、融情"四融一体"帮扶体系，与定点扶贫县党政干部和群众同向发力、并肩作战，把定点扶贫工作打造成了全行金融扶贫工作的窗口和标志。定点扶贫工作要做得好也要讲得好，不能只讲不做，也不能少做多讲，要做多少讲多少，把农发行在定点帮扶过程中探索出的创新模式、典型经验和涌现出的典型人物总结好、宣传好。相关省级分行和三人小组作为定点扶贫的责任主体，要全面总结农发行定点扶贫工作取得的成效，提炼创新模式、经验做法和典型案例。要分析对比定点扶贫县帮扶前后的变化，有数据支撑和材料佐证。每个县都要有文字总结报告，有图文并茂的宣传图册，还可以有声像资料。三人小组中各位成员都是定点扶贫工作的推动者、亲历者，也要对个人工作情况进行总结。前不久总行开展了"我所经历的脱贫攻坚故事"征文评选活动，下一步还要举办故事分享会，希望大家积极参与。要加强与主流媒体的沟通联系，积极邀请媒体记者到定点扶贫县采风，全面生动反映农发行定点扶贫的成效和做法，适时在中央或当地主流媒体上进行展示。脱贫攻坚到了收官阶段，各地各方面的先进评选活动不少，农发行要把定点扶贫的先进典型推选出来，善于讲好农发行扶贫故事。

（四）落实落细

农发行定点扶贫县，尤其是广西隆林、云南马关两个定点扶贫县贫困程度深、自然条件差、致贫原因复杂、脱贫成本高，是经过几轮攻坚一直难以攻下来的"山头"，是难啃的硬骨头，是脱贫攻坚的难中之难、坚中之坚。农发行开展挂牌督战不断条、不断层，一脚油门踩到底。

广西区分行督战实策：

广西壮族自治区2020年1月19日印发脱贫攻坚挂牌督战方案，聚焦责任、政策、工作"三落实"，识别、帮扶、退出"三精准"，针对义务教育、基本医疗、住房安全"三保障"和饮水安全开展督战。

2020年3月27日，农发行广西区分行印发定点扶贫挂牌督战实施方案，坚持"四融一体"，强化"督""战"结合，聚焦中央单位定点帮扶责任和隆林县贫困人口超过1000人以及贫困发生率超过10%的村，全面完成定点扶贫责任指标，坚决助力隆林县如期实现整县脱贫摘帽。不仅督战辖内百色市分行、隆林县支行，还督战区分行处室、农发行隆林三人小组。主要补齐隆林县脱贫攻坚突出短板。强化"三保障"和饮水安全等"四大战役"融资融智支持，协助解决定点村饮水安全问题，开展健康扶贫专项行动。加大易地扶贫搬迁后续扶持力度，巩固脱贫攻坚成果。瞄准10个未脱贫出列贫困村（尤其是贫困发生率10%以上的4个贫困村），引导借款企业通过资金投入、定向采购、技术支持、建立扶贫车间等方式，与贫困村建立稳定帮扶关系，实现集体经济发展和贫困户增收。开展就业扶贫专项行动，拓宽就业渠道。通过派出的驻村第一书记、工作队员，以点带面推动贫困人口自我发展脱贫。

■ 农发行支持的隆林县农村饮水安全工程项目，让5万余名群众喝上"放心水"

云南省分行督战实策：

农发行定点帮扶马关县2020年5月脱贫摘帽，但云南省分行在挂牌督战中继续聚焦脱贫目标，切实担负挂牌督战责任，谨防掉以轻心，防止返贫，巩固脱贫成效。

云南省分行把"9+1"重点贫困县（9个未脱贫县和1个定点扶贫马关县）脱贫攻坚作为全行工作重中之重，先后召开会议20余次，传达学习总行挂牌督战精神，压实挂牌督战责任。对外，省分行党委主动加强向云南党政汇报沟通，围绕"两不愁三保障"和饮水安全、产业扶贫、易地扶贫搬迁后续扶持等重点领域，深化与省发改委、扶贫办、水利厅等部门沟通协调，推动政策倾斜，资源共享，优势互补，合力推动贫困地区如期脱贫。对内，优化工作思路，畅通办贷渠道，加快信贷投放，为马关"送一程"，确保不返贫。

挂牌督战期间，云南省分行党委成员赴未摘帽贫困县调研25次，省分行处室调研督导65次，助力云南啃下脱贫攻坚"最难啃"的硬骨头。

融资助战篇

　　基础设施薄弱，公共服务落后，产业发展不足，融资渠道不畅，是定点扶贫县普遍面临的问题。如期脱贫、决胜攻坚，兑现承诺、同步小康，不仅考验着肩负主体责任的当地党政，也考验着作为帮扶单位的农发行。

　　2016年7月至8月，农发行调研组分赴定点扶贫县实地调研，会同当地党政分析经济社会状况、脱贫攻坚规划和实施方案，逐一分析定点扶贫县脱贫攻坚最为迫切的金融需求和政策支撑。立足各地资源禀赋，找准脱贫攻坚重点、难点和关键节点，量身定制金融服务方案，确定2016—2020年农发行重点支持领域和信贷投放目标，制定融资支持定点扶贫县的时间表和路线图，分年制订信贷支持计划和重点项目融资方案，以风险可控为前提，畅通总、省、市、县四级行办贷"绿色通道"，推动信贷投放有效力、有效益、有效果。在此基础上，农发行总行率先提出在定点扶贫县实施单列信贷计划，保障信贷规模，实行特惠利率、倾斜财务资源、降低准入门槛等一系列特惠政策，在全行信贷规模紧张的情况下，优先保障定点扶贫县信贷需求，确保定点扶贫县信贷支持"一脚油门踩到底，不换空挡不松油"，有效解决定点扶贫县融资难、融资贵、融资慢等现实难题，充分发挥了金融扶贫的先锋主力模范作用。2018年5月，明确"全额保障PSL资金需求""实行利率下浮优惠""实行定价测算优惠"和"加强对定点扶贫县和对口支援县贷款定价管理"四大优惠政策，将优质信贷资源投入定点扶贫县和对口支援县。

■ 贵州省分行贷款支持锦屏兴建农民集中住房（生态移民房）、易地扶贫搬迁项目建设

五年来，农发行围绕"五个一批"，加快推进定点扶贫县重点民生项目建设，依托差异化信贷支持政策，探索创新信贷支持模式，不断加大融资支持力度，向定点扶贫县投放贷款109.98亿元，加权平均利率下浮10%，实现让利10667万元，以实际行动全面助力定点扶贫县脱贫攻坚。

各市县情况是：

吉林大安投放贷款61.97亿元，加权平均利率下浮1.04%，减费让利6453.5万元。

云南马关投放贷款29.44亿元，加权平均利率下浮0.49%，减费让利1436万元。

广西隆林投放贷款25.62亿元，加权平均利率下浮1.44%，减费让利3698万元。

贵州锦屏投放贷款16.63亿元，加权平均利率下浮0.35%，减费让利583.28万元。

一、全力支持易地扶贫搬迁

居安所方能家稳业兴。

易地扶贫搬迁是奠定决胜脱贫攻坚、实现全面小康的超常举措和伟大壮举。将生存条件恶劣、居住条件较差地区的贫困人口搬迁安置到其他地区，改善安置区生产生活条件，拓展增收渠道，多措并举帮助搬迁人口逐步脱贫致富。这就是脱贫攻坚中的"硬骨头"，重中之重，难中之难。用五年的时间对约1000万贫困人口实施易地扶贫搬迁，规模之大、难度之高、任务之艰巨、使命之伟大，无论在中国减贫史还是在世界减贫史上都前所未有。

等，不是办法。干，才有出路。

农发行支持易地扶贫搬迁，坚持"整体推进、统分结合、精准落地、封闭运营、保本经营"的思路。坚持上下联动，拓展横向协调，高站位、宽视野、多举措、立体式、系统化支持易地扶贫搬迁，全行四级机构紧紧地团结在一起，携手打响易地扶贫搬迁这个脱贫攻坚中的"当头炮"。

小镇迎来新市民

在隆林，有这样一批人，从闭塞的山寨走向了繁华的都市——百色。

百色市分行投放全广西首笔易地扶贫搬迁过桥贷款4.3亿元，支持建成百色市面积最大、安置群众最多的右江区易地扶贫搬迁移民安置点——深圳小镇。

家住深圳小镇12栋一单元403号的48岁的壮族汉子田维林，2019年带着21岁的大儿子田茂春和20岁的二儿子田茂青，从283千米外的隆林县金钟山乡牛场村搬迁至此。从牛场村得步行4个多小时抵达金钟山乡，乘3个半小时中巴车到隆林县城，再坐3个小时客车才能到百色市右江区，单程车费约160元，时间需要一整天。"现在随时都能有水

■ 广西区分行支持隆林易地扶贫搬迁项目安置区

用，不比以前在山里喽。"

没等田维林说完，同村搬迁的袁志高抢过话头："之前在老家，都没水吃。这还不算。要是没搬下来，我怕是命都没了咧！"袁志高，65岁，其妻耳疾，不能言语，大女儿嫁至贵州兴义，小女儿在广东务工。搬迁前，袁志高家每人每月低保280元，搬迁后不再享受这一政策。"不回去喽，还是这里好。"袁志高说，他本人患有高血压，有次感觉头晕，便自行缓步到社区卫生院，"15分钟，刚走到卫生院就晕倒了。"他略带后怕地说，"要是没有搬下来，单单从山上（指牛场村家中）到乡卫生院，怕是人都不行了哟。"这朴实的话语，透着心满意足，含着渴望后的幸福，也装着他的感动和对未来的憧憬。

从山村走进城市，从危房搬进楼房，像田维林、袁志高一家这样"梦想成真"的贫困户，在深圳小镇共有3828户15937人，包含壮、苗、瑶、仡佬等11个少数民族，分别来自百色市的隆林、德保、那坡、靖西等9个县市57个乡镇。

江畔搬出好日子

2015年10月，在金融支持易地扶贫搬迁缺模式、缺经验，农发行在锦屏尚未设立支行的情况下，依据贵州省扶贫生态移民工程规划，依托代管锦屏县信贷业务的天柱县支行，农发行贵州省分行及时组建专业服务团队，强化上下沟通，集中办贷审贷，开启"5+2""白+黑"工作模式，吹响"冲锋号"，按下"快进键"，率先发放3.5亿元贷款支持锦屏实施易地扶贫搬迁工程，建成7个移民安置点。清水江畔，311省道旁，县城南郊3千米，当地百姓交口称赞的易地扶贫搬迁安置点——潘寨大公田社区就是七个安置点之一。

潘寨大公田社区总计建成安置房15栋，933套，配套商业3.5万平方米，安置易地扶贫搬迁群众906户4078人。社区广场正面墙上印着一排鲜红的大字——"党恩好比清江水，移民幸福万年长"。大字北面是社区党群服务中心，内设社区办事大厅、日间照料中心、卫生室、支部办公室、党员活动室、社会监委办公室、文化活动中心、群团组织之家、"四点半"学校、"乡愁馆"，等等。中心以"情系社区，服务万家"为宗旨，围绕"个人成长、家庭和谐、友好睦邻、幸福社区"理念，为大公田移民安置区家庭提供多元化综合服务，让移民群众感受到社区的关爱，打造一个真正以人为本的"幸福家园"。

群众富不富，关键看支部。

按照"易地扶贫搬迁安置点建到哪里，党的组织和工作就覆盖到哪里"的思路，2018年8月，中共锦屏县三江镇委员会批复成立大公田社区党支部。同年11月，社区党支部选举产生党支部委员。社区党支部委员会对搬迁党员采取"拉网式"摸底排查，要求户籍所在地及时将党员关系转入社区党支部，并选举成立社区第二党支部和社区党总支。党总支通过"三会一课"、主题教育等多种方式教育支部95名党员要牢记使命、树立信心，发挥致富带头的模范作用，在社区治理、公共服务、就业创业培训、文化服务活动中大力发扬为民服务孺子牛、创新发展拓荒牛、艰苦奋斗老黄牛的精神，更好地发挥党员先锋模范作用。搬迁入住以来，共有13名搬迁群众向党支部递交入党申请书，3名搬迁群众已纳入积极分子培养。

大公田社区理清工作思路，探索成立潘寨村红豆杉合作社，主要解决易地扶贫搬迁50~60岁劳动力务工收入问题。以"公司+合作社+农户"模式，在240亩红豆杉下套种中药材"一枝黄花"，雇用务工220人，劳务创收22万元。以"合作社+贫困户"模式，实施林下魔芋种植230亩，雇用务工192人，劳务创收30余万元。以"公司+合作社+移民户"模式，在安置点后山建立39个食用菌种植大棚，解决务工126人，劳务创收28万余元。

"每次发放劳务费的时候，李文梅都是获得林下种植中药材劳务费最多的一员"。说到社区群众增收，社区文书龙安春为李文梅勤劳致富竖起大拇指。李文梅，从固本乡扣文村搬迁至大公田社区，全家6口人，儿媳罗青凡二级听力残疾，两个孙子均为三级语言残疾，夫妻二人均已超60岁，全家生活重担都压在其子身上。搬迁入住后，李文梅听说社区药材基地急需人手，立即报名到药材基地从事劳作。无论风吹日晒雨淋，李文梅总是最早上工、最晚收工。付出总有回报，仅药材基地劳务一项，李文梅一人就挣了将近两万元。儿媳罗青凡虽二级听力残疾，但并无"等、靠、要"思想，得知社区引进的福鑫服饰公司招工，便报名学习缝纫技术，在车工岗位拿到了2000~3000元的月薪，逐步实现农民向市民身份的蝶变。面对生活，罗青凡乐呵呵地说："我既能在家照顾孩子，还能在社区内找到一份稳定的工作，这生活多美好。"

大公田社区还探索成立劳务公司，以"阳光家园·残疾人居家托养服务"方式，组织三四级残疾人（8人）服务一二级残疾人（198人），被服务对象涵盖全县多个易地扶贫搬迁安置点，既解决残疾劳动力就业问题，又充分调动残疾人之间本就抱有的理解同情之心，不仅护理工作更加容易开展，还能增进互助互爱，维护了残障人士个人尊严，使之得以体面生活。积极组织切合实际、品类繁多的技能培训。仅2019年、2020年两年，就开展服装制作、育婴员、养老护理员、无线电装接、刺绣、果蔬种植、家政服务等技能培训共计32期，参训搬迁贫困群众1922人次。依托建成的3688平方米扶贫车间，成功引进金华市家幕思地毯、贵州荣帆电器、贵州飘雅服饰、锦屏福鑫服饰、福锦服饰、雨林服饰、丰盛服饰、锦屏富永昌电子、锦屏县精工镜配件等11家劳动密集型企业入驻，提供就业岗位680余个，153人实现长期稳定就地就近就业。社区3098个劳动力，已就业2791人，就业率超90%。

网格精细化、服务精准化、资源共享化的"三化"模式，使得大公田社区管理备受称道。

以社区党支部为核心，将社区的公共场所、楼群院落等划分为若干网格，实施网格化管理，支部委员包片负责。社区服务"楼道化"管理、"楼长"负责制、家庭成员台账管理制，做到"家庭情况清、服务需求清、隐患矛盾清"。社区服务中心聚焦搬迁群众需求，配套建设党群活动室、社区诊所等医疗、教育公共服务设施，实现公共服务"敞开式"办公、"一站式"办理、"一条龙"服务。组建工、青、妇矛盾纠纷调解委员会等群团、社会组织，开展社区居民分类教育管理、纠纷调解、志愿服务、教育培训、邻里互助等活动。自搬迁入住以来，解决搬迁群众就医7000人次，社区服务中心为群众提供服务10000余人次，解决搬迁学生城区内就近入学1036人。"'三化'服务推行以来，我们党支部已逐步成为社区群众的忠实服务者，社区群众已将党支部当作娘家人，不论是大小事情都主动找社区两委班子。"社区党支部书记吴君明说。

积极探索"双转"模式，促进良好习惯养成。

社区围绕道德教育、文明教育、感恩教育、励志教育等重点，通过社区文化墙展示，举办"四下乡"文艺活动，召开楼长会、党员学习会、知识抢答会、群众院坝会等方式，开展行为习惯养成教育，促进搬迁群众自觉感党恩、听党话、跟党走，转变思想。把移风易俗、社区环境卫生管护、公共设施维护等写入社区居民公约，形成"区民公约三字歌"，引导搬迁群众自觉破除红白喜事大操大办、奢侈浪费、相互攀比等陋习。通过开展"文明家庭""星级文明户""勤劳致富模范户"等评选活动，促进搬迁群众自觉移风易俗，转变观念。自搬迁入住以来，搬迁社区开展文艺巡演、展演15场次，召开院坝会4次、党员大会8次、群众代表大会及楼长会议117次，接受思想教育群众20000余人次。

2018年，龙令忠一家搬迁入住该社区，还未来得及细细体味从农村生活向城市生活转变带来的幸福，92岁的母亲便因病撒手人寰。按照当地旧习俗，治丧一事，龙令忠只有两个选择，回老家在已经拆除的旧房原址上或是在社区空地上，搭建帐篷为母亲停灵。综合考虑孝家感受、居民体会、治理导向等多方面因素，社区党支部入户开展移风易俗宣传。龙令忠最终选择了第三个方案——与城里人一样，将治丧地点选在锦屏县回龙山殡仪馆，将原定五天的丧期缩短为三天，主动张贴告示敬告亲友不送花圈、谢绝鸣炮、不请腰鼓队送行。龙令忠一家改陋习、树新风的做法，不仅得到亲朋好友广泛称赞，还一度成为社区美谈。

大公田社区立足实际安装天眼监控系统，采购第三方服务入驻强化安全管理，提升安置区安全保障。小区卫生室配备常用诊断治疗、中医理疗、计算机、打印机、投影仪、病床等医疗卫生设备40余种，落实专业全科医生常驻坐诊。参加新农合3978人，安排就近就学563人，办理移民市民证4078人，参加城乡居民基本养老保险2049人。社区党群服务中心真正成为面向党员、面向群众开放的共享空间，具备政治功能、服务功能、融合功能的"红色家园"，已然是团结引领移民群众的政治中心、宣传教育的文化中心、联系服务移民群众的便民中心。2021年4月，省委省政府表彰社区党支部为"贵州省脱贫攻坚先进集体"。"让搬迁群众卸下的是贫困，搬进的是幸福。"身为年度"最美社区人"，50岁出头的汉子，黔东南州2020年脱贫攻坚优秀致富带头人吴君明腼腆又自豪地说："以前是'山高石头多，出门就爬坡，一年四季红薯饭，过年才有肉下锅'。这样的日子，已经一去不复返啦！"

鹤城"贷"来新生活

在贵州锦屏440千米之外的广西隆林，是全国仅有的两个各族自治县之一，集革命老区、少数民族地区、边疆地区、山区、水库淹没区于一体，贫困发生率曾达23.47%。石漠化严重，贫困群众居住条件极其恶劣，被广西壮族自治区政府定为"极度贫困县"。

2015年10月，农发行广西区分行审批隆林县华隆开发投资公司扶贫生态移民工程一期项目贷款8亿元，2016年投放贷款4亿元，建设隆林县鹤城新区、鹤城东区、江管大道、城西4个易地扶贫搬迁移民安置点，建设内容为移民安置工程、配套基础设施和配套公共服务设施三大部分。鹤城新区，隆林最大的易地扶贫搬迁安置点。建成安置房51栋3382套，安置易地扶贫搬迁贫困户14606人。2018年以来，农发行投放贷款7.66亿元支持隆林易地扶贫搬迁产业园建设，保障2000余名贫困人口稳定脱贫。

站在鹤城新区45栋和50栋前的小平台往外看，浅黄色的楼宇拔地而起、鳞次栉比，幼儿园、塑胶足球场和篮球场、农贸市场尽收眼底。干净整洁的小区里行人三三两两，草坪上孩童嬉笑追逐。

就在两年前，这些搬迁户，祖祖辈辈还生活在林丛深壑之中。他们有的住在四面透光的木屋里，木屋年久失修，歪歪斜斜，仅靠几根木柱支撑；有的住在泥草房或裂纹纵横的破旧砖房里，房屋已经下陷，雨天阴暗潮湿，甚至就连屋顶也直见"青天"，当地人称"五面透风房"。

易地扶贫搬迁不仅从根本上解决贫困人口的住房安全、饮水安全、教育医疗等问题，更为关键的是，通过就地就业，从根本上解决长期贫困的问题。就在与鹤城新区一道之隔的隆林脱贫奔康产业（就业）园中，达江电子科技公司、隆林昌隆服装公司、广西隆林嘉利蚕丝绸公司、隆泰电子公司等一批企业入驻开工，搬迁群众就近就业。"以前全家住在悬崖边上的木屋里，每逢下雨天，屋外下大雨、屋里下小雨是家常便饭。如今，我在小区物业做保洁，孩子他爸在中建五局的砌体班组做工，现在收入多了，我们的日子也越来越好啦。"脱贫户李玉花在安置点两室一厅的新家里，冰箱彩电一应俱全，喜悦之情溢于言表。

鹤城新区党支部书记陈贵仲介绍，安置新区优先安排600余名搬迁群众在产业园就业，开发乡村公益性岗位120个，实施托底安置就业；开展技能培训，确保每个搬迁户劳动力掌握一门以上就业技能。"已经搬迁入住3382户1.46万人，有居民医疗室、社区管理办公室、鹤城新区农村幸福院、粤桂扶贫劳务协作服务中心。"一介绍鹤城新区，陈贵仲就滔滔不绝、如数家珍。

在广西隆林，农发行以定点扶贫为依托，大胆创新试点探索形成"支持易地搬迁，推进基础建设，牵头引进产业，担任经济顾问，整合外部政策，结对开展党建"六位一体的金融扶贫模式，树立起输血造血结合、行内行外协同、党政银企共建的金融扶贫样本，广西壮族自治区党政高度认可，并在罗城县、靖西市、巴马县三地推广。2021年2月25日，全国脱贫攻坚表彰大会召开，农发行隆林县支行获"全国脱贫攻坚先进集体"荣誉称号，是广西唯一获此殊荣的银行业金融机构。

搬离苦寒地，笑住新居房。

畅通就业路径，拓宽收入来源，强化生活保障，消除后顾之忧，配套公共服务，维护群众尊严。隆林县鹤城新区的实践，以"挪穷窝""换穷业"实现"拔穷根"，恰是易地扶贫搬迁这—浩大德政工程的缩影。脱贫农户能否真正实现"搬得出、稳得住、逐步能致富"，在这里，我们没理由怀疑。

幸福小区真幸福

云南马关，地处边境，曾是兵锋交戎的前线。和平建设时期，马关为国边境，改革开放比内地晚了整整14年，曾有贫困村115个，贫困人口10.01万人，贫困发生率21%，是云南省27个深度贫困县之一。

2013年定点帮扶马关县以来，农发行紧扣精准方略，紧盯脱贫目标，按照"五个为主、五个跟进"帮扶工作思路，建立健全"高层策动、中层互动、基层联动"帮扶工作机制，从"组织保障、政策倾斜、人才配备、机构设立、体制畅顺、资金保供、项目推动、产业扶持、爱心捐赠、民生关怀"等方面实施"一站式、全程式"倾力帮扶。

农发行马关三人小组会同当地党政研究制订马关县易地扶贫搬迁"三年行动计划"实施方案、易地扶贫搬迁项目管理办法等一整套政策措施，为有效强化马关县加快易地搬迁步伐、实现如期脱贫目标提供了政策支撑。

2017年，云南省文山州相关政策调整，以"进城入镇"集中安置为主要方式推进易地扶贫搬迁。当时，农发行马关三人小组成员袁智勇挂任县政府副县长，主管易地扶贫搬迁工程，立即叫停未开工的安置点，会同县委县政府及时反复研究、多次论证、深入研讨，马关党政把调整集中安置点的目光锁定到南山高原特色农业产业化园区。该园区距县城5千米，毗邻文马高速公路和国道G219线，兼具交通和地理优势，集新型轻工、农特产品加工区、现代物流区于一体，产业承载能力突出。谋定即动，农发行马关三人小组立足县情实际，牵头编制马关县2017年度易地扶贫搬迁安置方式及项目点调整工作方案，将未开工建设的15个易地扶贫搬迁项目点（集中安置点13个、分散安置点2个）调整到县城南山园区进行集中安置，探索形成"银行+企业+党政各部门"良性联动机制，加大搬迁规划与土地利用规划、城镇发展规划、产业发展规划、脱贫攻坚规划"五规合一"统筹力度，马不停蹄加快项目推进，成功构建起"山上园区、山下社区"空间战略布局。

2018年9月，农发行贷款支持建设的马白镇易地扶贫搬迁集中安置区——南山幸福社区迎来首批移民业主。来自坡脚、大栗树等10个乡镇的壮、苗、彝等7个民族1499户6136人集中搬迁入住。贫困户830户3439人，全部实现免费搬迁入住，同时安置随迁户669户2697人。马关县城增村减拆旧复垦补助办法明确，易地扶贫搬迁户除享受国家相关政策外,在规定时限拆除旧房的每户获补助1万元。

社区内,"中华民族一家亲,同心共筑中国梦""幸福生活都是奋斗出来的"等标语格外醒目。一站式服务大厅,为社区内党员及群众提供救助、优抚、助残、养老、社会保障、计划生育、维权、组织关系转接、关爱困难党员等服务。配套建设幼儿园、卫生室、警务室、便民超市、文化书屋等公共服务设施,开通了公交车运营专线。成立业主委员会并从搬迁群众代表中推选出20个楼栋长,强化对搬迁群众日常管理和服务。让搬迁群众安心入住、放心居住。乡镇内安置点依托原有村委会负责服务管理,制定了村规民约,组建了邻里互助组、红白理事会等组织,强化群众自我服务管理,倡导文明进步、守望相助、相互关照、邻里和睦的良好风尚。

除了集中安置,在云南马关,分散安置同样成绩喜人。

麻栗山丫口村住房多为土坯瓦房,人畜共居,村中多为留守妇女儿童和空巢老人,靠传统农业和畜牧养殖业为生,道路泥泞,生产生活条件极为恶劣。如今,村内建成了村民公共活动室、卫生厕所、污水处理池、垃圾焚烧池,接通了饮用水水源,单独规划建设了养殖小区,美化亮化了居住环境,享受了产业扶贫发展资金。用当地村民的话说,"现在外村女人都愿意嫁进来了"。全村村民住上了新房子,挺直了腰杆子,过上了好日子。以往"家中光棍一个,门口恶狗一条"的状况,随着脱贫攻坚的滚滚车轮,辗作轻烟消散而去。

马关通过易地扶贫搬迁,2359户9492人(贫困户1245户5101人,同步搬迁户1114户4391人)喝上自来水,用上动力电,走上水泥路,有公共活动室,住进安全房。搬迁户离开"六类地区",迁到靠近县城、靠近乡镇、靠近公路、比较适宜居住的地方,搬迁群众出门行路、子女上学、有病求医、信息获得更加便利。

就业门路更加广泛。

马关加强与全县外出务工人员相对集中的广东、浙江、江苏、福建等省份用工企业和务工地对接,针对用工需求组织开展电工、建筑、蔬菜种植等劳动和就业技术培训10余期,组织引导搬迁群众务工增加收入。转移就业1388人,每年可实现劳务收入5000余万元。分类收集就业信息,组织推荐就业,县内就近就业1229人,每年劳务收入1000余万元。设立社区公益性岗位54个,安排贫困户54人就业,每年劳务收入32.4万元。园区内扶贫车间解决36名群众就业,每年收入83.3万元。按"企业+基地+订单"模式流转园区周边土地300余亩,发展巴西菇、蔬菜种植订单农业,仅2019年102户搬迁群众就实现收入300余万元。

在云南马关,农发行贷款支持的易地扶贫搬迁项目,农发行马关三人小组按照"搬迁跟着产业走"的思路,促进"输血扶贫"向"造血扶贫"有效转变,推动实现

"园区套社区、社区融园区、房间变车间、农民变会员、忧愁变乡愁"的脱胎蜕变，助推实现搬迁群众生产生活、上学就医、乡风民俗的华美蝶变。

【傅慎言曰】

搬迁住进"新房子"，提振精神"新气象"，齐心营建"新家园"。团结奋进的农发行人，按照党中央、国务院决策部署，全方位、大力度、系统性、精准化支持易地扶贫搬迁，在定点扶贫"责任田"里，在金融扶贫"新窗口"中，全行全力全程用"新时代"的"新作为"，认真书写决胜脱贫的时代答卷，用实际行动坚决贯彻中央指示和国家政策。

正是有了农发行易地扶贫搬迁贷款的引动、农发行定点扶贫县三人小组的带动和农发行政策性贷款杠杆的撬动，地方财政资金、商业信贷资金才能更好地发挥联动效应，有效解决定点扶贫县筹资难、融资贵、投资慢的问题，保障贫困人口居住安全，为决战决胜脱贫攻坚夯筑了坚固根基。无论是百色市深圳小镇、隆林县鹤城新区、锦屏县大公田社区还是马关县南山幸福社区，在农发行易地扶贫搬迁贷款支持下，搬迁移民安置小区硬件基础、配套设施、公共服务全面顺利建成，带动地方经济健康发展，引动安置社区协调推进"七化同步"：农民住房规范化、人员管理集约化、社区治理精细化、农民务工组织化、就业门路宽泛化、搬迁居民城市化、公共服务均等化。这不仅从物质层面大幅改善了搬迁群众的生活品质，更为重要且可喜的是，通过拓宽就业渠道、拓展收入来源、拓开发展思路、拓进移风易俗，提升乡村治理的能力和水平，进一步增强了新时代农民增收致富的信心、决心和恒心。这是提振亿万群众精气神的深刻变革。

在此基础上，农发行不断创新思路、拓展思维，加大易地扶贫搬迁后续扶持，必将再一次凝聚起广大农民携手奋斗的磅礴伟力和创新发展的强大合力，或将为乡村振兴蹚出一条能复制、可借鉴、可推广的新路来。

二、找准定位，支持基础设施扶贫

基础不牢，地动山摇。

基础设施建设，事关国计民生，是贫困地区脱贫攻坚最根本的基础。

经过多年努力，贫困地区基本实现村村通电、村村通路、村村通电视。但对标对表全面小康，定点扶贫县住房安全、饮水保障、居住环境等不完善、水平低、有差距；路网、通信、水利等还比较落后，文化传播、商业服务等能够促进脱贫软实力提升的基础设施，还需进一步夯实、提高和加强。

（一）昔日草庐乘风去，而今新宅踏歌来

安土重迁，安身立命，方能安居乐业。

住房安全有保障是贫困人口脱贫的基本要求和核心指标，直接关系脱贫质量。

农村危房改造

住房安全有保障，在农村，就是按照优先帮助住房最危险、经济最贫困农户解决最基本住房安全问题和就地、就近重建翻建的"三最两就"原则，对农村危房实施改造。助力农村危房改造，在农发行，就是通过改善农村人居环境扶贫贷款提供坚强有力的融资支持。

马关县的农村危房改造工作在文山州首屈一指。

2016年10月，农发行向马关投放贷款1.94亿元支持实施农村危房改造一期项目，以危房改造户分散、分户自行在原址改造建设的方式，助力全县7个乡镇48个村委会566个村小组改造农村危房主体房屋11338间，共68.03万平方米，惠及11338户47798人，其中贫困户5566户19568人，户数占比49.09%、人口占比40.94%。项目实施不仅使群众住上了舒适安全的住房，改善了农村居住环境，还带动一批农户参与建房实现收入增长，发展了种养殖产业，增强了贫困村、贫困户自我发展能力，促进群众增收多元化，推动当地农村经济可持续发展。

2017年6月20日，农发行向马关审批贷款5.66亿元、投放2.5亿元，支持采用"政府购买服务"模式实施改善农村人居环境项目建设。农村住房提升改造工程覆盖6个乡镇22089户80458人，其中贫困户7808户27618人，已脱贫出列住房未达标户14281户52840人，原址拆除重建的贫困户2910户，共17.46万平方米，已脱贫出列住房未达标户5709户，共34.25万平方米，特困户152户，共9120平方米。墙体瓦屋面提升改造的贫困户4588户，共114.7万平方米。已脱贫出列住房未达标户8569户，共214.21万平方米；已实施完成需追加补助的贫困户、特困户总计161户，共9660平方米。同步实施改善农村人居环境基础设施建设工程，覆盖全县13个乡镇124个村委会1510个村小组88579户364286人，其中贫困户12541户43640人，人口占比11.98%，建成村级文化活动室359间、村内路灯14173盏，改造农村饮水安全提升工程管网2335千米，完善水处理设备290台套、水池18831立方米，硬化村内主干道60.76万平方米、入户路46.41平方米，从根本上改善了贫困群众居住条件，解决群众出行难、饮水难、活动难的问题。

2016—2020年，从脱贫攻坚到金融扶贫，要求严而又严，措施实而又实，工作细而又细。面对急剧陡增的工作量，每位农发行人自然清楚肩上支持农村危房改造的重担对于决胜脱贫攻坚意味着什么，也必然清楚投放的一笔笔贷款、手中的一张张报表、表中的一个个数据，对于我们党的第一个百年目标意味着什么。政府购买服务模式叫停，激发了农发行创新热情，在贵州锦屏县结合县情实际实行了公司自营模式。

公司自营模式

前提：省级党政机关及有关部门正式行文，明确将拟实施的公益性项目类别纳入年度工作重点、地方重点建设项目清单或中长期工作规划，确保农发行融资支持符合地方党政主导方向。

做法：县政府指定具备相应资质和能力的国有公司（以下简称实施公司）作为项目业主，实施包含农村危房改造、农村住房透风漏雨整治、农村基础配套公共设施（卫生室、公厕等）在内的公益性项目，负责项目融资、建设与管理。县政府将具备经营性现金流的国有资产（如厂房、门面租赁收益，国有实体企业等）注入实施公司，拓宽实施公司经营收益来源。此外，政府还将一般公共预算、政府性基金、国有资本经营预算安排的相关资金、财政存量资金等纳入县级财政预算及中期财政规划，通过县级财政一般公共预算支出中的"国有企业资本金注入"，分年向公司注入货币资金，依法记入公司实收资本，壮大实施公司经济实力。实施公司依据项目可行性研究报告、项目立项批复，以及县政府明确该公司负责项目实施的文件等，以公司自身经营产生的收益作为项目贷款第一还款来源，向农发行申请融资。公司自筹资本金连同农发行贷款一并专项用于项目建设，优先雇用当地贫困户参与工程实施。实施公司在农发行开立专用账户，按照协议及农发行规定使用信贷资金，接受农发行督促，确保资金专户存储、专款专用。当地国有资产经营管理公司提供连带责任保证担保。

案例：2019年9月18日，农发行向锦屏县金森林业投资公司发放贷款2.4亿元，支持当地开展农村人居环境整治。建设内容涵盖农村危房改造、农民住房透风漏雨整治、农民生活用房"三改"（改厕、改厨、改圈）以及污水收集处理、村寨串户道路硬化等一应基础配套公共设施建设，覆盖锦屏全县15个乡镇187个行政村1484个村民小组。这一农村危房改造项目，完善了农村基础设施，改善了村民居住环境和交通状况，奠定了"锦货出山"的物流基础。在此过程中，通过优先吸纳当地贫困户参与建筑施工，带动贫困农户就地就业，帮助贫困群众真正"住上好房子、鼓起钱袋子、过上好日子"。

效益：该模式立足地方实际，实行政策性主导、市场化融资、实体化运作，以加快脱贫攻坚步伐为出发点，以信贷支持涉农民生项目为着力点，农发行向实体企业提供融资支持，助力地方决战决胜脱贫攻坚，提升了农业农村基础设施建设水平，提高农村居民生活质量，推动当地按时完成公益类民生项目基础设施建设，未新增地方政府债务，进一步壮大公司实力、带动当地就业，实现党政、企业、银行、群众多方共建共享共赢。

棚户区改造

"安得广厦千万间，大庇天下寒士俱欢颜"。杜少陵用一曲《茅屋为秋风所破歌》，唱出那个时代万千贫苦人民期许广厦、盼望安居的心声。

2016年，农发行明确重点支持贫困地区棚户区改造项目，未来五年将投放贷款1500亿元。突出公路交通、水利建设、棚户区改造、文化教育医疗、人居环境改善等重点领域，对贫困地区基础设施薄弱环节精准支持。清晰界定棚户区改造扶贫贷款支持范围。根据人民银行政策拓展整合PSL资金支持领域，明确在生态宜居方面，重点支持生态环境建设、棚户区改造、水利建设、农村交通、改善农村人居环境。

在"杉木之乡"锦屏，近24万人中苗族和侗族占据了绝大部分。无论是苗家的吊脚楼还是侗家的干栏楼，均以木料建成，辅以桐油涂装防水防蛀。年长月久不但结构刚性缺乏保证，而且存在极大的消防安全隐患。棚户区木板住房更甚。2017年11月17日，农发行锦屏县支行正式开门营业刚刚"满月"。这一天，锦屏县支行获批的4.55亿元贷款完成首笔1.5亿元投放，支持锦屏县实施2015年城市棚户区改造项目。使用PSL资金时，执行PSL资金贷款利率，PSL到期后执行人民银行同期同档次贷款基准利率。项目总计改造1100户（货币安置400户、新建安置700户），新建安置房面积12.67万平方米。清水江畔赤溪家园等多个安置点楼盘建成，一栋栋兼具少数民族特色的楼房拔地而起，城市低收入群体住房安全终得保障。

在"边陲重镇"马关，县城棚户区居住环境较差，道路支岔拥堵，排污排水不畅，供水供电欠稳，通信管线杂乱，配套设施陈旧，道路交通和消防安全都存在很大隐患。2018年2月、6月、7月，农发行先后投放贷款2.47亿元、7.75亿元和3.17亿元，分别支持当地2017年和2018年一期、二期棚户区改造项目建设，逐步改善棚户区困难群众住房条件和居住环境，提高居民生活品质，推动拟建片区土地资源集约高效利用，提升城镇综合承载能力，有效促进了经济社会和谐稳定发展。

在"嫩江明珠"大安，农发行向大安市安兴城市基础设施开发建设公司（以下简称安兴公司）发放棚户区改造贷款5亿元，支持大安市2016—2017年棚户区城中村改造项目建设。采取政府购买服务模式运营，执行PSL利率。征收19个棚户区城中村总建筑面积19.77万平方米，以单一货币方式安置拆迁住户2255户。通过项目实施，城市环境有效改善，土地资源利用更加高效，市政设施和公共服务设施更加完善，城市低收入群体住房安全得到全面保障。

贫困村提升工程

在脱贫攻坚这场击碎贫困基因的战役中，农发行打出一套非常有力的组合拳——

贫困村提升工程。

2016年8月22日，农发行投放贷款2亿元支持广西隆林实施贫困村（屯）基础设施建设一期项目。采用政府购买服务方式，实行全额保证担保＋购买服务协议项下应收账款质押，执行人民银行同期同档次基准利率下浮15％。项目按四级公路标准对隆林全县16个乡镇56个村222条总计588.83千米屯级道路进行改扩建，实施路面硬化改造。改造人行桥2座，安装路灯65盏，铺设供水管道25020米。

在农发行广西区分行定点帮扶的隆林县那么村，改造农田水利工程9千米，改造家庭小型蓄水柜8个、800立方米，改造压力池9个、450立方米，垃圾储运池8个。升级改造那么村教学楼2140平方米、篮球场420平方米、文化室126平方米、那么屯文化活动中心63平方米。改建户厕130个、改建农村公交便民候车亭3座，栽种绿化树木550株。

这个项目的建设，改善了3.5万人的居住条件，解决约7000人劳动就业问题。值得一提的是，这个项目建设的222条农村公路中，110条为当地唯一通达公路。

唯有创新才能赢得未来。

秉持"传承、创新、夯实、提高、加强"理念的农发行，立足定点扶贫县实际，总、省、市、县四级机构协同发力，在广西隆林探索出"旱改水＋N"模式。

"旱改水＋N"模式

前提：国务院办公厅发布《跨省域补充耕地国家统筹管理办法和城乡建设用地增减挂钩节余指标跨省域调剂管理办法》，省级国土资源厅制定《补充耕地指标交易管理办法》《补充耕地指标交易管理办法实施细则》，明确富余指标可通过补充耕地指标交易平台进行交易。

做法：县政府采取合作经营方式，与具备相应资质和能力的公司签订《项目合作协议》和《项目收益分配协议》。明确公司负责实施耕地提质改造及民生综合项目，将现有耕地中的旱地改造为水田或通过其他方式提升田地等级（即"旱改水"）。同时负责完成县政府指定的民生项目，比如"农村危房改造""农村饮水工程""农村道路交通"等诸多公益性基础设施建设中的一个或者几个，项目成本统一核算，实现项目自身收支平衡。"旱改水"项目建成后，由上一级国土资源管理部门组织竣工验收，确认新增耕地提质改造(旱改水)面积，形成可通过省级指标交易平台进行交易的"旱改水指标"和"土地周转指标"。指标权属归项目所在县（市、区）人民政府。县国土部门根据省国土厅下达的交易计划，制订耕地指标分年出让计划，通过省级平台出让指标获取收入。指标出让收入优先向公司支付包括"旱改水"项目及基础设施建设项目在内的项目总成本（含拆迁补偿、施工、管理、融资利息等），相关成本及税费扣除完毕后，所剩余部分即为项目收益。县政府与企业根据《项目收益分配协议》约定比例进行最终收益分配，企业所得部分即为企业项目收益。即以"旱改水"项目为主体，附加一个或多个公益性基础设施项目建设的"旱改水+N"建设模式，例如"旱改水+农村危房改造""旱改水+农村饮水工程"等。

项目实施公司依据"旱改水+N"项目可行性研究报告、项目立项批复、与政府签订的《项目合作协议》等，向农发行申请融资。公司自筹资本金连同农发行贷款一并专项用于项目建设。以政府支付"旱改水+N"项目的款项（成本返还＋企业项目收益）作为项目贷款第一还款来源。公司在农发行开立"旱改水"指标收益结算账户，向农发行贷款提供账户质押担保。此即农发行探索的"旱改水+N"项目贷款模式。

案例：2020年5月，农发行通过"旱改水+N"模式，审批贷款7000万元，投放首笔5000万元贷款，支持广西隆林实施集"耕地提质改造、农村危房改造、农村饮水保障、民族小镇建设"于一体的贫困村提升工程，以人均13平方米至25平方米的标准，对806户贫困户住房主楼进行拆旧重建，改造面积4.84万平方米。同时，对889.58亩耕地实施"旱改水"提质改造，为565户贫困户每家建设一个60立方米的家庭水柜，保障饮水安全。完善德峨五彩民族小镇的道路交通、给排水工程等公共服务基础设施，5484人直接受益。

启示：这一模式坚持"政府主导、市场经营、企业实施、收益共享"原则，紧扣地方实际，以提升耕地质量为出发点，农发行向实体企业提供融资支持，助力地方民生项目建设，既提高了耕地质量，促进农业增产、农民增收，又推动了当地按时完成公益类民生项目基础设施建设，且未新增地方政府债务，还增加地方财政收入，壮大公司实力，带动居民就业。

实践证明，通过"旱改水+N"模式实现项目自身现金流对贷款本息覆盖，解决风险敞口问题，破除信贷支农业务瓶颈，更加丰富农发行支农报国的路径和载体。

（二）引得进金融活水，保得住绿水青山

兴修水利，自古以来就是中华民族头等大事。鲧所以亡，禹所以兴，无外乎"治国先治水，治水即治国"。清代诗人林树梅曾作诗云："劝农遍种三杯粟，引水新开九曲塘。事事便民真父母，心心报国大文章。"

水利兴，则天下定。

农发行始终坚持实事求是，立足客观实际，突出靶向精准，紧扣定点扶贫县最为急迫的水利建设和饮水安全需求，运用农业政策性金融这池活水，润泽定点扶贫"责任田"，保住绿水青山，储备金山银山。

"三大工程"保一方平安。

农发行马关县支行向马关骏成城乡开发投资有限公司发放生态环境建设与保护贷款6000万元，执行全国银行间同业拆借5年期以上贷款市场报价利率（LPR）基础，实行首年下浮120个基点利率优惠政策，大力支持马关县集中式饮用水水源地——大丫口水库污染防治项目建设，实施水源地隔离防护设施建设、农业面源污染控制和主要入库河道生态修复"三大工程"，覆盖马白镇沙尾冲村、坡脚镇小马固村、大栗树倮洒村3个贫困村，服务区域总人口9265人，其中贫困人口2266人，占比24.46%。建设水源地隔离防护设施7526米，减少水库保护区植被破坏、水源地人为干扰和水土流失。建立一级保护区1562.85亩，控制农村生活、农田生产等活动对水源地污染。建设水质净化近自然人工湿地258.47亩，减少水库上游污染物流入水库。生态修复入库河道19.3亩，对村落生活污水、农田废水进行深度处理，对河道泥沙垃圾进行拦污截污处理。"三大工程"顺利建成，为马关县集中式饮用水安全提供了更加坚强的保障。

■林立同志赴云南省马关县马白镇新发寨村委会沙尾冲村小组查看危房改造情况

（三）喜看土中生白玉，乐见地内出黄金

"土中生白玉，地内出黄金。"一副从南到北、自东向西广为传用的古老对联，折射着千百年来农耕文明孕育的中华民族对土地的紧紧依赖、深深眷恋和对美好生活的殷殷期盼。

2015年5月26日，习近平总书记就做好耕地保护和农村土地流转工作作出重要指示："耕地是我国最为宝贵的资源。我国人多地少的基本国情，决定了我们必须把关系十几亿人吃饭大事的耕地保护好，绝不能有闪失。要实行最严格的耕地保护制度，依法依规做好耕地占补平衡，规范有序推进农村土地流转，像保护大熊猫一样保护耕地。"

农发行定点扶贫县探索出来的"土地+"模式，在全国农发行系统大力推广，牢牢抓住城乡建设用地增减挂钩、耕地占补平衡两项土地指标，推动项目实施，促进当地发展。

"土地+"模式

背景：配合国家大规模推进高标准农田建设和国土综合整治，通过高标准农田建设等补充耕地指标和增减挂钩节余指标为脱贫攻坚筹集更多资金。

方式：由当地政府委托国土资源管理部门实施，根据"谁投资、谁受益"和市场化运作原则，确定社会投资方为项目建设和投资主体，签订土地整治项目建设协议。社会投资方向农发行融资解决项目建设资金需求，以依法合规获取的土地指标交易收益作为还本付息来源。

效益：通过对农业农村全域全要素综合整治修复，增加有效耕地面积，提高土地质量，优化土地资源要素配置，促进乡村生产、生活、生态同步提升。通过新增耕地指标和增减挂钩节余指标跨区域交易，为农业农村重点领域、薄弱环节提供长期低成本资金支持，能够有效解决"城市发展缺地、农村发展缺钱"的问题。

模式案例一：

牛心套保苇场，地处吉林省大安市西部，起伏沙丘多，土地盐碱化严重，土壤理化性状差，生态环境自我调控能力极弱。农田水利设施不足，旱不能灌，涝不能排，难以正常生产。

2019年3月，大安市政府公开招投标引导和规范社会力量参与土地整治项目。大安市中科佰澳格霖农业发展有限公司（以下简称中科佰澳公司）作为社会投资方中标签订合同，参与土地整治项目建设。由财政部门将奖补资金全部纳入财政预算，按时支付。

2020年3月，农发行向中科佰澳公司发放农村土地流转和土地规模经营流动资金贷款5000万元，支持大安市牛心套保苇场土地整治项目二期建设。以中科佰澳公司参与土地整治项目应收大安市自然资源局款项6268.05万元奖补资金质押，追加3名主要股东个人连带责任保证。

通过实施土地平整工程、灌溉与排水工程、田间道路工程和农田防护与生态环境保持工程，改善项目区农业机械化、规模化生产条件，将项目区建设成集中连片、设施配套、高产稳定、生态良好、抗灾能力强、与现代农业生产和经营方式相适应的高标准农田，新增耕地464.30公顷。产生的新增耕地指标无论通过流转出让是市内调节自用，都将有效促进当地经济社会发展。

"受新冠肺炎疫情影响，企业普遍都经营困难。在我们公司最难的时候，是农发行伸出了援手。"公司总经理潘修强心怀感激地说，2020年3月，公司获得农发行5000万元贷款，解决了经营发展的大难题。"大安的牛心套保、安广、舍力三个镇共有2500公顷的盐碱地，大安人均土地不到1垧（15亩），这三个镇人均耕地更少，大安市政府有意以政府购买服务的形式，让公司参与这三个镇的盐碱地改造。政府和企业都想做，苦于缺少资金杠杆，农发行的贷款支持简直就是'雪中送炭'。"大安市副市长于啸洋这样说，改良之前的土地流转叫不上价，一垧地最多1000元，盐碱地改良后，最好的流转地块每垧可以达1万元，不仅能增加地方的财政收入和土地指标，也能让地少的农民有更多耕地可以种，盐碱地变成了"聚宝盆"。

模式案例二：

2018年，云南马关率先在全国深度贫困地区审批发放扶贫过桥贷款2484.08万元，支持马关骏成城乡开发投资公司实施城乡建设用地增减挂钩土地复垦项目，引动当地在此后三年持续实施高标准农田建设21.12万亩，覆盖马关县域内3个片区13个乡镇77个村，拆旧地块163个，拆旧区建设规模1272.21亩，复垦新增耕地面积1057.41亩，节余指标516.897亩。直接受益人口983户3792人，其中贫困户458户1787人，人口占比47.13%。

这一模式在地方政府开展隐性债务清理和农发行转型发展的进程中，为深度贫困地区特别是定点扶贫县解决资金需求、加快脱贫步伐提供了合理方案。

模式案例三：

2019年，农发行马关县支行通过"土地＋N"模式向马关骏成城乡开发投资公司发放农村土地流转贷款和规模经营贷款2.2亿元，支持土地复垦提质增效及农村道路建设项目建设。复垦项目拆旧区涉及地块1308个，复垦规模4027.29亩。新增水田255.3亩，水浇地2148.99亩，旱地653.4亩，其他用地972.29亩。建新区总面积152.18亩（含占用耕地80.16亩），获节余城乡建设用地周转指标3875.74亩。硬化通村道路29.5千米，村内道路172.54万平方米，入户道路65.12万平方米。直接受益人口268082人，其中贫困户18353户69408人，占比25.89%。

这一项目采用公司自营模式运营。马关县人民政府授权县扶贫开发局实施，通过公开招投标确定马关骏成公司为承接主体，负责项目投资、融资、建设和运营。建设用地周转指标交易收入由县财政局逐年划拨至县扶贫开发局，县扶贫开发局再拨付马关骏成公司，优先用于偿还贷款本息。这个项目既完善了农田水利工程、田间道路工程等基础设施，提高水资源利用率，又改善了农村基础设施，将区内未利用地建设成为产量较高的水田，优化了农业生产条件及生态环境，还改善了农村道路交通环境，同步实现经济效益、生态效益、社会效益显著提升。

模式案例四：

2019年7月，农发行批复生态环境建设与保护贷款9200万元，发放首笔3500万元，支持锦屏县综合土地整治项目建设。这个项目包含固本、敦寨、启蒙、铜鼓4个乡镇9个地块实施土地平整、灌溉与排水、田间道路、农田生态防护等工程，项目区面积12970.9亩，建设规模10192.29亩，新增水田指标2604.98亩。锦屏金森林投资公司作为实施单位负责项目筹资和实施管理。锦屏县自然资源局、财政局与金森林投资公司签订项目合作协议，实行"成本返还（含建设成本和筹资成本）+收益奖补"。项目新增耕地指标流转后，先将项目成本返还金森林投资公司，再将成本返还后净收益的30%奖补给金森林投资公司。这个项目，不仅在农业方面改善了生产条件，提高了土地利用效率，更重要的是在经济社会发展方面，通过农业产业结构调整促进当地经济结构进一步优化，在推动经济发展和实现农地增值上，具有较强的示范促进作用。

模式案例五：

2019年4月，农发行发放贷款2.5亿元支持隆林县实施城乡建设用地增减挂钩土地整治项目建设，整治并新增城乡建设用地增减挂钩节余指标4678.45亩。按增减挂钩效益反哺基础设施建设模式，建设克长至介廷段双车道二级公路29.89千米。由隆林县和广西百色农村投资有限公司合资成立隆林福琨农村投资有限公司，负责项目实施和配套土地开发、基础设施建设、扶贫开发。

（四）打通"最后一公里"，建好脱贫致富路

"要想富，先修路。"一句家喻户晓的民谚，道出了中华民族的共同心声和集体共识。

"既要把农村公路建好，更要管好、护好、运营好，为广大农民致富奔小康、为加快推进农业农村现代化提供更好保障。"这是习近平总书记切切为民之心，殷殷爱民之情。

农发行深知，习近平总书记亲自总结提出、领导推动的"四好农村路"是一项重要民生工程、民心工程、德政工程。深知依托信贷支持加大农村路网建设，让贫困地区农民群众进得来、出得去、行得通、走得畅，是必须完成的使命。深知农发行投放信贷资金建成的一条条连乡、通屯、进村、入户的硬化路，于脱贫攻坚而言，于黎民百姓而言，铺下的是路，竖起的是碑，连接的是心，通达的是富。

通过支持通村通乡路建设，解决贫困地区群众出行难问题，加强贫困地区公路生命安全防护措施建设，提高出行安全性。支持贫困地区"对外开放路"建设，帮助贫困地区有效串联重要城镇、园区厂区和人口聚集点，推进与干线公路顺畅衔接。在支持定点扶贫县交通扶贫的道路上，农发行不敢懈怠，不遗余力。

大胆尝试探索统贷统还。

农村公路项目公益性强，受益面广，战略地位突出，在脱贫攻坚和全面建成小康社会中发挥着重要作用。农发行立足贫困地区地方政府财力普遍较弱的实际，坚持"服务重心下沉、客户层级上移"，探索了还款来源稳定，办贷效率高，占用担保资源少的"统贷统还"模式。

2016年，农发行基础设施部时任总经理陆建新在接受中国交通新闻网采访时介绍，"农发行根据党中央、国务院和相关部委要求，将信贷支持农村公路建设作为全行工作的重中之重，不断探索既能够保障贷款安全，又能最大程度支持农村公路建设的信贷模式。经过不断尝试，农发行探索出符合政策性银行发展规律、资金利率优惠、风险可控的'统贷统还'模式，支持农村公路发展"。

统贷统还模式

类型：统贷统还是政府购买服务模式的一种，根据借款人还款来源不同，主要有两类。一是省级交通系统企业作为借款人，省级交通运输主管部门对借款人建设项目分年度进行购买，购买服务资金来源于省级交通运输主管部门的部门预算资金、省级财政预算资金或中央预算资金。二是市县级企业作为借款人，市县级政府对借款人建设项目分年度进行购买，购买服务资金来源于上级补贴资金。

案例：2015年10月，农发行向贵州省黔东南州交通建设工程公司（以下简称黔东南交建公司）发放贷款20.78亿元，支持黔东南州实施通村油（水泥）路项目，建设包含锦屏在内的全州境内15个县252个乡镇702个建制村的通村油（水泥）路702条，总里程4156.3千米。2015年6月，贵州省公路局明确，自2015年起黔东南州计划建设通村沥青（水泥路）5919千米，总投资39.63亿元，可申请中央车购税补贴资金29.58亿元，属交通运输部通村沥青（水泥）路中央车购税补助范围，在2016年至2020年将其纳入年度建设计划予以安排。为加快项目实施，尽早改善农村出行条件，黔东南州授权黔东南交建公司作为项目主体，先行对5919千米中的4156.3千米筹集资金推进建设，明确可申请中央车购税补贴资金20.78亿元。黔东南交建公司据此向农发行申请贷款20.78亿元，其中计入锦屏名下6221万元。以项目协议书项下应收账款全额质押和第三方全额保证的组合方式提供担保。在贷款偿还期内，中央补助资金按到位情况"即到即还"，由黔东南州财政全额补助项目贷款利息。

效益：使用这一模式支持农村公路建设，特别是支持贫困地区农村公路发展，具有缓解交通建设资金压力、提高信贷资金使用效率、减少占用地方担保资源、增强项目风险防控水平等优势。省级交通企业承贷项目只需采用应收账款质押担保方式，一般不再追加其他担保措施，节约地方政府及交通企业担保资源。农发行先行投放信贷资金，有效增强市县政府建设项目、筹集配套资金的积极性，保障项目顺利完工，有效减少出现"半拉子工程"的可能性，降低了项目完工风险。

启示：一是准确把握使用范围。根据国家对公路项目立项、土地、环评等相关行政许可手续的要求以及银保监会的有关规定，农发行支持的"统贷统还"项目限于实行专项规划管理的通乡通村公路、路面改造、危桥改造（渡改桥）、农村公路安保工程及道路附属设施等，不涉及新增建设用地的公路项目。二是建立规范的项目资金管理流程。这一模式资金使用链条长，需要各级交通运输主管部门、借款人和农发行密切配合，建立完善的资金管理办法和拨付流程。三是密切关注项目购买服务资金来源的变化。这类项目的购买服务资金多来源于中央预算资金和交通运输主管部门安排的资金，省级交通运输主管部门和农发行需对宏观政策和经济环境变化进行分析，制订预案。

大赉乡修通一级路

农发行向大安市路桥建设投资有限公司（以下简称大安路桥公司）发放农村基础设施建设中长期贷款1.31亿元，采取政府购买服务模式支持实施省道大安至通辽公路大安至龙沼段项目，在大赉乡、四棵树乡2个乡镇建设一级公路9.48千米、长127米大桥1座、涵洞10道。贷款以大安路桥公司建筑面积1.43万平方米的房产，6.08万平方米的商业及工业用地和大安市草原管理站24679公顷草原使用权为抵押物，采用抵押方式担保。建成大赉乡至四棵树乡之间一级公路，与大通线其他路段贯通形成吉林省西部区域性纵向运输干线，进一步完善农村公路网，改善公路状况，降低道路运输损耗，方便群众出行和企业发展，社会效益、经济效益和生态效益显著。

那么村，那条路，那么迷人

隆林县那么村，农发行广西区分行的定点帮扶村，县城西南12千米，全村371户1589人，以壮、苗两个民族为主。2015年精准识别时，贫困户130户621人，贫困发生率为39.08%，九成以上贫困户居住在交通不便的自然屯。

那么村共有10个屯，村部就处在深如锅底的山坳里，从村部出发沿山路往东南盘旋向上到达入村的垭口，在垭口的三岔路往西北折到山腰，抵达海拔最高的卫满屯，继续向西经上卡香、再向南经下卡香"涮锅"似的绕一圈回到村部，需走12.8千米。从卫满屯到入村垭口，路程仅7.8千米，却有多达86道弯，无一处直道。

2017年，广西隆林投放贷款2亿元支持20户以上通屯水泥路建设，建成包括那么村通屯公路在内的道路共172条、总计416.03千米，覆盖全县16个乡镇38个行政村173个自然屯。采用政府购买服务模式运营，在人民银行同期同档次贷款基准利率基础上下浮15%。

时间回到2016年8月31日。这一天，广西区分行业务经理何定刚正式到那么村报到，任村党支部第一书记，与广西区分行高级业务副经理梁剑培一起，扎根那么村开展帮扶。到任后首要任务就是入户走访。连续入户走访几天后，9月6日清晨7点，何定刚骑着摩托车前往上卡香屯，继续逐家走访，傍晚6点才抵达泥巴坡屯，走访持续至7点半，天已黑透才起身离开。因来时路程已经过半，加上路面实在湿滑，何定刚选择继续前行，从剩下的"小半圈"绕回村部。谁料路越走越滑、道越来越险，到处坑坑洼洼，路面上的稀泥足有一尺多厚，摩托车东一打滑，西一出溜，只能一步一步往前挪。平日只需10分钟车程的路段，那天夜里何定刚却用了整整4个小时。时隔五年，回忆起来，何定刚依然心有余悸："一边是高山，一边是悬崖，从那以后，在道路硬化前，除非连续天晴一个星期以上，不然根本不敢骑车外出，上山进屯入户，全部靠走。"

何定刚入村一周，却遭遇了如此艰难的窘境。在这里生活一辈子的乡亲们，何定刚还真不知道他们是怎么熬过来的。那么村的通屯道路，如果不及时硬化，这个村拿什么决胜脱贫攻坚？又谈什么同步小康？何定刚与广西区分行驻村工作队心里始终放不下那么村这一条前行的路。经过他们多方反复争取，那么村通屯路终于获批。路建成了，百姓出行方便了，那么村举村欢腾。"雨天出门一身泥，晴天出门满身灰"的历史在那么村一去不返。得益于这条路，那么村盛产的杉木价格涨了一倍，村民经济收入大幅增长，全村于2017年提前一年正式退出贫困村序列。

仅这一个项目，就建设了像那么村这样的硬化道路172条，惠及7124户4.09万人，带动1.58万名贫困户脱贫，占受益总人口的38.65%。这些通屯道路不仅方便了屯与屯的交往、村与村的交流，还改善了当地农村面貌，提高了村民生活质量。更重要的是，强化了全县16个乡镇之间的沟通联系，畅通了隆林与周边区县的经济社会交往，促进了贫困地区人民群众思想观念的转变，开拓了致富思路，就业机会更加广阔。

【傅慎言曰】

重农固本，安民之基，民生为要。补好农村基础设施的短板，是打赢脱贫攻坚战的基础和关键。农发行聚焦贫困地区特别是定点扶贫县，不断创新支持模式，持续加大支持力度，全力服务农村住房安全、饮水安全、农田水利、道路交通改造提升，不折不扣地解决好贫困群众最渴望、最关心的难点和问题，精心种好定点帮扶这块"责任田"。

实践证明，勇于担当、敢于探索、善于创新的农发行，只要提高思想站位，下沉服务重心，紧扣农村最迫切的需求，紧盯百姓最渴望的需要，进一步增强服务能力，脚踏实地沿着脱贫攻坚探索出来的道路，继续履行好农业政策性银行职能，就一定能在服务乡村振兴的道路上蹚出一条新路子，助力中华民族伟大复兴。

三、精准实施，支持产业扶贫

党中央明确提出，要重点支持贫困村、贫困户发展种养业和传统手工业，实施贫困村"一村一品"产业推动行动和"互联网+"产业扶贫，实施电商扶贫、光伏扶贫、乡村旅游扶贫工程。

（一）牵紧传统产业"牛鼻子"，鼓起贫困群众"钱袋子"

习近平总书记指出，"产业扶贫是最直接、最有效的办法，也是增强贫困地区造血功能、帮助群众就地就业的长远之计"，"产业是发展的根基，产业兴旺，乡亲们收入才能稳定增长"。

大力支持贫困地区发展产业，是农发行自觉贯彻落实中央部署、全力服务脱贫攻坚的重要举措，是发挥农业政策性金融在服务脱贫攻坚中先锋主力模范作用的有效途径。

农发行2016年召开脱贫攻坚会议，明确提出将产业扶贫作为脱贫攻坚的重中之重，突出支持贫困地区农民种粮种棉稳产增收，大力支持农业产业化经营和优势特色产业发展，积极支持光伏扶贫、旅游扶贫、资产收益扶贫和其他产业扶贫等，促进贫困人口增收脱贫。

从农业产业化经营到农产品加工业发展，从龙头企业到农民专业合作社，从种养加一体化到产供销一条龙，从"一村一品"到电商扶贫，无一不是农发行产业扶贫重点。省市县三级行主动了解地方政府扶贫产业发展规划，积极参与规划编制，及时开展业务对接，有的放矢给予信贷支持。探索建立农发行信贷资金与财政资金协同机制，形成合力加大对当地特色产业的扶持和引导力度，努力培育贫困人口参与度高、脱贫带动能力强的特色优势产业。

农发行坚持把社会效益放在首位，综合考虑定点扶贫县财力现状、发展趋势、经济周期、产业优势等因素，探索建立财力支撑可持续、资金投入收回可平衡的区域信贷风险管控机制。依托信用保证基金、省级实验示范区、扶贫批发贷款等模式，加大产业扶贫信贷支持力度。

信用保证基金模式

前提：地方政府或其指定投融资主体、企业使用权益性资金共同出资成立信用保证基金。

方法：优先选择省级财政或省级政府指定投融资主体出资，鼓励市县财政出资，符合农发行贷款基本条件的企业按照不低于贷款额10%的比例缴存信用保证金，归集到管理单位在农发行开设的信用保证金专用账户，严格按协议约定管理。纳入信用保证基金支持范围的企业实行名单制管理，由当地主管部门和贷款行共同商定。贷款行在基金总额一定倍数的额度内发放产业扶贫贷款。贷款到期，若企业无法偿还，由信用保证基金过渡性代偿贷款本息，先行使用企业自缴资金，再使用县级账户缴存资金，最后申请使用省市配套的信用保证金。基金归集管理单位会同贷款行依法向被代偿企业追缴。

案例：新机制开辟新路径，三百万壮大三冲茶。2019年，农发行采用信用保证基金模式向广西隆林三冲茶业有限公司（以下简称三冲茶业公司）投放流动资金贷款300万元，助其壮大地方特色产业。三冲茶叶公司是隆林县最大茶叶生产商，当地农业产业化龙头企业和民贸民品定点生产企业，通过"公司＋基地＋合作社＋农户"经营模式，发展高山绿色新茶园2200多亩，年达产干茶100吨。2018年8月20日向农发行申请产业化龙头企业茶类中期流动资金扶贫贷款300万元。依据隆林县农业扶贫贷款风险补偿金实施方案及农业产业扶贫贷款风险补偿金管理办法，隆林县财政已缴存300万元风险补偿基金，符合农发行信贷支持要求。三冲茶业公司在发放前按贷款额缴纳10%风险保证金。风险缓释措施为：贷款额的70%由风险补偿基金代偿，30%由隆林华隆开发投资公司提供连带责任保证担保。贷款执行人民银行同期同档次贷款基准利率下浮

■ 广西区分行支持隆林三冲茶业公司产业扶贫贷款

10%。这笔贷款支持三冲茶业公司扩大毛茶收购，带动当地10户38名贫困户人均增收3947元。公司在经营过程中雇用贫困户从事搬运，带动贫困人口每人每天收入150元。

启示：地方政府建立的扶贫贷款信用保证金，以地方政府和企业适度出资，市场化方式运作。农发行在一定额度内提供信用贷款，破解了小微企业融资抵（质）押担保瓶颈，通过利率优惠降低了小微企业融资成本，有效解决当地"融资难、融资贵"的问题。

省级实验示范区模式

方式：农发行与省级人民政府联合创建省级政策性金融扶贫实验示范区。省级实验示范区内带动贫困人口脱贫成效明显且符合人民银行相关规定的农业龙头企业和新型农业经营主体，落实规定比例自有资金并获得财政贴息支持，或由省级扶贫投融资主体、省级财政注资成立的专业担保公司提供担保，资金缺口由农发行优先贷款支持。省级实验示范区人民政府牵头，省金融办、扶贫办、农发行省级分行联合制定脱贫攻坚项目清单，明确产业扶贫项目承贷主体、贷款期限、贷款额度等，报农发行扶贫综合业务部初审，分送前台业务部室把关。审核通过的产业扶贫项目视同取得准入条件，农发行制订金融服务方案并给予绿色通道支持。

案例：2016年国务院扶贫办与农发行联合发文，批准百色市列为全国4个政策性金融扶贫实验示范区之一。隆林成为这个示范区建设的先行先试"试验区"。农发行隆林三人小组提出方案：与广西区农业政策性担保公司合作，引入风险分担机制，引导县域各金融机构面向涉农小微企业提供金融服务，单笔贷款不超过500万元。隆林首笔采用"政银企担"合作模式的500万元贷款成功发放，助推贷款企业广西隆林嘉利茧丝绸有限公司成为当地规模最大的蚕丝加工企业，年纳税额超过100万元，带动贫困户就业超过300户。

成效：有效解决小微企业融资担保不足问题，多角度监督，确保项目顺利实施，大幅降低融资成本。

扶贫批发贷款模式

背景：农发行明确，在国务院扶贫办批准的政策性金融扶贫实验示范区，与省级人民政府联合创建的省级政策性金融扶贫实验示范区、5个定点扶贫县，开展扶贫批发贷款试点。

运营：当地商业银行申请农发行贷款。农发行优选承贷主体和用款主体，通过将信贷资金"批发"给当地商业银行，再由商业银行以"零售"形式发放给经营主体，借助商业银行网点、人员优势，向涉农企业及合作社投放贷款。实际用款人为贫困户的，单户用款余额原则上不高于10万元。实际用款人为农村新型经营主体的，按照准入筛选时其资产负债率原则上不超过50%，使用农发行贷款资金后其资产负债率原则上不超过80%的标准控制。试点期间，扶贫批发贷款业务暂由省级分行审批。确需总行审批的，采取"一事一议"方式报总行。

案例：2018年7月，农发行大安市支行投放全省首笔扶贫批发贷款1亿元，实现吉林省以批发转贷方式支持产业扶贫的"零突破"。这笔贷款审批额度4亿元、首笔发放1亿元，投向大安市12个乡镇的23家企业，10个合作社，7个家庭农场和养殖场，直接支持贫困户1500户，间接带动贫困户7160户。这笔扶贫批发贷款从上报贷款方案到贷款发放仅用10个工作日，后续贷款3亿元执行利率下浮5%，减费让利71.25万元。"快要收粮了，正是缺钱的时候，赶上了'收储贷'，公司一下子从大安农商行贷了3000万元，解了流动资金之渴。"作为农发行的信贷老客户，大安市腾龙米业有限公司总经理蔡军峰对2018年春夏之交的经历记忆犹新。他所说的"收储贷"，正是农发行在吉林省的首笔扶贫批发贷款。腾龙米业是受益企业之一。

启示：该模式有利于推动省级层面政策性金融和商业性金融实现合作共赢，为当地贫困户发展产业、增收脱贫提供精准信贷支持，探索出了一条政策性资金直接支持贫困户的新路子，打开了服务脱贫攻坚的新局面。

活水润竹节节高

2020年，农发行向南丰振宇集团投放产业扶贫贷款4200万元，支持企业采购竹制品生产原料。

南丰振宇集团于2000年12月成立，主要经营竹木制品、竹胶板、竹纤维板、生态板、胶合板等，出口产品约占1/3。现有竹地板生产线1条，年产150万平方米密度竹地板，年加工消耗毛竹500万根。2017年新增生态家居装饰板生产线1条，2020年新增生态板板芯生产线4条，年产板芯半成品近百万张。2018年获国家绿色环保家居生态板生产基地称号。2019年销售收入2.61亿元，净利润2510万元。在受新冠肺炎疫情影响的情况下，2020年仍实现销售收入2.5亿元，净利润2936万元。

自2008年投放3000万元产业化龙头企业林业中长期贷款首次建立信贷关系以来，至2020年，农发行南丰县支行向该公司发放贷款41笔、总计4.71亿元。

"要是没有农发行的支持，我们不可能做这么大、这么好。"在荣誉证书和表彰奖牌挂满墙、铺满地的企业文化展馆，1970年出生的公司董事长林垂都介绍，在农发行的政策宣讲和帮扶感召下，公司主动承担带动脱贫的社会责任，与当地5名贫困户签订毛竹采购合同，带动每人每年增收16416元。

"采购别人的毛竹，我们对粗细、长短都是有要求的，不达标我们不收（购）的。但贫困户的不一样，只要他卖，不管大大小小、长长短短，我们都收（购），而且价格还要更高一些，就是要带动他们脱贫嘛。"此外，公司还通过招收当地贫困户入厂务工的方式，带动贫困户就地就业，增收脱贫。

（二）走上旅游产业路，摘掉多年贫困帽

"要抓住乡村旅游兴起的时机，把资源变资产，实践好绿水青山就是金山银山的理念。"习近平总书记参加党的十九大贵州省代表团审议时这样强调。

围绕有基础、有特色、有潜力的旅游资源，打造农业文化旅游"三位一体"，生产生活生态同步改善，一、二、三产业深度融合的旅游景区景点，助力发展旅游产业。2019年，农发行全面推动产业扶贫信贷业务发展的工作意见中明确支持旅游扶贫行动，营销一批全域旅游、生态旅游、红色旅游以及各类"旅游+"扶贫项目。

边塞仙境马洒村

自幼生长在云南省马关县马白镇马洒村的年轻小伙熊廷强，无论如何也想不到，曾经外出务工、在广东深圳打工、在惠州买房置业的他，有一天会把房子卖掉，毅然决然地回到这个生他养他的小山村，投资28万元创办"马关祝福酒厂"。

回忆2019年前的马洒，熊廷强深有感慨："路太烂，全是泥和石头，开个小车都进不来。"马白镇副镇长杨正武接过话头："他姐姐嫁出去三年没有回来。为什么不回来？不好意思带她丈夫回来，村里面太脏，房子太差。"那时候村里只有旱厕，路上污水横流，晚上电压不稳，昏黄的灯泡忽闪忽闪，很是瘆人。"你家怎么这么穷哟？"当年的女朋友第一次到马洒，随口一句感叹，叫人刻骨铭心。"天晴一身土，下雨两脚泥。"彼时的马洒，与很多贫困村无异。

将信贷活水注入旅游资源丰富的贫困地区，是农发行探索信贷支持民族村落发展的又一创新实践。农发行向马关骏成公司投放旅游扶贫贷款2亿元，支持了一批具有马关县民族文化特色旅游村项目建设，成为典型的民族村旅游产品。建设以乡村旅游、乡村古镇旅游、观光农业设施、景观旅游为特色的旅游经济带，并配套相关附属设施，实施乡村旅游村庄房屋风貌改造、生态停车场、旅游专线、雨污分流、环卫设施建设等工程，打造民族文化特色旅游村。在马洒村建设侬人古乐表演场，含民族文化展示厅、古乐表演场、文化长廊、祭祀广场、管理用房等。实施民族特色村改造，整治房屋立面296户，建设道路1.655千米、生态停车场1500平方米，安装路灯316盏、垃圾池2个、旅游公厕2座、分类垃圾箱36个，完善道路标识牌、旅游标识系统、宣传栏、供电排水等配套设施。项目覆盖马白镇东边马洒片区、金厂镇罗家坪村小组、小坝子镇老董寨村、仁和镇阿峨新寨村、夹寒箐镇岩腊脚村、马安山湖旅游景区、大栗树乡大马固村委会坝子，6个乡镇8个贫困村受益，辐射带动贫困户1114户4660人。

而今的马洒，已经蝶变为云南省文山州"最美民族村"，300多户人家、400多年

历史，文山州壮族侬支系人口聚居最多的自然村。雄壮古朴的寨门、朴素清雅的民居、深沉厚重的村史馆、整洁宽敞的青石路、"饮水思源"的老水井、知恩巷、老人亭，一步一景，每一景都积淀着百年老村丰厚的文化底蕴。浅黄色的壮族民居高低错落，美食店、水果店、农家乐、民宿客栈，琳琅满目。青石垒成的红外感应洗手台随处可见，台上洗手池以大青石凿空而成，朴素厚重又清新自然，与周围的芭蕉树、兰花草、铁线蕨浑然一体。沿着藤筑设计美学生活馆的台阶拾级而上，棕黄色原木的院门、楼梯、木楼与青石素垒的院墙、台阶相得益彰。盘坐厚实的蒲草垫，呷一口土陶杯里的粗茶，顺着廊檐下的"美人靠"①向外远眺，村口桃林硕果累累，远处层峦青山绵绵，山上杉林苍翠莽莽，林下泳池碧水幽幽，"阡陌交通，鸡犬相闻""黄发垂髫，并怡然自乐"大抵不过如此。周边景观与壮家村落相映成趣，民俗文化与乡村旅游相得益彰。村落旅游、野外探险、观光农业、水上娱乐、酒店餐饮一应俱全。"现在周末和节假日，最多的时候一天营业收入2万多元。"杨正武自豪地介绍，"近三年来，马洒村旅游收入总计364万元。"

从贫困户到光荣脱贫户，再到致富能手，返乡创业的马关祝福酒厂负责人熊廷强，还经营着养殖场、洗车场、装饰等业务，包吃包住每人每天工资80元，仅酒厂一项就解决当地村民就业13人，其中贫困户5人。在马洒村住了一辈子的人们，做梦也想不到，就在自家门口，吃上了旅游饭，摘掉了贫困帽。

（三）壮大绿色生态产业，同奔美好小康生活

良好生态环境是最公平的公共产品，是最普惠的民生福祉。习近平总书记指出，"生态环境没有替代品，用之不觉，失之难存"，"像保护眼睛一样保护生态环境，像对待生命一样对待生态环境"。

发展绿色生态产业，就是要帮助守着绿水青山过穷日子的生态富集地区人民提供更多生态产品，通过生态补偿、国土绿化、生态产业和生态环保等措施，激发贫困人口内生动力，吸纳贫困人口就地参与劳务，促进增收脱贫，将扶贫开发"输血"变为"造血"，彻底斩断穷根。

国家发改委、国家林业局等六部委2018年1月印发的《生态扶贫工作方案》明确，到2020年，贫困人口通过参与生态保护、生态修复工程、建设和发展生态产业，收入水平明显提升，生产生活条件明显改善。同时强调切实加大对贫困地区、贫困人口的支持力度，推动贫困地区扶贫开发与生态保护相协调、脱贫致富与可持续发展相

---

① "美人靠"：民宅楼上天井四周或是房檐下设置的连体靠椅。

促进，使贫困人口从生态保护与修复中得到更多实惠，实现脱贫攻坚与生态文明建设双赢。

单丝不成线，孤木不成林。

农发行深知，协同合作加快推进高质量生态文明建设，远比单打独斗更加有力有效。2016年6月，农发行与国家林业局签署全面支持林业发展战略合作框架协议，明确农发行作为支持林业建设的主要合作银行之一，充分发挥专业、系统、政策性银行优势，通过延长中长期贷款期限，提供优惠利率，创新金融产品和投融资模式优化金融服务等方式，加大林业发展的信贷支持。

突出实施贵州大扶贫、大数据、大生态三大战略，植厚贵州生态优势，推动"生态产业化，产业生态化"，为贵州决胜脱贫攻坚、同步全面小康和国家生态文明试验区建设提供强力支撑。这是农发行、国家林业局与贵州省共同推进贵州林业生态建设的战略共识。

"宝山空手，乞醴邻家。"近代有识之士曾对贵州资源丰富却难以开发，"手捧金碗讨饭吃"发出如此感叹。在"杉木之乡"锦屏，林农[①]们的体会更为深刻。二三十年前亲手栽下的杉木，如今长大成材，已达采伐标准，但受国家生态保护政策制约，农户能够办理自留山采伐证的指标仅占可采伐总量的10%。原本"电锯一响、黄金万两"的翘首期盼，只能化作一声声低沉回婉的望林哀叹。

没有走不通的路，只有想不出的招。

负责林业资源开发的锦屏金森林投公司董事长姚本进，农发行锦屏县支行行长王芳渭，银企对接提及国家储备林建设项目，便一谈就透、一拍即合。农发行2.35亿元贷款于2020年8月31日审批，首笔投放1亿元支持锦屏金森林投公司实施国家储备林二期项目建设，坚持"党政主导、市场机制"原则，采取企业自主经营模式，以林木销售收入、铁皮石斛销售收入和财政补贴为还款来源，锦屏县城乡建设投资公司提供全额保证担保，补充办理项目区内林权抵押担保。锦屏金森林投公司按贷款余额8%缴存风险保障金，实施专户管理。项目建设总规模26985.4亩，主要包括现有林[②]改培[③]和中幼林抚育。现有林改培24463.9亩，以间伐为主，补植楠木和香樟。中幼林抚育2521.5亩，主要包括割灌除草、浇水追肥、林地管护、病虫害防治、森林防火等措施，配套

---

① 林农：林木种植农户。
② 现有林：全国木材战略储备生产基地范围内，未能充分发挥所在立地生产潜力的林分，主要包括：未能适地适树或经营不当，林木生长质量明显低于同等立地条件相同林分平均水平的林分；林木生长良好，但通过采取综合性技术措施，林分质量和生长量能进一步提高的林分。
③ 改培：对现有林采取大强度采伐、间伐、补植、割灌、施肥、修枝等综合技术措施，改善林木生长条件，调整林分结构，提高林分质量和生长量的森林经济活动。

建设国家储备林的林区道路、防火和有害生物防治设备，建设1000亩林下近野生铁皮石斛种植基地。

这个项目收储农户林地和兴隆林场等26985.4亩用于国家储备林建设，解决林农"采伐难""卖材难""变现难"的问题。通过实施现有林改培、中幼林抚育、铁皮石斛种植等产业项目和森林资源管护岗位提供长期就业，在采伐、运输、加工环节优先雇用贫困户。与97名贫困户签订用工协议，多管齐下直接带动贫困户增收，探索出一条靠山养山、养山兴山、兴山富民的增收致富之路。

农发行信贷资金及时到位，促成新增国家储备林地面积26985.4亩，充实木材供给，辐射带动周边林农参与珍贵树种及大径级林木培育，优化林分结构。通过标准化改培、集约经营培育等措施，提升林分质量，提高森林覆盖率，进一步增强涵养水源、调节水量、水土保持、净化大气等生态功能。提高土地生产效率，实现增产增效，推动地方生态产业发展方式从数量规模型向质量效益型转变，有效加快区域生态文明建设进程。

无独有偶。在广西隆林，农发行审批林业资源开发与保护贷款4亿元，支持广西隆林国控林业有限责任公司实施国家储备林基地建设项目，收购隆林县16个乡镇现有杉木、松树以及其他乡土树种所有权及其经营权，建立10万亩国家储备林基地，新建林区道路30千米，维修150千米，新建防火林带20千米、简易管护房300平方米，采购林业机械8台、耕作工具200套、森防设备100套、生产用车1辆、无人机2架。以林木采伐销售收入及林木基地的其他的产品销售收入作为偿债来源。以林地租金、产业分红、吸纳就业相结合的方式，带动项目覆盖区域5000余户贫困群众增收。

农发行信贷支持生态扶贫，践行了以人民为中心的发展思想，着力提升生态环境质量，深入挖掘绿水青山内在价值，让贫困地区绿水青山活了起来，把实现人民幸福作为发展的目标和归宿，做到发展为了人民、发展依靠人民、发展成果由人民共享。

（四）小微企业要图强，支持还靠农发行

习近平总书记指出："长期以来，广大民营企业家以敢为人先的创新意识、锲而不舍的奋斗精神，组织带领千百万劳动者奋发努力、艰苦创业、不断创新。我国经济发展能够创造中国奇迹，民营经济功不可没。"

民营和小微企业是我国经济社会发展不可或缺的重要力量。但贫困地区产业发展经营主体，大部分属小微企业或农村新型经营主体，带头能人少，管理水平低，财务欠规范，担保资源寡，市场风险大，普遍难以达到银行贷款准入标准，长期面临"融资难、融资贵"的问题。

针对贫困区域、弱势群体，在市场发育不完善的情况下推动市场机制建设、培育

市场经营主体，加大创新力度，大力支持贫困地区产业扶贫和小微企业发展，是农发行的重大任务。

2017年以来，农发行在山西吕梁深度贫困地区试点产业扶贫风险补偿金"吕梁模式"，破解贫困地区产业扶贫信贷投入瓶颈和小微企业融资难题，助推贫困地区特色产业发展。

农发行在国务院扶贫办、科学技术部、财政部、人力资源和社会保障部、农业部、人民银行、中国银监会、中国保监会八部门2018年联合印发的《关于培育贫困村创业致富带头人的指导意见》（国开办发〔2018〕2号）框架下，出台信贷支持贫困村创业致富带头人产业扶贫的意见，明确针对致富带头人领办创办项目的特点和多元化的融资需求，创新管理机制，充分运用产业扶贫"吕梁模式"等成功经验，形成项目筛选、多维增信、风险补偿、多方监管、合作共赢"五制合一"的管理机制，提升政策性金融服务能力。

2019年，农发行全面深入总结，印发《产业扶贫"吕梁模式"推广模板》，引导各级行大力推广该模式助推小微企业发展。印发《关于全面推动产业扶贫信贷业务发展的工作意见》，在大力推动产业扶贫方面，强调"各类所有制企业一视同仁。要坚决贯彻落实党中央、国务院关于支持和服务民营企业、小微企业发展的决策部署，不得因企业所有制性质附加其他条款，对民营企业的准入按照与国有企业一致的准入标准执行，允许优质民营企业作为担保主体提供保证担保"。发布《关于进一步加大对"三区三州"深度贫困地区脱贫攻坚差异化支持力度的通知》，明确在风险可控的前提下，取消该模式下对小微型企业所有者权益的准入要求，通过放宽"吕梁模式"准入条件，进一步为小微企业发展松缚解绑。在《关于持续推进扶贫领域作风问题专项治理工作的意见》中，要求坚决落实党中央、国务院关于支持和服务民营企业、小微企业发展的决策部署，对真扶贫、扶真贫的各类所有制企业一视同仁，强调切实提高办贷效率和金融服务水平，扶贫贷款审批和发放不得设置额外不合理条件，为小微企业获得农发行信贷支持提供了坚强保障。

农发行坚持具体问题具体分析，立足小微企业行业特点和发展实际，量身打造适用于支持小微企业发展的模式。

联合增信模式

背景：为深入贯彻实施脱贫攻坚重大决策部署，有效支持各类涉农企业、服务实体经济，按照"政银联动、多方参与、风险共担、合作共赢"的思路，破解中小企业融资难问题，有效分散银行信贷风险。

类型：根据增信方式或风险共担机制不同，主要有三类：一是"政银担"方式，政府、银行、担保机构发挥各自优势，密切分工协作，政府扶持或直接出资设立担保公司，加强与国家、省级担保公司合作，对符合条件的农业信贷项目予以支持。二是"政银保"方式，保险公司提供贷款保证保险，银行提供贷款，政府提供保费补贴、贴息补贴和风险补偿支持。三是风险补偿金方式，政府组织建立风险补偿金，为特定企业提供担保和风险补偿。当出现风险，按约定程序和比例从风险补偿金中弥补。

案例：小池塘孕育大产业，龟鳖卵唱红致富经。农发行江西省分行强化对口支援举措，出台《南丰县政策性金融扶贫实验示范区扶贫贷款操作指引》，量身定制差异化对口支援信贷政策，加大对特色产业扶贫的信贷支持。

2020年7月，农发行南丰县支行借鉴"吕梁模式"，在南丰县建立风险补偿机制，设立首批1000万元补偿金，发放产业扶贫流动资金信用贷款50万元，支持南丰县恒辉龟鳖养殖合作社（以下简称南丰恒辉合作社）扩大养殖规模。南丰恒辉合作社是当地一家专业养殖、销售龟鳖的合作社，吸纳24户贫困户就地就近就业，是产业扶贫基地。基地雇用当地女工标准为每天100元、男工每天160元，全年用工100~200天，主要从事龟鳖卵采挖。

因病致贫的刘方定2019年起在该基地务工，负责打理池塘，每月收入4000余元。他说："感觉不累，也没什么技术含量，这个事情我能做得来。收入也可以，家里有些什么事也可以回去一下。"基地母龟按照每平方米2只饲养，母鳖按照每平方米1只饲养。每只年产可销卵100枚。龟卵产出，在温室内培育20天后出售，市价1.9~2.5元/枚，销往安徽、福建、广东等地。年销售额2000余万元，利润率15%~20%。"（龟鳖卵）行情好的时候就卖龟卵，行情不好就培育幼龟，卖龟苗嘛。"南丰恒辉合作社负责人谢恒杰说，"我们用这笔贷款购买龟苗，扩大种群，产生更多收益，去带动更多的贫困户增收致富。这笔贷款给了我们很大的底气去带动更多的贫困户增收脱贫。"

启示：通过市场机制构筑政府、企业、银行和市场四位一体的对接平台，整合多方资源，促进社会信用体系建设，实现机构共融、风险共担、发展共赢，充分调动金融机构的积极性，携手解决中小企业"融资难"问题。

激活合作经营组织

农发行支持锦屏县瑞丰中药材种植农民专业合作社(以下简称瑞丰合作社）的30万元流动资金贷款终于在2019年7月29日落地，支持瑞丰合作社采购化肥、雇用劳工。信贷支持合作经营组织，这在农发行贵州省分行尚属首例。

瑞丰合作社在锦屏县大同乡八河村注册成立，主要为社内成员种植中药材提供生产资料，统一收购销售，正式职工4人，日常劳务用工37人。在向农发行锦屏县支行提出流动资金借款申请时，瑞丰合作社公司章程缺乏，财务制度欠缺，管理制度欠缺，抵押物不足，基本处于"个体经营"状态。

合作社是否能够作为小微企业纳入农发行信贷支持范围，从支行信贷主管到分管行长、行长，再到州分行、省分行条线，大家谁都没有底。在大家莫衷一是、愁眉不展之际，有着多年客户工作经验的农发行锦屏三人小组组长秦小军，抄起手机直接拨通总行基础设施部的电话。经过反复讨论，总省州县四级行终于达成共识：农民合作社可以纳入小微企业予以支持。

有了主心骨，吃下定心丸，大家干起活来格外卖力。从指导修订章程到完善治理架构，从引导带动就业到谋划未来发展，在这里，不管企业规模大小，无论贷款额度高低，农发行一如既往提供"保姆式"服务。

有心人，天不负。

从受理到批复仅用31天，这笔贷款有效支持当地特色中药材产业发展，带动5名贫困户增收脱贫，平均每6万元带动1人脱贫。

林权抵押破解融资困局

在锦屏，马尾松是仅次于杉木的优势树种之一，现有40多万亩，每亩约120株，活立木蓄积量140多万立方米，每年可产松脂8.4万吨。

2020年11月30日，农发行向锦屏县森科林产品有限公司（以下简称森科公司）发放农业小企业流动资金贷款400万元。森科公司是锦屏及周边多县范围内唯一松脂加工企业，以两条国内成熟的间歇式蒸汽法工艺生产线生产松香和松节油，每年可产松香1万吨、松节油1800吨。公司吸纳贫困人口就业，带动5名群众每人年收入提高2.5万元。

这笔贷款采取抵押＋保证方式担保，除股东提供住房抵押和连带责任保证担保外，创新采用"林权抵押担保"方式，由股东欧勇用位于锦屏县新化乡新化司村已取得林权登记证的1818.25亩林权提供抵押。这一方式有效解决了小微企业融资担保资源不足的问题。

【傅慎言曰】

打赢脱贫攻坚战，产业扶贫是核心，不仅关乎脱贫质量，更是巩固拓展脱贫攻坚成果与乡村振兴有效衔接的重要一招、关键之举。定点扶贫和对口支援县产业基础薄弱，发展动能不足。农发行不断探索新模式，创造新机制，推动金融扶贫与发展当地产业紧密结合。依托总、省、市、县四级机构和定点帮扶三人小组，携手地方党政机关，着力打破旧观念、旧秩序、旧格局、旧传统，动真情、用真心、出真招帮助策划扶贫方式，更新脱贫观念，推动产业衔接，强化市场引导，创新融资模式，探索构建"公司＋合作社＋农户＋产品＋市场"的产业扶贫链条，增强贫困地区产业造血动能。

在服务巩固拓宽脱贫攻坚同乡村振兴有效衔接的进程中，农发行将借鉴产业扶贫、旅游扶贫、生态扶贫、支持小微企业等方面经验，更加科学合理地给予支持，推动定点帮扶在服务领域上更加精确、精准，在帮扶成果上更加有力、有效。

四、抓准关键，支持健康扶贫

没有全民健康，就没有全面小康。习近平总书记强调"要把人民健康放在优先发展的战略地位"。

"救护车一响，一年猪白养。"

"就医难"的问题长期以来一直困扰着贫困地区，定点扶贫县就更加突出。在决战决胜脱贫攻坚、全面建成小康社会的征程中，因病致贫这一"绊脚石"必须要搬开，因病返贫这只"拦路虎"必须要赶跑。

农发行明确加大健康扶贫支持力度，支持贫困地区建立覆盖城乡的基本医疗卫生设施，支持县级医院等医疗卫生服务体系建设，支持和帮助贫困县实现医疗卫生"三个一"目标，着力改善深度贫困地区医疗服务条件。2019年，农发行着力加大对贫困地区县乡村三级卫生服务标准化建设的支持力度，重点支持每个贫困县建好1所县级公立医院（含中医院），每个乡镇建成1所政府办卫生院，每个行政村建成1个卫生室，助力提升贫困地区医疗服务能力。

■ 农发行贷款支持新建的南丰县新区人民医院

搬开"绊脚石"，赶走"拦路虎"

"咚，咚咚。"

一天晚上，农发行马关三人小组组长，马关县委常委、副县长敖四林的房门被一位陌生男子轻轻叩开。"敖副县长，您好！我是马关县中医医院院长，我叫陆克茂。"陆院长局促不安、小心翼翼地说明来意，"听说农发行能支持医疗卫生项目，我们中医院搬迁项目迫在眉睫，缺的就是钱，能不能请农发行帮一把。"

陆克茂来找敖四林缘起于当天的会议。这天农发行会同马关县政府研究融资支持健康扶贫事宜，初步达成意向，拟支持马关县人民医院改扩建项目。囿于项目前期准备工作尚未到位，实施进程较慢，信贷支持健康扶贫暂时难以落实。"县人民医院项目可以获得农发行支持，中医院也应该争取一下"，会上，陆克茂在心里琢磨着。

马关县中医医院于1992年成立，是以中医药特色为主、功能齐全、服务质量和群众信任度较高的二级甲等县级中医医院，城镇职工和城镇居民医保及新农合定点医疗机构。当时，医院占地4.9亩，业务用房仅3000平方米，编制床位100张，实际仅可放置80张。医疗用房始建于1985年，年代久远，属于危房，不能满足二级甲等县级中医医院设置要求。治疗区与居民生活区交织，周边居民住宅密集，消防及交通安全隐患较大。占地面积较小，功能布局欠妥，服务条件简陋，就诊环境拥挤，医疗环境欠佳问题日渐凸显。用陆克茂的话说，"当时我们医院是全文山州硬件设施最落后的一个"。

马关中医院这一需求正好与农发行"大力支持定点扶贫县健康扶贫"政策不谋而合。第二天一大早，农发行马关三人小组便主动牵线，马关中医院、马关骏成公司与农发行马关县支行正式对接项目融资。

2016年国庆节的前一天，农发行向马关骏成公司投放贷款8800万元支持马关县中医医院整体搬迁项目建设。农发行的贷款及时到位，加快了新院区建设进程。马关县中医院新院区建设用地4万平方米，建筑面积2.88万平方米，含住院综合楼3栋、门诊综合楼2栋、医技综合楼1栋、后勤保障楼1栋，分建职工食堂、病患食堂，同步实施土石方、污水处理、给排水管网、院内路网和综合布线、导医标识、电气照明等基础工程，安装医护呼叫、中心供氧、负压吸引、手术室净化、火灾自动报警喷淋、广播通知、监控防盗等应用系统，设置病床300张。

2017年12月11日，马关县政府门户网站发布《马关县中医医院整体搬迁公告》，新院区23日8时起门诊、急诊、住院全面开诊。

如今的马关中医院，采用传统四合院建筑风格，以环形走廊连接住院部与门诊部，既方便患者就诊、住院通行，又极大地提高医务人员通行效率，为医者在急诊、急救等危急时刻抢回生命提供有利条件，进一步提高了医疗安全保障水平。院内绿化带无一杂草，不仅办公楼、住院楼下的花坛里，就连停车场绿化带，也全是各类中草药，刺黄连、千里光、吴茱萸、臭牡丹、金银花、何首乌……或草本贴地铺开，或木本迎风挺立，或藤本垂条而下，高低错落有致，很是赏心悦目。这些药材全部挂牌展示，通过扫描二维码就可了解其功效作用。俨然一座中草药科普园，默默传承弘扬着中医药和民族、民间医药文化。

医院现有在编医护人员172名，副高级以上医生15名，与上海中西医结合医院、广西中医药大学附属医院、文山州中医医院等合作，诊治不少病患，实现年毛收入6600万元。"我们这里设计、通风、光线都很好，住院条件没得说。"陆院长自豪地介绍。医院还成立民族药科，以当地中药治疗脑梗、心梗、肝病、肿瘤等疗效显著，得到广大患者以及省级专家高度认可。"心血管类疾病在我们这里，不放心脏支架，吃药就可以把命救回来。有个昆明的患者，他爱人是妇产科主任，他本人也是主任医师，在这里住了两次院以后，好多人慕名而来。"

【傅慎言曰】

对一个人来说，健康关系一个家庭的命运。对14亿人而言，健康关系一个国家和民族的未来。治国有常，利民为本。增进人民群众健康福祉就是重大民生工程。全民健康助力全面小康，正是人民群众获得感和幸福感的直接体现。为白衣天使、杏林妙手建一间大庇黎民的医舍，筑一道遮风挡雨的院墙，一如既往秉持家国情怀，始终坚持计利天下的农发行，默默耕耘，细细劳作，发挥信贷资源投向准、周期长、利率低的优势，与定点扶贫县党委、政府一道，努力补齐医疗保障基础设施短板，为百姓病有所医奠定更加坚实的基础。

五、主动担当，助力应急救灾

"盖灾沴之行，治世不能使之无，而能为之备。"①灾害未央，信贷支持备灾物资储备。灾害来临，信贷支持应急救灾。农发行虽不能解民倒悬，救民水火，但一如既往怀揣对党的忠诚，对国家的热爱，对百姓的关怀，行信贷救灾之事，履支农报国之责。

虽无白衣作铠甲，青丝化剑斩妖魔

2020年春，新型冠状病毒感染肺炎疫情汹涌袭来。

传播速度最快、感染范围最广、防控难度最大，这场疫情不断刷新着新中国成立

① 出自《越州赵公救灾记》（曾巩，宋）。

以来重大突发公共卫生事件的各项纪录。一时间，神州大地风云变色。一级响应、披挂逆行，请缨集结、除夕出征，百队驰援、千里封城，万户禁足、亿人同心，那段疫魔肆虐、寒冷萧瑟的日子，那份同舟共济、众志成城的团结，那抹心手相依、守望相助的深情，时至今日依然历历在目，随着时间的推移，历久弥新。

无论是耄耋老者，还是少年孩童，任谁都忘不了携手并肩穿过的艰难险阻，齐心抗疫走过的坎坷征途。农发行也一样。

面对疫情，农发行及时印发《关于统筹做好新型冠状病毒感染肺炎疫情防控和服务脱贫攻坚有关工作的通知》，紧急发布《关于启动信贷业务管理应急通道积极做好新型冠状病毒疫情防控工作的紧急通知》，强调"把疫情防控工作作为当前最重要的工作来抓""按照坚定信心、同舟共济、科学防治、精准施策的要求，在总行党委和地方政府统一指挥下有序参与疫情防控工作""在重大考验中践行初心使命、诠释对党的忠诚"。

对于疫情严重地区分行，明确"按照总行党委和当地政府关于做好疫情防控的系列要求，全力以赴做好疫情防控工作"。对于其他地区分行，既要战贫又要抗疫，要求做到"坚持不懈抓好扶贫工作落实，做到思想不乱、精力不散、工作不断，不遗余力支持剩余贫困人口、贫困县全部脱贫摘帽，确保疫情防控和脱贫攻坚两不误"，"在坚守合规和风险底线前提下，主动加强与地方疫情防控金融需求的有效对接，大力支持疫情防控重点企业开展生产经营活动"。对当地卫生防疫、医疗设备采购等合理融资需求，明确"予以积极支持，大力提升金融供给能力""重点支持粮油等重要农产品和食品市场供给和调控，保障重要生活物资市场供应和价格稳定。"

危难显真情，紧急见担当。

2月9日春节返岗第一天，农发行锦屏三人小组、县支行就在提前参与抗疫的基础上，迅速组织骨干力量进一步对接疫情防控需求，会同政企加紧加急贷款申报。2月26日，农发行贵州省分行、黔东南州分行、锦屏县支行紧急联动，迅速向锦屏县发放应急粮油收购贷款392.7万元。2月27日，应急医疗物资贷款500万元发放到位，支持紧急采购防疫物资。疫情期间，农发行向锦屏投放贷款892.7万元，占全县7家金融机构抗疫贷款投放的54.34%，以"信贷投放最快、支持力度最大、支撑效果最好"在当地创造了疫情防控应急贷款的"农发行速度"，保障了疫情防控的医疗物资需要和基本民生需求，彰显了"农发行力度"，体现了"农发行温度"。

无论是支持采购，还是助力生产，应急贷款的发放都凝结着农发行对定点扶贫县的深情。

在广西隆林，面对突如其来的新冠肺炎疫情，农发行隆林三人小组勇于担当，带头春节假期不休息，坚守岗位，协调县、乡、村三级部门联动，配合全县完成疫情防控工作，及时向当地政府和企业宣传农发行出台的疫情防控信贷应急优惠政策。隆林昌隆服装有限公司受广西壮族自治区疫情防控工作领导小组委托，负责生产医用防护服、隔离服及民用卫生口罩等物资。隆林三人小组获悉后，立即对接地方党政机关、隆林昌隆公司和县支行，积极推进应急贷款落地，仅用3天便完成300万元的应急贷款审批投放，为企业防疫口罩、防护服生产线立即开工提供资金支持。

在吉林大安，农发行投放应急贷款2.85亿元全力支持疫情防控和复工复产。

守望相助心同暖，同舟共济情更深

每年汛期将近，农发行都及时部署防汛和金融服务工作，坚持"急事急办、特事特办"，开通信贷业务应急通道，为各地转移安置受灾群众，购置调拨救助救灾物资，维护因灾受损基础设施提供应急资金需求。

多年前，锦屏县清水江、小江和亮江沿岸乱搭乱建、乱堆乱填现象严重。当地向来雨量充沛，加之河堤低矮，一进汛期河道两岸村庄常受洪涝之灾。

2016年6月17日，《贵阳晚报》题为《触目惊心！锦屏县已经被洪水毁成这样！有工作人员抢险时落水失踪》的报道记载："黔东南州锦屏县受灾涉及15个乡镇，其中重灾区有平略、钟灵、启蒙镇等乡镇。初步统计，共63个村受灾，受灾人口总计7377人，倒塌房屋427间，目前已造成7人死亡，2人失踪。全县农作物受灾面积1.5万亩，死亡大牲畜1200头，公路中断3条（通村55条），损坏输电线路28条13千米、通讯线路45千米，导致6500门电话通讯中断；毁坏河堤、护岸等水利设施570处（座）。全县洪涝灾害累计损失折合人民币2.2亿元。"

治理水患，既要利眼前，更要谋长远。

当年，农发行投入农发重点建设基金6000万元、投放贷款2.9亿元，投贷结合支持锦屏县实施"三江六岸"江河治理工程，治理清水江、小江和亮江河道总长13.13千米，新建防洪堤14.54千米，惠及贫困户6600余人，实行优惠利率，每年减少企业融资成本750余万元。

有了防洪长堤的护佑，每年雨季来临，三江六岸8000多苗侗同胞不再担惊受怕。

三江交汇的犁头嘴，赤溪坪风雨桥和清水江风雨桥分跨小江和清水江之上，首尾相接拱卫着文书楼，阵阵江风穿桥而过，仿佛在述说那段千家木商齐聚王寨①的辉煌。桥下碧波荡漾，稍浅处清可见底，江面成群的白条鱼②追逐嬉戏，江畔垂钓的老者零零星星，沿江路亚③的青年三五成群。当地资深钓友杨关介绍："前不久，就在赤溪坪风

---

① 王寨：古地名，即锦屏县城所在地，后更名为"三江镇"。
② 白条鱼：初级淡水鱼，嘴馋鱼类，群聚栖息于溪、湖及水库等水之上层，对水质要求较高。
③ 路亚：源于Lure音译，是一种通过假饵模仿弱小生物引发大鱼攻击的钓鱼方法，装备简洁，干净环保，与传统钓法差异极大。

■ 农发行贷款支持贵州锦屏县三江六岸江河治理

雨桥下，有人钓上了30多斤的大青鱼咧！"

青石新砌的江堤，木板铺装的沿江步道，随三江六岸延绵而去。堤上侗族风雨桥式的走廊错落有致，廊下小憩的老太太、大嫂们时而传来天籁般的侗歌声，时而飘出爽朗的大笑。"我们锦屏这几年的变化真的特别大，县城沿岸都建有广场、花园、亭子、步道、公厕等，还种了很多花花草草。锦屏这个地方山清水秀，真的是太好了，我都不想去其他地方玩。"正在广场跳舞的三江镇排洞社区居民杨琍自豪地说。

清江大桥下，防洪江堤上，一块大石刻载着《锦屏县"三江六岸"江河治理项目简介》，尾段原文："中国农业发展银行，秉承家国情怀，服务国家战略，大力支持锦屏县江河治理工程建设，与锦屏县共谋发展，共创辉煌，谱写了惠农利工新篇章。"落款"锦屏县人民政府，二〇一八年九月"。

【傅慎言曰】

应急救灾事关人民群众生命财产安全。"民为邦本，本固邦宁"。无论是新冠肺炎疫情防控还是抗洪救灾，在保供应、稳民生的急难险重面前，"当先导、补短板、逆周期"的农发行急事急办、特事特办，迅速行动、全力以赴。面对救灾应急，无论是开辟绿色通道、优先保障规模，还是实行优惠利率，农发行自上而下从不含糊。新冠肆虐先怒吼，浊浪生悲又如何？并肩奋战保前线，共看山湖涌碧波。

融智助力篇

过去农村曾经出现一种"越穷越要、越要越懒、越懒越穷"的怪圈，"靠着墙根晒太阳，等着别人送小康"，更有甚者竟以"保住贫困帽，吃上救济粮"为荣。扶贫开发伊始至精准扶贫之前，全国减贫事业三十余年，取得长足进展。实践证明，摆脱贫困，既要从生活物资上甩掉贫穷，更要从思想意识上摆脱贫瘠。唯有坚定的脱贫意志，滴水穿石的韧劲，才可能"弱鸟先飞""脱穷致富"。

农发行矢志为农业注入发展的力量，为农村描绘美丽的蓝图，为农民创造幸福的生活，坚定扛起金融扶贫和定点扶贫的重任，坚持"鱼渔兼授，智志双扶"，汇聚金融、人才、信息、客户等多方面资源向定点扶贫县集中倾斜，注重"改善教育基础、培养骨干人才、引带社会帮扶"多管齐下，深层次贡献发展智慧、管理智能和致富智力，用定点帮扶的铁拳，携手地方党政、乡镇村庄、贫困农户共同击碎贫困枷锁，解锁幸福密码。

一、依托金融资源，着力夯实教育基础

习近平总书记在给"国培计划（2014）"北京师范大学贵州研修班参训教师回信中指出："到2020年全面建成小康社会，最艰巨的任务在贫困地区，我们必须补上这个短板。扶贫必扶智。让贫困地区的孩子们接受良好教育，是扶贫开发的重要任务，也是阻断贫困代际传递的重要途径。"

农发行深知，教育扶贫是新时期脱贫攻坚的重要内容，是实现"两不愁三保障"脱贫攻坚目标的重要举措，是"五个一批"的主要内容。

（一）助力兴学育人才

新校园孕育新希望

"热烈祝贺我校师生在市级中小学信息技术与学科教学深度融合优秀案例展示观摩评选活动中斩获佳绩。蒲廷荣，高中地理一等奖。张吕，高中信息技术二等奖。"落款时间为"2020年11月22日"。鹤东大道旁，隆林民族高级中学一楼大厅，一张大红喜报鲜艳夺目。

隆林民族高级中学（以下简称隆林民高）紧靠县城公路，依山而建。受丘陵地形限制，场地高低落差较大，按"一带一轴"规划，吸取传统民居的轴线布局和院落空间设计，以三进院落方式逐级而上。"这就好比我们的学习，一步一个脚印向上攀登，一级一级往上努力。"校长兰勇笑呵呵地说。进入校门，"为党育人、为国育人"的校训映入眼帘，行政楼和教学楼已投入使用，教室里书声琅琅。西侧的体育馆、篮

球场、排球场正在建设，与教学楼前的小广场、教学综合楼呈一字形带状排开，实验楼与教学楼围合形成院落。层次叠替、灵动自由的院落空间，让这个新建的校区既书香韵味四溢，又不失沉稳庄重。

穿过教学区域，路过学校食堂，学生宿舍靠山向阳而建。四张高低床整齐贴在宿舍两侧，独立卫生间、独立盥洗室、独立阳台。"我们整个学生宿舍按3000人容量建设，男女生各1500人，每间宿舍8人，人均室内使用面积5.5平方米。每个楼层还设置有30平方米的公共活动室。"兰校长介绍道。不知谁接了句"还带独立卫生间呢！这可比我大学宿舍好多了"，开心的笑容堆在兰校长的脸上，颇有几分自信与自豪。

教学楼投入使用、体育馆正在建设的隆林民高，2017年9月正式开工，总投资4.35亿元。2017年12月，农发行投放教育扶贫过桥贷款1.48亿元予以支持，利率在人民银行同期同档次基准上下浮15%。学校总用地379亩，总建筑面积8.8万平方米，建有行政综合楼、教学楼、科技楼、图书综合楼、实验楼、教研学生宿舍、体育馆、环形跑道、篮球场、排球场。建设规模120个班，三栋五层的教学楼每栋一个年级，其中一期建设的高一年级教学楼40个班，于2020年9月6日正式运营。

教室里，讲台正上方"质淳、行端、学博、气华"八个鲜红的大字分列国旗两边。触摸式LED屏的多媒体教学电脑居中嵌入黑板。"别在该吃苦的年纪里选择安逸度过""将来的你定会感谢现在努力的自己"的格言，分别挂在黑板两侧。"大家注意啊，No pain，no gain。字面上看，什么意思啊？没有疼痛，没有益处。用我们熟悉的话讲，是什么啊？就是一分耕耘、一分什么啊？一分收获，对。"讲台上老师说得兴起，教室里孩子们听得入迷。谁也想不到，这一幕会出现在一个曾是极度贫困县的高中教室里。

功能齐全的新高中

距隆林1500多千米之外，农发行对口支援的江西省南丰县，同样全新建设，同样设计120个教学班，同样设计招收6000名学生，同样只开办高中教育的南丰一中高中部，得到了农发行4亿元贷款支持。

14.6米高、60米宽的校门很是气派。远处高耸的塔吊时而驻停起吊、时而旋转运送，挖掘机、搅拌机、压路机各司其职，很是繁忙，一片热火朝天。近处运送石板的叉车来往穿梭，切割机、冲击钻的轰鸣此起彼伏。胡海峰副校长用近乎嘶吼的声音向大家介绍基本情况。整体搬迁的南丰一中高中部（河东校区），占地260亩，建筑总面积12万平方米，设计教室3栋、120间，设计容纳学生6000名，宿舍床位2700张、配备教职工350人，建有信息化教室、功能房、生物馆、艺体楼、室内体育馆等，食堂3层。总投资5.3亿元。

南丰一中高中部原有60个班、每班60人左右，已属大班额，不利于教育教学质量提升。2021年全县中考学生4000余名，高中录取率约为55%。全县高中计划招生2250名，其中南丰一中招录1750人、二中招录500人。目前，高中在校生里，农村学生占了一大半。历年高考本科以上录取率在40%以上。"2019年一名学生考入清华、一名学生考入军校成为飞行员。"提到高考，胡副校长的自豪便按捺不住、溢于言表，"百年大计，教育为本。按我们一年毕业2000人算，百年将为国家培育多少人才？农发行这个贷款，了不得！"南丰一中高中部（河东校区）于2021年9月正式启用，迎来首批学生。

山里娃走进新学堂

分散在锦屏县西北部最远的平秋镇、彦洞乡以及县城周边偶里、平略、大同、茅坪等6个乡镇的2000余名中学生不曾想到，打小光着脚在田埂上疯跑、在杉林里穿梭、上树掏鸟蛋、入林采蘑菇的他们，有一天能走出祖祖辈辈躬身劳作、挥汗耕耘的大山，告别低矮破旧的校舍，辞别坑坑洼洼的书桌，坐进窗明几净的学堂，伴着琅琅书声奋斗，在塑胶球场上与小伙伴奔跑撒欢。

那一股在任督二脉上蹿下跳、几欲喷薄而出又永远使不完的劲儿，在教学楼、在实验室、在宿舍、在食堂、在足球场上、在乒乓球桌旁，渐渐沉淀、悄悄转化、慢慢酝酿为一种力量，一种积蓄理智、饱含深情、充满希望的奋进力量。在这里，无须为窗外的狂风暴雨担忧，不会被寒夜的凛冽西风所扰，只要心无旁骛努力学习，"改命"，就一定能实现！

这里，就是锦屏县第四中学。

2014年，为适应扶贫攻坚、后发赶超、同步小康的新形势，满足人民群众不断增长的高质量教育需求，贵州提出，力争用三到五年时间在贵州基本普及十五年教育和基本实现县域内义务教育基本均衡的"新两基"。2015年3月，贵州正式启动实施"新两基"工作，力争到2017年实现学前三年毛入园率、九年义务教育巩固率、高中阶段教育毛入学率达到85%以上。历来以教育质量闻名当地的锦屏县，早在2013年就印发了教育发展三年行动方案和中小学调整规划方案，对锦屏县教育布局进行调整，撤并大同中学、隔里中学、平秋中学等12所办学条件较差的初中，保留锦屏县民族中学、敦寨中学、启蒙中学、隆里中学4所初中，新建锦屏县第四中学、第五中学。锦屏四中自此应运而生，2014年10月正式启动建设。

锦屏四中位于三江镇潘寨村，与大公田社区仅一墙之隔。五年前，那里还只是清水江畔一片小山丘。当时，锦屏全县小学毕业生13835人。全县共有初中14所，在校生7390人，初中适龄少年入学率仅为85.74%，14所初中全部吸纳能力不足一万人，6445名小学毕业生辍学或远赴他乡求学。新建两所符合当地经济社会发展需要，年总吸纳能力在6445人以上的初级中学迫在眉睫。

2013年至2015年，锦屏县GDP分别为25.24亿元、30.34亿元和34.76亿元，公共财政预算收入分别仅为1.95亿元、1.46亿元和1.89亿元。面对总投资1.5亿元的锦屏四中，建设资金哪里来？如期完工怎么干？合理配置教育资源怎么办？

农发行结合锦屏县易地扶贫搬迁和贫困人口分布状况，主动探索实践，在尚未设立锦屏县支行的情势下，依托代管业务的天柱县支行率先发放全国农发行系统首笔教育扶贫贷款1.2亿元，支持锦屏县第四中学建设。项目在实施阶段，解决了当地380名建筑民工就业，其中贫困户270人，占比71.05%。项目建成后，通过招聘学校后勤服务、开设销售摊位等方式，带动200余名贫困户就地就近就业。贷款执行人民银行同期同档次基准利率，以全县金融机构平均融资成本8%计算，为当地节约融资成本5550万元。

全新建成的锦屏四中，一所封闭式寄宿制初级中学，占地105亩，划分为教学区、运动区、生活区三大区域。一栋栋崭新的实验楼、图书楼、办公楼拔地而起，红墙白顶的教学楼里书声阵阵，绿草如茵的足球场上孩子们三两成群，整齐划一的塑胶跑道上，练习短跑的孩子们蓄势待发。坐落在夏森[①]坡脚、清水江旁的锦屏四中，青山秀水更添书生意气，山环水绕更显生机勃勃。

在2020年全县中考中，锦屏四中考生成绩与上年相比，全县前100名，从10人增加到18人，考入省级示范性高中锦屏中学由65人增加到86人。《锦屏第四中学项目简介》的石刻因风吹日晒已经漆面斑驳，但文字仍然清晰，尾段这样刻着：中国农业发展银行充分发挥在农村金融中的骨干和支柱作用，找准教育扶贫路径，推动教育扶贫政策精准实施，赢得了锦屏社会各界的认可与赞誉。

马关教育焕发新气象

马关县各级各类学校192所，2017年在校生61039人，高中、初中、学龄、学龄前儿童入学（园）率分别为76.3%、102.5%[②]、99.64%和86.06%，人均受教育8.75年，九年义务教育阶段巩固率82.76%。在农发行捐赠资金的支持下，马关控辍保学工作取得显著成效。"2018年到2019年的时候，马关的辍学适龄儿童就动态清零了，学生返校以后怎么留得住，还是多亏我们农发行捐赠资金的帮助。"马关县教育局资坤洋深有感触。

---

① 当地方言发音，具体意思不详。
② 初中学龄人口数以12~14周岁统计。入学率超百分之百即在校学生总数超过该学龄段人口，证明存在学龄段之外学生在校就读情况。常见现象为超过该统计年龄就读。

农发行马关三人小组将捐赠资金全部投入教育帮扶，从设计方案到具体实施，再到后续监管，确保农发行捐赠资金持续有效支持马关地区教育工作。按照中职1000元、专科2500元、本科和研究生5000元的标准，从贫困学生考入学校开始资助，直至毕业，每年予以资助，彻底解决贫困学生就学后顾之忧。

"农发行1亿元贷款支持对义务教育均衡发展，是帮了大忙的。全县的义务教育从一年级到九年级，对学校的硬件设备改善，师资引进，科学的资金运作，实时关注和监控资金流向，都做得很到位。"资坤洋在谈到2017年农发行发放的教育中长期扶贫贷款，记忆犹新。贷款支持的马关县实施义务教育均衡发展项目二期，包含都龙、木厂、夹寒箐、小坝子等在内的7个乡镇义务教育阶段中小学63所，建设子项目230个，建成教学楼、综合楼、学生宿舍楼、食堂等总计7.78万平方米，运动场、球场等7.62万平方米，惠及29个贫困村的贫困户8874户31214人。63所中小学标准化建设工程全面完工，顺利通过国家验收。"现在全马关县各乡镇最好的房子全都是学校。"农发行马关三人小组袁智勇自豪地说。

除了义务教育阶段基础设施建设外，对学前教育农发行也同样给予大力支持。

2020年农发行审批马关骏成公司贷款8500万元，支持马关县实施幼儿园合作办学项目，将分别在南山园区易地扶贫搬迁集中安置点、县儿童福利院、仁和镇中心学校旁、都龙镇中心学校原址建设幸福社区幼儿园、第二幼儿园、仁和镇幼儿园和都龙镇幼儿园，包含场地硬化、室外地面游戏场、教学楼及辅助用房、围墙、供电及给排水、消防设施等，购置床具设施、室外活动器材、办公设备、厨具。

项目建成4所幼儿园共招生3150人，其中贫困学生414人，占比13.14%，有效提升马关县幼儿园整体办学能力，改善幼儿教育教学环境，扩大周边校园容量，极大地缓解马关县幼儿园班额少、人数多的状况，逐步解决马关城区、涉及乡镇及易地扶贫搬迁安置点群众子女"入园难"问题，学前教育普及率将逐年提高，进一步促进教育均衡发展。马关，这个改革开放与经济社会建设较内地晚了整整24年的边陲县城，终于在教育事业上焕发出勃勃生机，叫人看到了民族复兴的希望。

（二）携手爱心筑书斋

与君同援手，山院满书香

2017年11月25日，晴。贵州省锦屏县平金小学迎来了一批全新的图书、校服、课桌椅和几名"客人"——农发行贵州省分行代表。平金小学，地处锦屏县三江镇平金村，建校80余年，6个教学班、12名教师，教学辐射7千米，服务当地4个自然村寨620户农户2390人。162名在校学生中，贫困学生37人，占比接近23%。

2017年6月，农发行贵州省分行工会、团委组织赴锦屏调研贫困学校情况，发现平金小学图书陈旧、种类较少、质量不高，难以满足师生阅读需求。"那些破旧不堪的课桌，原木桌面坑坑洼洼，斑节早已脱落，零零星星的小孔洞恰似一双双渴望的眼睛，紧紧盯着教室的天花板。有的桌腿断裂后用钢丝捆扎继续使用，深嵌进去的钢丝已经锈蚀，不知用了几多年月。很难想象，这些长在苗岭腹地的共和国花朵，用一双双稚嫩的小手，是怎样艰难地在这样的课桌上书写充满希望的未来的？"时任党群工作处行政经理、贵州省分行团委委员杨绍帆[1]在调研笔记上写下这样一段。

8月，贵州省分行工会、团委联名向全省干部职工发布倡议书《与君同援手，山院满书香》，号召全省农发行人携手捐助平金小学爱心书屋，1358名干部职工捐款总计6.69万元，其中5万元采购200册图书、50套课桌、36套学生校服、12套教师工装、8台全新电脑全部捐赠平金小学，整合往年捐赠结余3万元现金捐至锦屏县慈善总会，助力决战脱贫攻坚。捐赠仪式上，贵州省分行党群工作处处长、团委书记汤宏源说："我们代表全省农发行一千多名职工，向平金小学捐赠校服、图书、电脑，是希望通过这些物品，表达我们农发行人对贫困学校全体师生的关切之情，为振兴地方教育事业尽一点微薄之力。也许这些物资对老师们、同学们的帮助只是杯水车薪，但我们真诚地希望老师们能有更好的教学条件、同学们能有更好的学习环境和更丰富的精神食粮。"

2019年11月28日，农发行锦屏三人小组对接北京第一创业证券股份有限公司和上海真爱梦想基金捐建的"梦想中心"教室交付使用仪式在锦屏县隆里小学举行。"梦想中心"是集成图书室、电脑室、多媒体功能为一体的教育中心，通过轻松的环境设计、先进的网络设施及30多门基于"全人教育"理念开发的跨学科综合课程，激发学生们的学习兴趣，培养自学能力。中心的建成，为贫困地区的孩子们打开了一扇"梦想之窗"。

2020年11月5日，第一创业证券公司与农发行各捐建1个"梦想中心"教室的公益项目启动仪式在锦屏县城关四小举行，农发行锦屏三人小组组长秦小军，第一创业证券公司的董事长刘学民、北京办事处主任刘亮、党办扶贫工作负责人孙晶、固定收益部销售负责人姚鑫，上海真爱梦想公益基金会合作发展部经理欧阳嘉力、主管江芬菲，特邀梦想讲师梁延庆、王亚，锦屏县政府副县长雷光林悉数出席。雷光林代表锦屏县深表感谢之情，他说："在锦屏县脱贫攻坚收官之年，有中国农业发展银行、第一创业证券股份有限公司、上海真爱梦想公益基金会的大力支持，锦屏的教育一定能得到长足发展，山区孩子的梦想一定能实现。"特邀铜仁一中初级中学梦想讲师梁延庆现场给孩子们上了一堂精彩的理财课。孩子们在梁老师的引导下，由腼腆变得阳光、自

---

[1] 现任锦屏三人小组成员之一，2019年9月起挂职任锦屏县政府办公室副主任。

信。整节课在轻松愉悦的氛围中结束。农发行携手第一创业证券共同捐资60万元，已在锦屏县捐建"梦想中心"3个，助力锦屏的教师和孩子走向远方、实现梦想。

一号图书馆，推开智慧门

踏着暮秋的朝阳，迎着初冬的风露，2020年10月22日，大安市太山镇幸福小学举办了一场隆重的典礼——智赢教育集团"乐学、明辨、善思"爱心图书室揭牌仪式。农发行大安三人小组组长、挂职大安市副市长胥怀云，智赢教育集团董事长耿维峰、无忧升本事业部白城分校行政校长郑红卫、大安市教育局局长冯国春、副局长于彦忠、太山镇党委副书记冯守辉、副书记侯翔宇，太山小学校长于天宝、太山镇幸福小学校长郭少华与学校师生齐聚一堂，共同见证"编号001"的"智赢爱心图书室"揭牌开门。

智赢教育集团计划在吉林省内各贫困小学开设100所"智赢爱心图书室"，覆盖吉林省内各地贫困学校。001的编号载明了幸福小学图书室"第一所"的特殊身份。

宽敞明亮的图书室，墙上"一本好书、相伴一生""你需要我的帮助、我需要你的爱护""读好书、好读书、读书好、书好读"等温馨的标语随处可见。《太阳的女儿》《一千零一夜》《假如给我三天光明》等少年经典丛书在白色的书架上一列列、一排排，很是整齐。图书室外展评栏上孩子们一幅幅学习雷锋、交通安全、热爱劳动、传统民俗等不同主题的手抄报，整洁清秀、朝气蓬勃。

揭牌仪式上，太山小学校长于天宝对智赢援建图书室以及关爱乡村学生的爱心致以衷心感谢，表示一定会用好这批图书，将爱心送达每一名学生，同时教育孩子们要学会感恩，相信同学们一定会努力学习，用实际行动回报社会。智赢教育集团董事长耿维峰表示，关注关心少年儿童是大家和全社会的共同责任，希望通过捐助图书室等公益活动，用实际行动帮助贫困乡村的孩子们享有平等教育的机会，也希望孩子们能够多读书、读好书，用知识改变命运、创造美好未来。

2020年9月，农发行大安三人小组安排捐赠资金20万元，采购学生电脑30台、教学电脑1台、耳麦31副、移动硬盘2个及多功能打印机、多媒体教学软件、备课系统软件、触摸一体机、实物展台、推拉黑板等设备，捐赠大安市四棵树乡第二中心校，改善网络教室教育教学条件。2021年2月，大安市教育局表彰该校为"2020年度教育教学管理优秀学校"。教室里，全新电脑整齐排列。显示器上"中国农业发展银行，服务乡村振兴的银行"的屏保图片温馨又亲切。教室后方墙上一排黑色水晶字"中国农业发展银行捐资助建网络教室"。两层教学楼的红色墙体上，一米见方的不锈钢的大字——"一切为了孩子""为了孩子一切"，在阳光下格外耀眼。

看着孩子们捧着手中的书，视若珍宝，看着一台台电脑投入教学，我们坚信，大安的莘莘学子必将怀揣赤子之心，勤奋学习，积极进取，向着人生的目标勇攀高峰；必将怀揣感恩之心，回报社会，乐于助人，让大爱之火生生不息、永远流传。

小小爱心书屋，托起扶贫希望

农发行工会出资捐赠隆林县水洞村幼儿园爱心书屋，农发行隆林三人小组成员罗松、言东华，百色市分行驻水洞村第一书记何剑飞、水洞村村委主任、水洞村幼儿园园长共同为爱心书屋挂牌。

此次爱心捐赠图书2756册、书架2组、书桌8组、凳子20张、电脑1台，总价值5万元。为了提供更好的学习环境，还对图书室电路进行调整、对照明设备进行升级改造。水洞村幼儿园终于结束了没有图书室的历史。丰富的少儿读物为山里的孩子们打开一个通往世界的窗口，插上了一双飞往梦想的翅膀，埋下了一粒希望的种子。

就业一人，脱贫一家

"就业难、择业难"的问题连续多年困扰"天之骄子"大学生。大学生就业尚且称难，贫困大学生就业就更难，中高职院校贫困学生就业，难上加难！

"天下事有难易乎？为之，则难者亦易矣；不为，则易者亦难矣。"[①]军队转业进入农发行的总行行政服务部副总经理吉新明，通过战友联系到了北京商鲲教育控股集团，专门对农发行定点扶贫县开展对接帮扶。

2020年5月7日，贵州锦屏县脱贫攻坚指挥部办公室一则《关于开展困难家庭免费上大学职教扶贫工作的通知》，恰似迷雾中的灯塔，给广大贫困户送去了曙光。

经农发行帮助协调，农发行锦屏三人小组组长秦小军对接，北京商鲲集团在新冠肺炎疫情刚刚缓和的2020年4月下旬，就远赴贵州锦屏调研。在深入了解锦屏脱贫状况、脱贫成效和发展规划后，集团与锦屏县党政充分磋商，为进一步巩固脱贫攻坚成果，提升教育扶贫成效，依托《北京商鲲教育控股集团及旗下中高职院校面向全国开展困难家庭免费上大学职教扶贫实施方案》，双方于4月30日签订《关于开展职教扶贫（贫困家庭学生免费上大学包就业）协议书》，每年为锦屏县贫困家庭28周岁以下的100名初中或高中毕业学生提供帮扶。

特殊困难家庭（含贫困户）的学生，初中毕业生全免费就读五年制大专，高中毕业生全免费就读三年制大专，到北京商鲲教育旗下北京中高职院校各校区和全国中高职院校就读。就读期间学杂费、住宿费、餐费全部免除，一位学生每年学费及其他费用1.5万元左右，五年或三年费用合计7.5万元或4.5万元全免。

---

① 出自《首示子侄》（彭端淑，清）。

一般困难家庭的学生，初中毕业生免费就读五年制大专，高中毕业生免费就读三年制大专，就读期间每年只缴纳杂费300元、住宿费700元、餐费600元/月。一位学生每年平均学费8800元，五年或三年学费合计4.4万元或2.64万元全免。

学习专业有高铁服务与管理、城市轨道交通运营与管理、铁道供电与信号、无人机技术、3D打印技术、人工智能技术应用、计算机互联网、新能源汽车、学前教育、护理、航空服务、会计（银行事务）、客户信息服务、武警消防、烹饪。毕业后发放国家统招大专学历，包就业。

集团还对学生父母进行技能培训，安排到北、上、广、深等城市从事家政服务、养老服务、餐饮服务、安保等工作。

这一模式不仅在锦屏落了地，还在吉林大安开了花。经农发行大安三人小组组长胥怀云对接，5名贫困学生先后向北京商鲲教育集团提交入学申请，其中2名在2020年9月初报到入学。

捐资齐携手，助学共情牵

2017年8月17日，农发行马关三人小组组长岳喜军与组员袁智勇、崔喆共同签署农发行专项扶贫捐赠资金支付审批单，安排捐赠资金11万元，帮助马关县特殊学校学生购买单层铁床、橱柜等，改善全校一至九年级80余名智障残疾学生的住宿安全条件。当年采购学生校服1批、消毒柜1台、床上用品1季，学生生活适应设施设备：互帮轮椅200台、坐便器100个、拐杖100副、筛查床2张、跑步机2台、臂力架2副、室内单杠2支、牵引器2台、脚踏车2辆、握力圈50个、电动轮椅20台、助行器10个、助听器20个。余下3.8万元安排购置学生冬季服装和住宿学生的热水设施。

2018年，农发行马关三人小组协调农村金融时报社向金厂镇老寨小学捐赠校服、书籍、画笔等物资价值15万元。文山州分行先后两次发动全员捐款4.96万元为贫困学生购买书包文具。

分分厘厘聚大爱，点点滴滴汇真情。

农发行锦屏三人小组组长杨端明联系农发行工会捐赠20万元帮助贵州锦屏县特殊学校、敦寨小学、龙池小学配备教学用品和学生校服。农发行各东部分行与山区学校结对帮扶，广东省分行帮助龙池小学配备7万元学生生活设备，江苏省连云港分行资助47名贫困山区教师到江苏培训学习。农发行锦屏三人小组安排捐赠资金20万元支持琴凼扶贫移民安置区学校，为留守儿童之家配置文、体、艺设备。协调捐赠资金10万元为龙池村幼儿园配置学习生活设备。联系四季沐歌太阳雨集团减免帮助，筹资55万元为龙池小学、锦屏县特殊学校、新化小学安装了太阳能热水、净水系统。农发行锦屏三人小组组长秦小军牵头安排捐赠资金120万元为全县幼儿园配置空调，安排147万元配备门禁、阅卷等系统和LED显示屏，提升普通高中教学基础设施，安排教育基金120万元奖励优秀学子和名优教师。

（三）聚焦现实需求，资助贫困学生

缩短贫困学生与其他学生的起跑距离，解除贫困学生后顾之忧，助其安心向学，全社会捐资助学氛围日渐浓厚。爱心企业、社会团体、爱心人士纷纷慷慨解囊，频伸援助之手。

"我也是从农村走出来的。如果当年没有资助，我连学都上不起啊。"农发行党委委员、副行长孙兰生在扶贫干部座谈会上这样感慨。农发行作为国务院扶贫开发领导小组成员，不仅投入专项捐赠资金，发动全系统干部员工捐赠，还动员客户企业、爱心团体、有识之士一起捐资助学，在同圆中国梦的伟大征程中，留下了一段段心手相牵的农发情。

吉林大安：2017年农发行安排专项捐赠资金30万元资助大安市丰收镇等6个乡镇贫困学生和特困学生总计185人次。2018年安排捐赠资金60万元资助大安市联合乡等5个乡镇中小学贫困学生、特困学生222人次，资助大安市2018年考入高校的87名贫困大学生中未获"雨露计划"帮扶的47人。2019年安排34万元对6个乡镇中小学阶段贫困学生、特困学生和当年考入高校的贫困大学生进行资助。2020年4月27日，农发行协调四

■ 2018年10月，大安三人小组在大安龙召举行捐资助学仪式

■ 粮棉油部负责人代表农发行向吉林大安捐赠资金200万元

家企业帮扶大安一中贫困学生助学仪式在大安一中礼堂举行。农发行大安三人小组组长胥怀云，组员王冠洲、侯振宇参加，大安慈善总会秘书长姜峰、大安一中校长马汉军出席。按每人每年1000元，连续帮扶两年的标准捐赠，现场一次性向高一、高二年级49名贫困学生分发助学资金9.8万元。大安一中校长马汉军说："这些学生都有一颗热爱学习的诚挚之心，之前总在为经济问题担忧，而这项助学行动犹如一场及时雨，给家庭不富裕的学生带来了新的希望。"

云南马关：农发行时任副行长林立作为包片联系行领导在马关调研时要求，"做实做细马关教育扶贫工作，不能让一个贫困家庭的孩子因贫失学、因学致贫、因学返贫"。2019年，林立协调促成农发行江苏、福建、浙江、安徽、山东、广东、江苏等省分行和企业发起捐赠30笔，成立扶贫助学基金1416万元，2019—2020年共资助贫困学生2312名。2019年首笔资助金219.45万元资助贫困学生1056人，其中，中职学生517人、专科生407人、本科生125人、研究生7人。

广西隆林：2018年，农发行向隆林捐赠200万元资助当年新入学的贫困大学生83人，在读贫困大学生100人、贫困中学生138人。农发行广西区分行募集捐赠资金6.26万元成立贫困学生帮扶基金，帮助已享受教育帮扶政策但仍有特殊困难的贫困学生。农发行百色市分行筹集7800元捐款向定点帮扶的隆林县水洞村开展教育扶贫捐赠。2019年8月，新浪新闻《117.5万助学金！圆了235名贫困学生大学梦》再现了农发行捐赠仪式现场，农发行隆林三人小组组长，县委常委、副县长赵乐欣出席并讲话，他说："希望受到资助的学生，自强不息、坚定信念，不畏贫困，把贫穷看作一种历练、一项资本、一笔财富，在大学校园里不忘初心、矢志奋斗，努力创造更加美好的未来。把党和政府的关怀，社会各界的关爱，转化为勤奋学习、刻苦钻研的不竭动力，努力学习，增长才干，早日成为国家栋梁之才。"农发行每年留出专项捐赠资金150万元，向隆林考入大学的贫困学生提供每人5000元"圆梦资金"，保证贫困学生不因经济困难而失学。

■2018年10月，隆林三人小组为隆林县贫困大学生发放农发行捐资助学金

贵州锦屏：2018年9月29日，农发行浙江省分行"爱心助学·情系锦屏"扶贫助学金发放仪式在锦屏县总工会举办，农发行锦屏三人小组组长杨端明主持。农发行浙江省分行捐赠锦屏20万元资助参加高考的锦屏学生50名，每人4000元。捐赠仪式上杨端明说："希望孩子鼓足勇气，珍惜机会，好好学习，将来把自己培养成为一个对社会有用的，有责任感的人，报效祖国，回报社会。"锦屏县总工会在给农发行浙江省分行的《感谢信》中写道：农发行浙江省分行牢记嘱托，不忘初心，发动全行上下群策群力，用心、用情助推教育扶贫，助力贫困学生尽快成长成才，我们必不负贵行厚望。2019年，农发行贵州省分行经锦屏三人小组对接，安排辖内职工捐款23万元，资助贫困学生230名，其中贫困户163名，占比70.87%。

■ 农发行助推定点扶贫县脱贫攻坚推进会上与锦屏县签约

■ 人力资源部负责人主持会议研究对口支援南丰具体措施并组织人力资源部
党员向南丰贫困学生捐款

■ 向50名锦屏县2018年考入大学的贫困学生发放助学金20万元

■ 在贵州举办招商引资对接会

江西南丰：2020年11月26日，农发行党委委员、副行长孙兰生在南丰县调研，出席南丰县教育基金会年度奖教奖学大会时说："捐资助学，功在当代、利在千秋，农发行有幸为南丰县教育事业发展添砖加瓦，今后也将继续助推南丰县教育基金会行稳致远。"南丰县教育基金会于2017年8月20日揭牌成立，县委书记吴自胜、县长乐启文出席并讲话，农发行南丰三人小组组长赵金霞出席。基金会负责人表示，南丰县教育基金会的成立，得益于农发行扶贫资金的鼎力资助。基金会成立之初，原始基金400万元，由县城投公司吸收，每年按8%的收益率支付基金会，专项用于奖励优秀师生。2020年3月，农发行在前期已经捐赠321.72万元的基础上，再捐赠100万元，南丰县教育基金规模突破1000万元，专项用于资助贫困学子及支持南丰县教育事业发展。基金会奖励和资助困难师生已超千人。

【傅慎言曰】

教育是民族振兴、社会进步的基石，是提高全民素质、促进人类全面发展的根本途径。兴国必先兴教，治贫必先治愚。教育扶贫是新时期脱贫攻坚的重要内容，是实现"两不愁三保障"的重要举措，是阻断贫困代际传递的治本之策。

"一年之计，莫如树谷；十年之计，莫如树木；终身之计，莫如树人。"[1]从东北平原到边陲重镇，从沃野桔都到石山深处，"再穷不能穷教育，再苦不能苦孩子"的呼喊，一声又一声，一年又一年。脱贫攻坚以来，"扶贫必扶智，治贫先治愚"的理念逐步深入人心。随着脱贫攻坚的逐步推进和全面决胜，农发行对教育扶贫的认识和理解也愈发全面而深刻。帮扶手段从投放教育扶贫贷款向捐赠物资、捐资助学、建立基金，再到动员社会力量共同帮扶，主体更加多元，举措更加丰富，成效更加明显。

最幸福的温暖，是情感的温暖。最美好的关怀，是对人的关怀。教育，这个从根上解决"代代穷、辈辈愚"问题的战略性重大民生工程，还需行稳而致远。教育帮扶，还将是也必将是农发行履行报国使命的重要组成部分。只要农发行一如既往地发挥好先导作用和引导作用，就一定能够依托一系列优势资源，继续把系统内外有志之士、有识之士紧密团结起来，共同在教育帮扶的征程上，并肩携手、奋勇前行。

二、依托系统资源，加大培训力度

盖有非常之功，必待非常之人。[2]贫困县基层干部身处脱贫攻坚一线，是党中央、

---

[1] 见《管子·权修》。
[2] 出自《武帝求茂才异等诏》（刘彻，汉）。

国务院脱贫攻坚政策落实的执行者、推动者，其思想政治素质、政策理解水平、解决问题能力、工作作风等事关脱贫攻坚成色，事关党群、干群关系好坏，事关地方经济社会发展。培训好、引导好、鼓励好基层干部特别是扶贫干部，是事业所需、人心所向、关键所在。

农发行把培训基层扶贫干部作为融智的基础性工程，因地制宜、因势施策、创新方式，不断加大对定点扶贫县的县乡村三级扶贫干部培训力度。

2017年，经时任行长祝树民协调，农发行与苏州农村干部学院签订合作协议，三年内培训定点扶贫县干部600人，培训费用全部由农发行承担。四年来，农发行与苏州农村干部学院合作举办扶贫干部培训班22期，每期培训时间9天，邀请国务院扶贫办、人民银行等国家部委相关部门负责人、业务骨干以及高等院校、研究机构的专家学者，农发行行领导、相关部门负责人等现场授课，投入资金帮助培训定点扶贫县各级干部1676人，是原定计划的2.8倍，除所有培训费用外，参训村干部往返差旅费也全部由农发行承担。培训帮扶促进定点扶贫县的扶贫干部开阔了眼界，拓宽了发展思路，增强了脱贫致富信心。

农村创业致富带头人是脱贫攻坚生力军，是农业农村产业发展致富的"领头羊"。定点扶贫县所在省级分行会同三人小组立足当地产业发展实际，邀请专家教授、技术骨干到田间地头现场授课，网络视频培训、书面资料培训、参训人员转培训等多措并举，想方设法增强致富创业带头人、实用科技人才和贫困群众技能，有效增强致富能手创业带动和贫困群众就地就业能力。

五年学习弹指一挥，五年培训硕果累累，基层干部更加精干，致富能手人才辈出，一批当地特色品牌逐步打响。

（一）培训教师，为育人固本强基

2019年6月10日至16日，农发行联合中国金融教育发展基金会启动"中国农业银行定点扶贫县乡村中小学教学水平提升项目"，委托北京教育学院交流培训中心实施。6月11日开班，为期一周。培训费16.13万元、70名参训学员往返交通费12.86万元，相关人员误餐费、保险等总计近30万元，全部由农发行承担。共培训农发行5个定点扶贫县中小学骨干教师70名，其中小学教师26名、中学教师44名。

中国金融教育发展基金会，1992年成立，是中国人民银行批准成立、在民政部登记注册的全国性公募基金会。这次培训班是农发行贯彻落实党中央、国务院关于脱贫攻坚决策部署，实施定点扶贫、开展教育扶贫的又一重要举措。通过专题培训，帮助定点扶贫县中小学教师拓宽视野，开阔眼界，提升能力，接受新理念，感受新变化，体验新方法，为推动教育事业发展、助推脱贫攻坚贡献力量。

■农发行协调北京教育学院支持乡村中小学教学水平提升项目

　　培训采取1个项目团队加1个班委团队的"1+1团队合作"模式。项目团队由项目负责人陈丽教授与班主任王翰清老师、刘晖老师组成，统筹策划各项学习活动。班委团队负责具体实施与创新性策划调整，优化各项教学活动设计与实施。班委团队由6个小组负责人担任，班长负责班级各项工作统筹布置与组织，组织委员负责配合班主任完成活动组织安排协调，学习委员负责学习任务的完成与学习纪律的督促，宣传委员负责摄影摄像、视频制作等，生活委员负责收集反馈学员食宿生活等问题，文艺委员负责组织各小组编排文艺节目，发掘学员才艺，筹备文艺汇演。两个团队互相配合，发挥各自优势，管理有序有力。

　　培训以"基于学科核心素养的教学能力提升"为主题，通过专家讲座、名师示范、名校访学等多种学习方式，与北京名家名校建立合作交流平台，推动定点扶贫县骨干教师结合实际增加专业知识积累，实现"厚基、广识、求高、拓友"的目标。厚基：增加教育学、课程论、心理学等相关理论，提升骨干教师专业知识水平。广识：拓展视野，增长见识，促进教师在理论与实践的碰撞中打开自身工作思路。求高：提升教学设计与实施能力、听评课能力、班级管理能力，尤其是提升教学设计与实施能力。拓友：搭建与名家交流学习平台，通过理论学习和实践观摩，帮助教师结识相关领域的专家和同伴。

　　实行"理论学习、实践技能、团队建设、文化体验、反思总结"五类课程相结合，邀请北京市名师介绍教育教学经验，学习名师教育理念、教育情怀和教育智慧。通过现场参观学习，观摩名师教学现场，了解学校文化与课程建设，拓展见识。通过分组指导、微格教学等方式提升教学设计与实施能力。

马红民教授的《基于核心素养的课程理解与教学改进》专题讲座，通过发问与分析中考试题、高考试题"考什么"，继而追问"课程理念是什么""课堂教什么"，从国家课程变革的大背景出发，为学员梳理出凝练学科核心素养和把控学科质量标准两个要求。透过典型课堂教学案例向学员传递"培养学生思维，提升学生的学科素养作为重中之重"的观点，既有理论高度，又有实践指导意义。沈彩霞博士围绕《基于脑的学习与教学》主题，从"脑的结构与功能""脑与注意""脑与记忆"三个方面讲述了脑科学与教学的联系，学员深入学习了脑科学知识，明晰了脑与学习研究对教学的重要意义。

实地观摩课程以学校文化参观、主题讲座、课程观摩、研讨交流为主，涵盖高考背景下选课走班、学分管理、学生发展、评价管理、课程建设等内容。前门小学为参训教师呈现了四堂课，邀请参训人员走进课堂、听课评课，与教师、学生开展课堂交流。课后，赵连杰副校长带领讲课教师对四堂课的设计亮点、存在的问题进行总结梳理。在玉渊潭中学，参训人员参观了解办学理念、文化建设，聆听《敦品为翠玉，励学成渊潭》专题讲座，高淑英校长现场分享学分管理、教学评价、学生发展的工作经验，面对面与学员互动交流。

根据参训学员多民族特点，发挥北京传统文化资源汇集优势，设置中华优秀传统文化学习与爱国主义教育课程。组织学员前往国家博物馆参观学习，以传统文化内涵与价值引导，激发骨干教师对中华文化的理解、认同与传播，加深来自民族地区教师的彼此欣赏与互助交流。学员以地区或小组组成临时团体，自发参与文化体验，通过集体交流、个别沟通等方式共享学习心得。

培训中，学校用心组织，老师用情讲授，参训学员全情投入、积极参与，评选出优秀学员14名，并颁发了荣誉证书。经无记名电子问卷调查，学员对培训内容、培训方式、组织管理等关键指标满意度均达98.25%。学员们自发赠送锦旗"五省师杰京拾贝，扶贫恩泽谢发行"。五市县情况是：吉林大安参训教师10名，其中中学教师8名、小学教师2名。云南马关参训教师20名，其中中学教师12名、小学教师8名。广西隆林参训教师15名，其中中学教师9名、小学教师6名。贵州锦屏参训教师15名，其中中学教师9名、小学教师6名。江西南丰参训教师10名，其中中学教师6名、小学教师4名。

（二）培训干部，为管理储备人才

2017年4月13日，农发行、苏州农村干部学院与5个定点扶贫县党政主要负责人，在北京共同签署定点扶贫县干部培训合作协议。

农发行在苏州农村干部学院举办定点扶贫县干部培训，通过精准对接定点扶贫县脱贫攻坚需求，帮助定点扶贫县党政领导及扶贫干部提升思想认识，拓宽思维视野，强化定点扶贫县"造血"功能与自我发展能力。培训费用、乡村干部往返交通费用全部由农发行承担。自2017年起，每年安排不少于三期，直至脱贫攻坚取得全面胜利。第一期培训县党政领导干部、部门负责人，第二期培训乡镇主要领导干部，第三期培训村干部及致富带头人。

苏州农村干部学院，创办于1975年8月，位于苏州国家级高新区核心路段，环境优美、交通便捷、设施齐全，是江苏省干部教育培训基地、苏州市基层党员干部培训基地、苏州市政府直属干部培训院校，专注于农村基层干部培训。致力于打造"全国基层干部培训示范基地"，采取专题讲座、案例分析、主题研讨、经验交流、实地调研、现场教学、情景体验等形式开展培训。重点培训项目主要有基层干部专题培训、县域经济发展专题培训等，师资队伍近300人，平均每年承办各类干部培训班约300期，培训各级领导干部超2万人。国务院扶贫开发领导小组办公室等19家单位部门先后在该院挂牌成立苏州培训基地。

农发行党委高度重视扶贫培训。时任党委书记、董事长解学智，时任党委副书记、行长钱文挥高度关注定点扶贫县干部培训工作。时任扶贫金融事业部副总裁徐一丁多次部署，前往苏州农村干部学院向参训学员授课。时任扶贫综合业务部副总经理姜列友多次与合作单位联系协调，审定培训方案，强调培训务必突出针对性和实效性，让扶贫干部听得进、记得住、学得会、用得上。扶贫综合业务部每期选派一名负责人参加开班典礼、结业仪式并分别进行动员和总结讲话。定点扶贫处每期安排一名干部跟班服务。

每期培训由农发行会商苏州农村干部学院调研了解学员需求，紧扣学员在脱贫攻坚过程中遇到的重点、难点、焦点问题，精心设计课程，精准安排教学。培训主要内容：一是学习习近平新时代中国特色社会主义思想及党性教育，包含《认真学习领会"纲要"，把学习贯彻习近平新时代中国特色社会主义思想引向深入》《不忘初心，军民同心》《天不能改、地一定要换》等。二是脱贫攻坚政策理论，包含《金融扶贫政策解读》等。三是拓宽产业发展思路，如《乡镇干部谈发展》《招商引资实现县域经济发展的昆山探索》《解放思想、深化改革，苏州高质量发展的实践探索》等。

每一期培训前，农发行扶贫综合业务部与苏州农村干部学院就课程设计、师资配备、授课方式等方面反复讨论，认真研究，与学院就食宿安排、纪律要求、学员报名、接送安排等方面反复沟通，细致安排。各期培训学员来自五个定点扶贫县，现实情况差异大、参训需求各不相同。农发行扶贫综合业务部与苏州农村干部学院通过前期调研和征集意见，明确按学员构成细分、培训需求细分、培训效果预判细分的"三细分"工作思路，建立了"学员提出需求—农发行收集细分—苏干院组织实施—学员反馈意见—培训改进提升"的良性工作闭环，保障培训成效。

农发行组织的定点扶贫县干部培训不仅覆盖农发行"责任田"，也邀请国务院扶贫办、人民银行的定点扶贫县干部共同参训。仅2019年，农发行就举办定点扶贫县扶贫干部培训班7期，每期安排培训时间9天，共计培训基层扶贫干部761人。其中来自国务院扶贫办定点扶贫的贵州省雷山县100人，中国人民银行定点扶贫的陕西省宜君县30人、印台区30人，农发行定点扶贫县吉林大安60人、云南马关165人、广西隆林155人、贵州锦屏151人、江西南丰70人。

在2019年第4期培训班上，苏州市委党校副校长孙坚烽为学员解读习近平新时代中国特色社会主义思想的重要内涵，围绕"八个明确"和"十四个坚持"进行全面系统阐述，引导学员武装头脑，指导实践。培训期间学习了常德盛老支书的先进事迹，他带领乡亲们发扬愚公移山精神，把人称"野人村、光棍村、贫穷村"的蒋巷村发展成为先进村，地区生产总值突破10亿元。在沙家浜现场教学中，学员们学习掌握了沙家浜的发展历程和沙家浜精神。对以党建为统领、抓党建促发展有了深刻理解，增强了做好新时代农业农村工作的坚定信心。

2019年第4期培训班第二组学员中来自贵州省雷山县的杨再军、陆祥琴、李启发、吴才中，云南省马关县的聂怀端、杨香洪，广西区隆林县的李树伟，贵州省锦屏县的杨绍帆，集体讨论形成的学习报告《取回六字真经，全力助推脱贫》获苏州农村干部学院院刊采用。这篇心得写道：

一是统筹谋划体现一个"紧"字。本期培训班整整一周，既安排了习近平新时代中国特色社会主义思想的课堂教学，又开展了扶贫政策的领学和金融扶贫政策的解读，还组织了党的理论宗旨、方针政策、决策部署在永联、蒋巷、秉常等基层一线贯彻落实情况的观摩，让广大学员从理论到实践、从耳闻到目睹、从课件到田间，得到全方位、多角度、立体式的启发教育。这既体现了我们党理论联系实际的优良传统，又展现了国务院扶贫办、农发行和苏州农村干部学院求实、务实、扎实的工作作风。这些天的学习，课堂教学、现场观摩、学习交流，课程安排的时间很紧凑，向授课老师、村党支部书记、致富带头人求教的机会很宝贵，理论学习、经验分享、精神启迪与当前脱贫攻坚大局的结合很紧密，处处体现了一个"紧"字。

二是现场教学展现一个"亮"字。在沙家浜，走进芦苇荡，闻着青草香，追忆那段烽火连天的峥嵘岁月，缅怀那些英勇战斗的革命先烈，我们深切感受到了什么叫"鱼儿离不开水、瓜儿离不开秧"，什么是"军民团结如一人，试看天下谁能敌"。在永联村，我们见识了集"全国文明村""全国先进基层党组织""全国农业旅游示范点"等众多荣誉于一身的首批全国乡村旅游重点村的夺目风采,让人眼前一亮。在蒋巷村,我们聆听了村党委常德盛老书记"穷不会生根,富不是天生""天不能改、地一定要换"的坚毅果敢和坚定执着,叫人心头一热。在秉常村,青果枇杷倚电商,民宿文旅齐上场,更加贴合我们第二组滇黔桂三省资源匮乏的实际。种种这些,不胜枚举。我们深深地感受到,只要坚定不移跟党走,一心一意谋发展,选优配强党员干部队伍,特别是基层党组织书记,带领百姓眼明心亮朝前走,昂首阔步奔小康,"两个一百年"的目标,在广袤的中华大地上,就断然没有不成功的道理!

三是政府作为紧扣一个"引"字。昆山的崛起之路,尚湖的发展实践,让我们见识了当地党政引入资金的高效、引进人才的远见、引导发展的智慧。诚然,在受石漠化困扰的滇黔桂地区,我们没有纵横交错的天然水网,缺乏亩产千斤的肥沃土壤,更缺优质可用的一马平川,资源上不占优势,交通上更显劣势。但无论是魅力广西、七彩云南,还是醉美贵州,从来不缺的就是干劲、拼劲和韧劲。正因为我们从官员到干部、从支书到村民,干劲足、拼劲狠、韧劲强,所以很多时候习惯于大包大揽、责任上肩。这次学习,我们深刻认识到,地方党政要在"引"字上下功夫,做好引资、引智、引导,才能汇聚起全社会的磅礴力量,共谋发展、共建小康、共创未来!

四是干事创业突出一个"诚"字。从昆山到永联、从蒋巷到苏州工业园,这些生动的实践,无一不告诉我们,巧诈不如拙诚。从中央到地方、从政府到企业、从干部到村民,相处之道,贵在一个"诚"字。特别是在脱贫攻坚进入决战决胜的关键时期,如何融资、融智、融商、融情?如何引入更多的资金、引进更多的人才、引导更多的社会力量,一道描绘蓝图、踏实干事、积极创业,一起推动产业发展、经济提升、社会前进?需要我们拿出百分之百的诚意,才能换回百分之百的支持。

五是产业发展立足一个"实"字。苏州高质量发展的实践告诉我们,产业发展,最来不得的就是一个"虚"字,最该落地的就是一个"实"字。这个"实",是实事求是的实、真心实意的实、狠抓落实的实。三产融合,固然美满。但我们有多少地区能够实现十指弹琴、遍地开花?我们深刻认识到,产业发展,一定要结合本地实际,宜农则农、宜工则工、宜商则商,不贪大求洋、不全面开花,集中精力把一个主攻产业做好,带动其他产业协调发展,才是我们脱贫解困的方向所在。

六是思想理念突破一个"解"字。一周的学习,让我们深刻认识到,"没有做不到,只有想不到"。我们作为后进地区,学习先进经验,成功的模式肯定不能照搬照抄照复制,而是学习如何突破思想固化的藩篱,解放思想、解开困局、解决难题。我们认为,脱贫致富首要一点,就是要彻底拔掉"等、靠、要"的思想根源,胆子再大一点、脑子再活一点、步子再快一点。既要天马行空地想,更要脚踏实地地干,在创新中创大产业，在创造中创筑根基，我们的贫困群众，才能彻底从困境中解脱出来。

四年来，农发行依托苏州农村干部学院为定点扶贫县培训县乡村干部和致富带头人总计1412人次。详见下表：

培训人数

单位：人次

2017年	2018年	2019年	2020年	合计
200	230	761	381	1572

（三）培训能人，为发展注入动力

吉林大安：

培训用新招，疫情不困扰

农发行吉林省分行牵头，会同大安市农业农村局，于2019年3月19日举办农牧业科技培训。这次培训邀请吉林农业大学老师、12316农业专家和畜牧专家，讲解棚膜经济、畜牧业养殖、农产品质量安全、农业实用技术。培训覆盖全市乡村两级干部、农牧科技人员、种养殖大户、省市级龙头企业负责人等585人，其中基层干部81人、科技人员345人、致富带头人76人和农户83人，加快农业实用技术推广应用步伐，促进种养殖业发展，提高农技人员服务能力水平，保障农产品质量安全，推动农民增产增收，促进贫困户脱贫致富。

2019年12月4日，农发行吉林省分行聘请全国外科护理协会常务理事杨华楠，到大安市太山镇举办"打好疾病防控攻坚战、科学助力健康扶贫"培训。重点围绕常见疾病的预防和治疗、医学养生和药物学基础知识等内容，讲解基础医学养生和药物学知识，帮助村民了解常见疾病的预防和治疗方法，提升村民卫生知识素养以及疾病预防和正确诊疗意识，端正就医态度，提高村民健康教育水平，巩固健康扶贫成果。太山镇村干部、村卫生工作人员以及村民125人参训。

面对新冠肺炎疫情，为解决人员不宜聚集与农业技术培训需尽早开展、不误春耕农时的矛盾，农发行大安三人小组不等不靠、求变创新，与吉林省分行商定，采取印发学习彩页的方式组织书面培训。2020年4月协调白城市农业农村局提供培训内容，农发行吉林省分行出资印刷，免费向参训人员分发种养殖技术培训手册500册，覆盖干部80人、养殖大户67人、致富带头人90人、种植大户和养猪能手104人、特困户56人、一般贫困户103人。

农发行大安三人小组会同市农业农村局，于2020年8月20日举办农村种植养殖实用技术培训，邀请吉林省农业农村厅农产品质量安全监管处副处长赵然、吉林省农业综合信息服务平台畜牧专家赵立峰分别专题讲授农产品质量安全知识和农村畜牧养殖及防疫知识。培训以视频形式举办，在市政府综合会议室设主会场，市农业农村局参训人员在主会场参会，各乡镇村参训人员在乡镇会场收看。培训覆盖大安市农业农村局全体人员，各乡镇、行政村负责人，种养殖大户总计1143人，其中干部183人、技术人员960人。

云南马关：

实地学种植，企业来助力

2018年9月21日，农发行文山州分行牵头，会同马关县农业和科学技术局、云南宏绿辣素有限责任公司，联合开展农业技术培训，覆盖马白、大栗树、八寨、仁和、木厂、夹寒箐等6个乡镇的工业辣椒种植农户150余人。现场参观大栗树乡和平村委会工业辣椒种植基地、烘烤基地，集中讲解分析工业辣椒经济效益和市场前景，学习工业辣椒生物学特性、田间管理，水、肥及病虫害防治技术。提高种植农户的科技意识、科技素质、种植管理水平，提高辣椒单产及质量，助力椒农增收。

选准致富果，现场送技术

2019年2月18日，农发行云南省分行牵头，联合文山贵翔农业公司、马关县农科局、人社局，举办刺梨李子栽培技术培训。农发行马关三人小组组长敖四林，组员袁智勇、崔喆参加。时任农发行云南省分行扶贫业务处处长汪松致辞。培训相继在渔水园会厅和夹寒箐镇水碓房村委会刺梨、李子种植基地开展理论讲解和现场指导，覆盖全县13个乡镇政府、农科站、林业站负责人，种植专业合作社及种植大户等152人。安徽绿魔罗肥料公司技术总监崔亚楼对刺梨和李子的栽培、水肥、病虫害防治等作了详细讲解，现场示范操作。培训技术人员针对土地整理、泥土回填、苗木选取、种植要领及后期管理、疾病防治进行了详尽讲解。通过培训，广大干部、群众掌握了刺梨、李子种植的管理技术，为扩大种植规模和指导其他农户种植打下基础。

2019年10月16日，农发行举办第二期马关县刺梨李子种植技术培训会。在县政府礼堂集中讲授贵龙5号刺梨和兴贵1号李子施肥、枝叶修剪等中耕管理技术，到仁和镇岩脚村委会牛场村、仁和镇仁和村委会嘎迪村开展现场实践操作观摩。覆盖各乡镇政府、农技站、林业站、县农业农村科技局相关站所、刺梨李子专业合作社负责人和种植大户。

■ 2019年3月，在马关举行农业产业科学用药技术培训会

■ 2019年10月16日，中国农业发展银行云南省分行在马关召开农发行助推马关县刺梨李子种植技术第二期培训会

广西隆林:

技术打基础

2019年3月7日,农发行广西区分行联合隆林县政府举办农业技术推广培训会。培训前,农发行广西区分行组织开展广泛宣传,介绍培训主要理念和内容,扩大培训覆盖面,提升培训有效性,得到地方党政大力支持,引起了扶贫干部和贫困群众极大兴趣。隆林县基层帮扶人员、产业技术能人及贫困户253人参加培训。

培训会结合地方产业发展实际,围绕香蕉、火龙果、油茶种植和黑猪、家禽养殖等9大类特色产业,重点讲授产业现状前景、种植、施肥、防病及场地选址、厂房设计、管理等内容,帮助提高贫困群体素质,加强农业科技推广,提升贫困户种养殖技能,增强自我发展能力,促进地方"一村一品"特色产业发展,实现产业脱贫目标。

培训期间,参训学员兴趣浓烈、热情高涨,积极向授课老师现场请教。大家表示,本次培训很受启发,扶贫工作的思路和办法更多了,脱贫致富的动力和决心也更加强烈了,打赢脱贫攻坚战的信心更足了。

隆林县新州镇那么村村民何面济说:"农发行在我们心中就像英雄一样,带领我们脱贫致富。"介廷乡老寨村村民廖正规说:"农发行是我们的坚实后盾,总在我们最需要的时候出现在我们身旁,感谢农发行的帮扶!"新州镇水洞村村民杨亚里则说:"农发行帮我建设蚕房,帮我联系专家技术指导,今年我的蚕茧收获很好,可以说没有农发行的蚕房就没有我产业的发展。"

专家拓视野

2019年7月4日至5日,农发行广西区分行在隆林举办定点帮扶基层干部培训班,隆林县152名定点扶贫干部参加,广西区分行时任扶贫业务处处长蒋志强出席开班仪式并讲话。

培训班采取高校专家引领、基层干部示范、多元互动交流的形式开展。邀请广西大学教授讲授《新农村建设与绿色产业发展》,深圳农优一百网络科技公司创始人李恩伟讲授《如何通过一村一品、一镇一业塑造农业品牌》,广西千镇管理资产有限公司董事长何放讲授《隆林产业如何打响扶贫攻坚工作,实现一二三产融合提速乡村振兴》,南宁市西乡塘区石埠街道旅游办主任黄兆明讲授《乡村振兴中基层领导的素质修养及工作实践——透视美丽南方发展历程,展现党建引领新思路》。专门安排课堂互动环节,悉心解答学员问题,反响强烈、效果良好。

参训学员表示,此次培训讲实战、接地气,大家收获颇丰。接下来将把培训所学运用到实践中去,履职尽责,积极投身脱贫攻坚一线,主动为打赢隆林县脱贫攻坚战作出贡献。

网课进田间

在新冠肺炎疫情影响期间，农发行隆林三人小组创新采用"云教学"模式，针对贫困群众所思所盼、所需所求，通过网络视频教学方式，联合广西大学新农村发展研究院、农学院、动物科学技术学院专家教授，开设网络培训班。

2020年5月15日，第1期科技云端培训开班，远程视频教学和手机下载观看相结合，介绍种植、养殖技术。邀请蒋钦杨讲授养牛盈利技术要领，黄荣韶讲授中药农业技术发展，兰干球讲授生猪复养技术，李峰讲授西贡蕉栽培，王先裕讲授种桑养蚕技术，龙安四讲授百香果栽培技术，秦培升讲授食用菌培训教程，邹知明讲授优质鸡养殖技术。各乡镇农业站、畜牧站干部职工及3至10名种养代表集中收看培训视频，指导各乡镇种植、养殖户下载视频学习。覆盖乡镇干部、驻村工作队员、村两委基层干部和技术人员、种养殖农户总计1335名。

开辟专线通道，针对油茶种植问题，聘请广西林业科学研究院油茶研究所教授远程答疑解惑，录制培训视频通过网络云盘传播到县乡村三级自行组织播放学习，全县村两委干部、驻村工作队、致富带头人、创业能手一千余人收看。

贵州锦屏：

养好生态鹅，同圆小康梦

锦屏县丁达村锦屏腊溪兴农生态养殖场，有些鹅悠闲漫步，有些鹅水中戏耍，有些鹅草丛觅食，一看到有人来，一齐引颈向天高歌。

养殖场主人吴章科，启蒙镇丁达村人，毕业于贵州大学旅游管理专业，曾在北京、贵阳等地工作。2018年，已过而立之年的吴章科，遇到了家乡大力推进生态鹅产业的机会。经过多方联系，他流转了村里60多亩土地，加上40多亩荒田，建起面积100多亩的生态鹅养殖场。

就在农发行组织的鹅养殖培训后的一个月，吴章科的养殖场引进种鹅900只。养殖信心的愈加坚定，缘于吴章科参加的那次培训。

2019年4月9日，农发行锦屏三人小组联合锦屏县委县政府召开"一县一业"鹅养殖产业发展现场观摩培训会，以集中会议与现场观摩培训相结合的方式举行。现场观摩了偶里乡罗善、敦寨镇捧菜湾、敦寨镇金榜3个鹅养殖基地。锦屏县农业农村局、自然资源局、水务局等部门和各乡镇党政负责人、农业技术人员、养殖能手等559人参加。

"我的鹅都是生态鹅，它们有时连产蛋都是在山坡上。上次，我在朋友圈发了个在草丛里捡蛋的视频，引得大家争相购买。今年以来，卖出了3000多枚鹅蛋，加上去年年底卖出的近300只种鹅，几个月时间，就入账6万多元。"吴章科说，"近期我打算再进一批种鹅，将养殖规模扩大到1500只。到时候，年收入可达20多万元。"

农发行举办这次培训，不仅仅吴章科一个人受益，在锦屏，像吴章科这样的养鹅大户还有很多。生态鹅养殖已经成为锦屏县"一种一养"两大主导产业之一。

2020年6月14日，江苏省农业科学院和锦屏县签订共建"贵州锦屏县鹅产业研究院"战略合作框架协议，将推动锦屏生态鹅产业发展链条更加完善，发展动力更加强劲。在锦屏，让"鸿雁"飞出贵州、迈向世界必将成为现实。

种好致富草

"下一丛跟上一丛，一枪之间选择当中空隙的部位，不能垂直，要空隙的部位。为什么要这样做，上面的这一丛的水不会滴到下一丛的部位……"

2020年5月13日，贵州锦屏，在铜鼓—大同万亩林下综合产业示范基地西门龙林场片区，农发行锦屏三人小组联合锦屏金森林投公司举办"农发行&金森林投2020年锦屏县林下经济——铁皮石斛种植加工技术现场培训会"。通过农发行招商引资入驻锦屏的贵州贵枫堂农业开发有限公司总经理林章茂手握扩音器，向前来培训的425名参训农户耐心讲解。

培训会上，乡亲们把技术员里三层外三层围在中间，聚精会神地听着石斛种植要领的讲解。受邀前来为群众培训的贵州贵枫堂公司专业技术团队一边解说，一边在杉树上演示石斛种植规范动作，并现场向村民开展手把手实践教学。

"本次培训，距离或者是分苗，技术员都教了。学了这个，就不愁无事做。别人做杂活，我就直接上树、上架种石斛。"铜鼓村村民杨金莲参加培训后这样说。从铁皮石斛种植技术到加工技术，铁皮石斛的成品有哪些，技术员现场都逐一讲了个透。村民们纷纷表示，这次培训，使他们对铁皮石斛全产业链有了新的认识，对种好铁皮石斛更有信心了。

"目前，锦屏县铁皮石斛发展基础相对成熟。现在已经种植了万亩铁皮石斛。按我们县的规划，种植铁皮石斛是'一种一养'主导产业之一。今天把铁皮石斛种植基地的老百姓请过来，把铁皮石斛种植的核心技术教给大家，保证种出来的石斛达到浙江铁枫堂的标准。"农发行锦屏三人小组组长、罗丹村第一书记秦小军说，"今天是第一期，接下来我们还会把温州、浙江的技术员请过来，举办第二期、第三期培训，让我们锦屏的铁皮石斛全产业链发展起来。"2020年9月，农发行锦屏三人小组再次联合贵州贵枫堂公司举办铁皮石斛林下标准化示范推广种植管理技术培训，培训农技人员149名。

■ 贵州锦屏铜鼓镇举办的铁皮石斛种植加工现场培训会

培养笔杆子，共唱好声音

脱贫攻坚波澜壮阔，脱贫一线事迹感人。

在锦屏县脱贫攻坚战中，同样不乏坚守一线奋力拼搏、扎根前沿誓夺全胜的榜样。这些优秀榜样身上透射出来的坚定信念、执着信仰、坚韧干劲、奋进精神，必将激励一代又一代锦屏人锐意进取、奋发图强，必将对锦屏的未来发展产生积极而重大的影响。脱贫攻坚，既要踏踏实实地干，也要认认真真地讲。如何讲好脱贫攻坚故事，特别是发挥各行各业通讯员身在基层、贴近一线的优势，把脱贫故事讲好，这是锦屏县政府各部门面临的迫切需求。

农发行锦屏三人小组会同锦屏县政府办，于2020年3月联合举办全县政府部门年度新闻宣传技术人员专题培训班，邀请当地专业媒体人员从稿件起草、照片拍摄、视频制作等多个方面进行专业讲解，培训覆盖锦屏县各相关单位、中心和各乡镇骨干通讯员90人。

"宣传稿件的开头，有两种常见写法。一种是传统的导语，就用一句话，极其精练地告诉读者，什么时间、在哪儿、发生了什么事。另一种是镜头，开篇先描述一个镜头，或者是引用受访者的话，吸引读者的阅读兴趣。"锦屏三人小组成员杨绍帆依托多年宣传岗位工作经验，从起草角度到站位高度，从稿件分类到段落布局，从亮点挖掘到遣词造句，从照片抓拍到图文配合，一点一点细细道来，一节一节仔细说开。台下参训学员时而听得入迷，无一交头接耳，时而又被诙谐幽默的讲解逗得前仰后合。

"通过今天的学习，我们更加深刻认识到宣传工作的重要性和必要性。"新入职的学员李留京说，"老师讲得很精彩，我们初步掌握了新闻宣传工作的方向和技能，也看到了自己在宣传工作上的不足，对今后做好宣传工作有很大的启发，特别是对我们宣传锦屏脱贫攻坚中涌现出的典型人和典型事更有启示，我们知道从哪儿入手了。"具有多年工作经验的吴高桢说："绍帆副主任这堂课，浅显易懂。特别是新闻宣传亮点挖掘的思路，'新闻眼'的锻炼方法，让人耳目一新。稿件各段内容的安排，清晰明了，能让更多'新手'通讯员迅速进入状态，这一点，很难得。"

这次培训后，锦屏县各单位新闻宣传撰稿、投稿积极性显著提高，《决胜脱贫，"向""杨"而生》《贵州锦屏：坝区产业结构调整富农家》《奋发努力过上美好生活》等一批脱贫攻坚故事优秀稿件见诸媒体，激发了锦屏县发扬脱贫攻坚精神干事创业、为民服务的热情。

充实医疗队

2020年5月18日至6月7日，农发行锦屏三人小组联合锦屏县卫生健康局举办乡村医生培训班。锦屏三人小组成员、挂职副县长潘贵平出席开班仪式并讲话。

培训分3期举办，每期7天，在锦屏县医共体县级医院集中理论培训5天，乡镇卫生院临床实践2天。共培训乡村医生196人，对锦屏所有行政村和街道办全覆盖。培训主要内容有基础医疗技术、常见疾病诊断等，涵盖农村常见病、多发病诊断和处理，合理用药知识等重点，采取课堂教学、现场教学和临床实践相结合的方式进行。专家授课费、场租费以及学员住宿费、伙食费、交通费共计22万余元全部由农发行承担。培训有效提高锦屏县乡村医生业务技术水平和乡村医生队伍整体素质，增强村卫生室基本医疗、预防保健能力，满足农村医疗卫生需求。

江西南丰：

直播种橘有新招

南丰县素有"龟鳖之乡""蜜橘之都"的美誉。龟鳖养殖和蜜橘种植是其两大主导产业。

2019年，农发行南丰三人小组牵头举办龟鳖产业技术培训班，培训龟鳖习性、养殖场建设、病虫害防治等养殖技术，惠及产业经营主体及养殖大户100户，助推南丰龟鳖产业结构优化，助力打造南丰龟鳖百亿产业。

蜜橘种植夏季管理是否到位，在很大程度上影响着秋季蜜橘的收成。多年来橘农沿用传统方法种植，夏季管理难题长期影响蜜橘收成。受新冠肺炎疫情影响，现场培训难以推开，2020年5月，农发行江西省分行会同农发行南丰三人小组，特邀中国农业科学院柑橘研究所专家彭良志，为南丰农村蜜橘种植户进行视频直播授课。直播前，南丰三人小组通过微信、广播广泛动员172个村党支部，发动橘农加入学习。

直播间里，彭良志教授针对夏季橘园管理难题，重点讲授土壤及水肥管理、控夏梢与修剪、花果管理、防日灼、病虫害防控等内容。直播互动火爆异常，在线参训橘农由最初预计3000名陡然激增至13900人。860余名乡镇村干部、860余名致富能手、1720位报名橘农和10460多位通过分享链接参加的橘农挤满了直播间。不少橘农还纷纷在直播平台上"点赞""打赏"表达对彭良志教授的感谢。直播课程结束，仍有21600人回放学习授课内容。

【傅慎言曰】

智志双扶是农发行倾情做好定点扶贫的自觉行动。农发行定点帮扶，定在点上，帮在难处，扶在关键。定点扶贫县贫困人口实现脱贫致富，急需"强心健脑"，授之以渔。农发行融智帮扶，无论是培训教师，拓宽育人视野，还是培训干部，拓展管理思维，或是培训能力，拓进发展动力，都必须精准聚焦转变思想最为核心的一步，瞄准技能培训最为关键的一环，提振发展志气，激发奋斗精神，真正帮助贫困户身怀一技之长，推动广大农村劳动力从简单体力劳动向实用技术型劳动转变，拓宽农民增收致富路径，有效增强农户发展后劲和致富信心。

三、依托人才资源，激发内生动力

习近平总书记指出："脱贫是一项长期艰巨的任务，要有打持久战的思想准备。扶贫先要扶志，要从思想上淡化'贫困意识'。不要言必称贫，处处说贫。""加强扶贫同扶志、扶智相结合，让脱贫具有可持续的内生动力。"

脱贫攻坚归根结底是改变人的过程。贫困群体唯有从思想上树立创新求变、积极适应、努力发展的进取意识，才能有效激发主动性和积极性。改善贫困地区基层管理方式、激发贫困地区脱贫致富愿望、增强贫困地区发展内生动力，第一要务就是思想扶贫。

选派干部驻点帮扶，就是农发行对5个定点扶贫县实施思想扶贫的主要抓手。定点帮扶以来，农发行选派定点扶贫县挂职干部，有的担任驻村第一书记，有的挂任县委副书记，有的挂任县委常委、县政府副县长（含经济开发区党工委成员、副主任等），还有的挂任县委办、县政府办、扶贫办（现乡村振兴局）、农业农村局负责人。无论何种职级，无论什么岗位，这些挂职干部都始终牢记第一身份是共产党员，第一职责是为人民工作。他们或以参加县委县政府重要会议为契机，与地方党政一道不断更新发展理念、转变发展观念、理清发展思路；或以日常党政服务工作为抓手，推动具体项目落地、落细、落实，让广大地方干部职工亲眼目睹农发行干部工作能力、水平、作风，与地方优秀干部一道，用实际行动带动政风、民风逐步好转；或以致力于加强村级党组织建设、培养致富能力、发展乡村产业为抓手，认真履行第一书记职责，带动村庄组屯党心更加凝聚、民心更加靠拢，焕发出无限生机和蓬勃朝气。

（一）把智慧融入县域发展

定点扶贫县地处偏远、交通不便，经济发展滞后、收入水平不高，人才不愿来、来了留不住。长期缺乏懂金融、懂扶贫的专业干部，也缺少"想干事不会干"的基层干部。实施定点扶贫以来，农发行坚持问题导向与成效导向"双并重"、输血与造血"双结合"、发力与发展"双促进"，用好选派干部、互动交流、信息共享、平台搭建"组合拳"，打好服务定点扶贫县决战决胜脱贫攻坚"主动仗"，向定点扶贫县融入发展智慧，全力助推贫困地区、贫困群众协同发展意愿更加强烈、自我发展能力稳步提升、有效发展渠道更加多元，促进当地从党政到部门、从干部到群众、从致富能手到贫困农户，既富"口袋"更富"脑袋"。

2012年以来，农发行相继向定点扶贫县派驻挂职干部37人。无论是谁，无论在哪，无论担任什么职务，他们都扎根当地真帮实扶、躬身入局真蹲实驻，尽心竭力为定点扶贫县决战决胜脱贫攻坚贡献智慧和力量，真正做到了"站就站排头，干就干一流"。

走出去，试看山外新天地

吉林大安：

2018年3月，农发行大安三人小组成员杨德军率市扶贫办到马关县调研。学习扶贫经验做法，考察易地搬迁、危房改造、产业扶贫、教育扶贫、扶贫捐赠项目运营情况，与马关县扶贫局、水务局、交通局、住建局、农业局座谈交流，相互取长补短，进一步拓展脱贫攻坚工作思路，促进工作更加有效开展。

2018年8月，吉林省大安市副市长李兴会，农发行大安三人小组组长、挂职副市长胥怀云，大安市经济局局长包成林、粮商局局长王振辉、招商局局长梁延勇、扶贫办副主任杨德军等一行8人到山东山满国康洁环卫集团调研环卫工作，集团总裁高文奎参加调研。

胥怀云配合分管副市长到山东省昌邑市、威海市文登区等地实地考察，与当地党政、涉农企业交流磋商，努力引进发达地区优质企业到大安投资，推动当地产业发展。带领农业农村局负责人到北京平谷考察华都峪口禽业公司，商谈蛋种鸡养殖事宜，学习蛋种鸡育雏车间和蛋种鸡养殖园区建设经营管理经验。

2019年3月，胥怀云陪同大安市领导到山东鲁花集团考察，寻求与大安的花生油企业合作，意外得知鲁花集团正在开展米面市场业务，便主动邀请米面板块负责人到大安考察，安排企业寄送样品。在胥怀云的牵线搭桥下，2019年11月至2020年末，鲁花集团采购大安市裕丰粮贸有限公司大米超1400万元。

云南马关：

边疆马关，受历史因素影响，开发建设较其他地区都晚。当地百姓出行，不仅山高坡陡弯大，且大多为土路泥路，进家一身土，出门两脚泥。

农发行马关三人小组组长敖四林到任，越是深入乡镇村庄调研，越发觉得在马关县脱贫攻坚中，通村道路硬化问题迫在眉睫，底子薄、基础差、财力弱的马关，想要解决路的问题，非得下大决心不可。

要致富，先修路。

"动员千遍不如考察一次。"敖四林这么想，也这么干。他主动对接联系农发行其他4个定点扶贫县三人小组，与马关县委书记李献文一道，带着马关党政考察团先后到广西隆林、贵州锦屏、江西南丰等地考察交流。看到同为深度贫困县的广西隆林和贵州锦屏已经把水泥路和沥青路修到乡、到村、到组、到户，他们被深深地震撼了。

路修通到哪里，幸福就连通到哪里。

考察之行加深了马关党政干部对修通乡村硬化路的认识，也更加坚定了"脱贫攻坚，交通先行"的信心，确定把道路交通建设作为脱贫攻坚的全县大事、发展要事、民生首事来抓，不断完善农村路网体系建设。今天的马关，交通网络四通八达，路况面貌实现大变样，如同一条条通畅的动脉，加快了农村农民脱贫致富的步伐。

2018年8月，敖四林率队到山东省阳信县考察。阳信县委副书记、县长刘荗一、副县长张新国参加。考察团先后到山东广富畜产品有限公司、亿利源清真肉类有限公司以及高鸣林下种养专业合作社实地参观，详细了解肉牛产业发展状况以及金蝉养殖技术等，对阳信县肉牛产业发展链条、金蝉养殖等表示赞赏，认为依托自身优势积极发展特色产业的做法值得借鉴学习。希望双方在肉牛养殖等方面加强沟通交流，推动两地共同发展。

农发行马关三人小组牵头，组织马关县蜀丰食品公司、天驰牧业公司、鑫浩粮贸公司企业负责人赴江苏、广西参加农发行举办的致富带头人培训和经验交流会。马关县蜀丰食品公司副总经理姚冬玲在广西隆林致富带头人经验交流会上以《企农联姻 打好产业扶贫硬仗》为题，分享带动贫困户脱贫致富的经验。农发行党委宣传部将其编入全国致富带头人扶贫支农经典案例，在农发行系统内部和全国定点扶贫县宣传推广。

■ 2018年12月5日，农发行总行在广西隆林县举办定点扶贫县致富带头人经验交流会。马关三人小组和马关县蜀丰食品有限公司副总经理姚冬玲参加会议

"马关县蜀丰食品有限公司依照当地贫困特点，以传统农业为基础，建立养殖种植合作社，以批发配送为渠道，服务当地贫困地区中小学校，形成了'取于贫困户，用于贫困户'双向带动的'马关扶贫模式'。"农发行马关三人小组组长，县委常委、副县长敖四林说。

马关县蜀丰食品有限公司成立于2015年，集畜禽养殖、果蔬种植、销售、加工、配送于一体。姚冬玲说："在各级政府和农发行领导的大力支持下，特别是农发行三人小组，利用周末对扶贫企业开展调研和服务，积极为企业出主意想办法，排忧解难。充分肯定我们把企业发展和农民脱贫致富紧密结合起来，以公司+合作社+基地+农户的产业化扶贫养殖模式，社员按照'1个家庭就是1个年收入6万元以上的农场'的增收模式，发展蔬菜种植和生猪、土鸡养殖，鼓励我们走一条企业发展、农民增收，农发行做后盾的多赢发展道路。"

■农发行马关县支行300万元信贷支持马关县蜀丰食品有限公司生产经营情况

蜀丰中天养殖专业合作社2017年9月在小坝子镇成立。小坝子镇地处马关县南部边缘，境内山高坡陡、河多谷深，区位相对偏僻，人均耕地面积极少且较为贫瘠，农业生产条件极为恶劣，"靠天吃饭，靠雨灌溉"是常情。"做一方生意，造福一方百姓"，公司建立"企业＋基地＋合作社＋农户"的产加销模式，带动合作社社员300多户，其中贫困户230余户，带动产业主要有种植蔬菜600余亩、生态养鸡32000只、生猪养殖300余头。2017年免费赠送群众优质菜种500余包及薄膜，2017年8月至9月免费发放脱温鸡苗①12200只，带动当地农户增收近130万元。姚冬玲说："刚开始很多老百姓不相信。大部分群众在观望，但贫困户杨洪德就是敢于吃螃蟹的人。他抱着试一试的心态养了几十只鸡，种了2亩地的小铁头菜，公司上门收购时第一批农产品的利润竟有8000元。2018年他加大了养殖、种植数量。目前已经销售肥猪20头、卷心菜两批，收益15000余元。在社员大会上，杨洪德信心满满地讲述下一步养30~40头猪、1000只鸡、5亩蔬菜的计划，他相信用不了多久不但能脱贫，还能过上富裕的生活。"

贵州锦屏：
农发行锦屏三人小组组长杨端明对接农发行连云港市分行，于2017年4月、5月分2

———————————
① 脱温鸡苗：已在养鸡场育雏鸡舍保温室中培育15~20天无须再进行保温培育的雏鸡。

期联合灌云、锦屏两县教育局举办实地观摩学习，选派锦屏县47名贫困山区小学教师到江苏省灌云县实验小学等学校实地考察，从学科教学到课堂教学，从教学研究到学校管理，从校园文化到信念教育，多个方面学习先进教育教学理念方法，推动锦屏基础教育能力水平有效提升。

"通过考察学习，入点看、亲耳听，面对面交流，考察区校校有特色、管理规范质量高，我们深切感受到东西部教育的差距。"锦屏县敦寨小学教师龙运干说，"实地考察受训，与以往的网络培训、专家讲座等培训方式不同，我们受到的触动更大，得到实实在在的收获，效果很好。我们要把学到的先进管理经验、教育技能带到家乡，结合我们的校园特色，努力提升教育教学水平。"

江西南丰：

农发行南丰三人小组组长张维胜、南丰县委副书记刘海涛、南丰县支行行长刘宇新，与农发行江西省分行创新处、人力资源处，南丰县发改委、扶贫移民局、招商局人员，于2017年3月8日至10日赴福建省安溪县考察学习。考察组一行与当地党政和农发行深入交流，全面介绍南丰县资源优势、产业发展状况和相关需求，讨论农发行福建省分行协作帮扶南丰县脱贫攻坚和振兴发展方案，与安溪县人民政府深入沟通友好合作框架协议，为签订合作协议奠定基础。

引进来，注入本地新血液

吉林大安：

何录、胥怀云相继挂任大安市政府副市长，协助分管副市长负责金融扶贫和招商引资工作。把握出席市委常委扩大会和市政府党组会、常务会、办公会等契机，竭忠尽智为大安脱贫攻坚出谋划策。参与制定大安市《扶贫资金整合管理办法》《扶贫贷款贴息管理办法》等。《扶贫贷款贴息管理办法》获得当地各家金融机构、扶贫企业和贫困农户高度认可，吸引同行调研和学习。何录主动到国家部委和省厅局联系扶贫资金和政策。重点围绕支持产业扶贫和基础设施扶贫，梳理了"十三五"时期大安市脱贫攻坚最为迫切的金融需求。参与制订农发行支持大安市脱贫攻坚金融服务方案。积极联系农业科研单位对农户遇到的种植、养殖、农畜产品加工等问题进行培训答疑。帮助解决当地农牧业生产遇到的技术问题。参与制定村屯建设规划，改善贫困农村生产、生活条件，解决农产品运输、销售难题。制订《大安市使用财政资金（扶贫发展资金）扶持贫困户脱贫实施方案》，为贫困户发展蔬菜大棚每栋补贴12000元。全市贫困户发展大棚4028栋，每栋大棚实现年收益5000元左右，主要种植黄菇娘和西甜瓜等经济作物，带动贫困户3886户。胥怀云与两位市级领导一起包保太山镇脱贫攻坚工作，定点包保太山镇地窝卜村，经常入村督导，帮助解决重点、难点问题，安排农发行捐赠资金帮助完善太山镇地窝卜村基层党组织教育培训设施，帮助地窝卜村发展壮大集体经济，带领农发行大安三人小组参加村屯环境整治。入户走访贫困户100多家，核查贫困户资料信息，巡视检查反馈问题整改落实情况。安排农发行捐赠结余资金帮助火灾烧毁房屋的低保户、五保户徐桂文、夏云青修缮房屋。

杨德军、王冠洲相继挂任大安市扶贫办副主任。深入贫困村走访，主动了解全市住房、产业、教育、医疗等扶贫工作详情，借助银行从业经验在全市扶贫工作会议和市政府各项扶贫工作部署会、调度会、推进会上积极建言，协助做好金融扶贫工作。落实脱贫攻坚普查工作部署，主动承担普查协调联络，多次参加吉林省、白城市普查综合试点业务培训，研究起草《脱贫攻坚普查综合试点实施细则》，对普查涉及指标逐项梳理，做好培训，组织各乡镇村屯开展自查。普查工作组入驻大安后，全程参与集中检查，对检查中发现的问题认真核查督促整改。

郑宇、侯振宇相继挂任大安市农业农村局副局长。搜集整理《大安市农业局扶贫资料汇编》，参与研究制订《大安市农业局脱贫攻坚实施方案》等。参加吉林省产业扶贫现场交流培训班、吉林省区域农用品牌发布会，多次到农业局包保的新平安镇5个贫困村调研，督导农业局驻村扶贫工作，走访贫困户，了解生产生活情况。郑宇牵头制订的《大安市村容整治工程项目实施方案》因数据翔实准确，预算规范合理，项目布局科学，方案切实可行，不仅在大安本地顺利实施，还在白城市作为范本推广。大安市村容整治项目覆盖全市所有18个乡镇223个村（其中贫困村94个），修建村屯道路854.95千米、排水沟446.32千米，铺设路灯14389盏，人行道路硬化184.28万平方米，新设垃圾收集转运点9个，惠及贫困户1.99万户、3.74万人。

广西隆林：

融资为先，融智为上。

农发行隆林三人小组主动担任隆林县"经济总顾问"，帮助当地政府"把脉"地方经济，整合银政企各类资源，推动扶持政策落地落实，改善金融经济环境。

农发行隆林三人小组组长赵乐欣说："贫困地区'拔穷根'，需要提高金融意识，营造良好的金融环境、降低投融资成本，促进地方经济长期持续健康发展。"三人小组牵头组织金融论坛，促进政银关系更加密切。仅2017年，各家银行向隆林县投入信贷资金47.54亿元，同比增长7%，总体融资成本下降1%。

在改善金融环境、推动当地经济产业发展基础上，农发行广西区分行成立"农发行+企业+隆林扶贫开发攻坚战指挥部"的联合扶贫党支部，推进红色基础设施建设、红色产业带富和红色引擎驱动三大项目，开展农村产权抵押融资试点。引导建立风险补偿基金，优化隆林信用体系。选派2名年轻干部分别驻村担任"第一书记"和"美丽乡村专员"，驻村入户开展就地帮扶，组织区分行机关员工定点帮扶，对于因病致贫、生活特别困难的贫困户开展针对性帮扶。"贫困户眼角流露的幸福是我们内心莫大的欣慰。"那么村驻村第一书记曹亚楠，用质朴的语言道出基层扶贫干部的心声。

发展林下经济既能"锁住水土"，更能"鼓起钱袋"。2020年3月24日，农发行隆林三人小组帮助引入田东长江天成公司，到隆林县发展山茶油产业，与那烘村山茶油基地签订产业合作协议，投资2500万元收购山茶油籽1000吨，采用"基地+农户"模式，提供技术指导跟踪服务，合作社按约定保底收购，帮助农民增收。

贵州锦屏：

2012—2020年，农发行先后向贵州锦屏选派8名定点帮扶干部。他们中，杨端明挂任县委副书记，先后担任龙池村、罗丹村驻村第一书记，张林鹏、邓勇、潘贵平相继挂任副县长，秦小军任罗丹村驻村第一书记，唐鲲鹏挂任锦屏经济开发区副主任，周颖力、杨绍帆相继挂任金融办、政府办副主任。

八年多来，这支队伍团结一心，接续奋战。对接安排农发行专项党费256万元，帮助51个村实施基层党建阵地规范化建设，修缮党建扶贫示范村因灾受损、年久失修的阵地，为敦寨镇龙池村卫生室购置医疗器械，开展党员教育，更新党员教育设施，研发党员教育App，帮助锦屏县推动形成全民动员、全员参与的脱贫攻坚局面。三任挂职副县长均协助分管金融扶贫工作，高度重视接续培养金融人才，以挂职、交流、举办培训班等多种方式，帮助培训金融人才30余人次。指导推进平台公司实体化改革和国有企业改革，提升企业活力动力。指导重大项目规划，提升投融资工作水平。2017年10月17日正式开门营业至2020年，农发行锦屏县支行投放信贷资金12.67亿元，贷款余额18.42亿元，占全县金融机构企业贷款的59%，在全县7家金融机构中，以"成立时间最晚、信贷投放最多、支持力度最大"备受地方党政和社会各界赞誉。

八年多来，农发行出资帮助锦屏开展各类培训20余期，参训总计1852人次，其中党政干部508名、乡村教师62名、技术人员1282名。学员在培训中拓展视野，提升能力，在脱贫攻坚的舞台上大展身手、大有作为。学员中，罗丹村主任刘明祥积极带领村民实施果品改良提升工程，农发行投入75万元帮扶资金助力，让该村濒临淘汰的金秋梨"满血复活"，群众收入实现翻番，产业发展信心更足。东庄村主任朱发成带领群众种植金丝皇菊500余亩，农发行引进帮扶资金80万元援建烘干车间，在村内实现种植加工一体化，带动200余人就业。晓岸村党支部书记刘继钧带领群众种植吴茱萸120

亩，带动群众80余人就地就近就业。

立得住，完善脱贫新机制

吉林大安：

农发行大安三人小组会同市扶贫办探索建立防止返贫长效机制，着重研究巩固拓展脱贫攻坚成果方案，参与制定全市"十四五"发展规划和市、乡、村、户四个层面的精准扶贫规划，做到市有规划、乡镇有计划、村级有方案、农户有卡册。走访产业化龙头企业和农民专业合作社，调研合作社带动贫困户发展养殖、大棚种植蔬菜水果情况，了解合作社带动作用及成效，形成多个防止返贫具体带动模式，促进帮扶落实落地。

注重引导当地扶贫部门将实现脱贫和防止返贫一起抓，紧盯关键领域，全面重点监测，推动形成"防、帮、带"三位一体的防止返贫促进增收长效机制。制定《大安市防止返贫监测和帮扶机制实施细则》，明确标准和程序，确保将符合标准的脱贫不稳定户和边缘易致贫户纳入监测范围。推行监测预警机制，盯住收入陡降、患病致残和"两不愁三保障"等问题，实行红黄蓝三色预警，落实包保帮扶责任，及早采取帮扶措施，确保所有监测对象全部参合、参保，符合条件的全部纳入低保范围，切实发挥临时救助、农业保险等政策保障作用，降低返贫、致贫风险。推行"公司＋贫困户""合作社＋贫困户"模式，发展订单农业、品牌农业，带动366人依靠龙头企业、合作社实现增收。2020年，全市376户712人（脱贫监测户158户312人，边缘户218户400人）全部消除风险，实现清零。

为大安市防止返贫长效机制提供资金保障，三人小组整合农发行捐赠资金和大安市每年300万元扶贫开发资金，建立拟支持项目库，择优支持培育成熟的项目，促进有劳动能力的贫困户、脱贫监测户、边缘户实现就业。利用项目收益帮扶特困学生就学，保障重病重残户生产生活。自项目库建立以来，已选定红岗子乡晋元肉牛养殖和太山镇众诚采摘园连体大棚产业扶贫项目，累计投入资金350万元，按年收益6%计算，每年获项目收益21万元，由大安市扶贫办统筹用于帮扶特殊困难群体。

云南马关：

马关骏成公司2016年成立，那一年是农发行开展定点扶贫、增派挂职干部、成立三人小组的第一年。在此之前，农发行对马关的信贷支持主要依托文山州分行信贷客户组，组长周万书、组员铁泉。

2017年9月19日，位于马关县骏城路31号的农发行马关县支行正式开门营业，周万书、铁泉分任县支行行长、副行长。县支行与马关骏成公司在同一栋楼办公，二楼是马关骏成公司，三楼、四楼是农发行。五年来，马关骏成公司获得农发行信贷支持24亿元。"头顶就是农发行。农发行是我们的恩人呐！没有农发行，就没有我们公司今天的发展。"马关骏成公司董事长廖成荣感叹。

马关骏成公司成立之初只有10人。发展至今，公司旗下有实体公司5个，员工总数80余人，业务范围涵盖项目管理、工程施工、驾驶培训、车辆检测、商业贸易等。"公司筹建的时候，农发行来的岳喜军副县长就指导我们，一定要找准方向和定位，最好是作为实体公司来打造，以后才干得长久。"廖成荣说。公司成立后，围绕脱贫攻坚，马关县政府把门面、土地、物流中心、驾驶考试培训、车辆检测等有效资源和项目通过组合、划转、注入等方式，加快打造公司实体化进程，壮大公司发展实力。

"农发行的贷款帮助我们解决了道路、用水、生产用房等基础困难。我们与上海虹口区合作，通过引进上海的公司合作开展消费扶贫，把马关的农产品卖到上海去。"廖成荣介绍，马关负责生产和深加工，建立起"生产+加工+基地+合作社+农户"的模式，"解决农产品多了卖不出去、卖得不好的问题。2020年公司收入4500万元，纯自负盈亏"，廖成荣脸上笑容洋溢。

广西隆林：

农发行隆林三人小组组长、挂职副县长赵乐欣，协管金融保险工作。有着多年金融从业经历的他，深知农业是弱质产业，抵御风险能力差，一旦出现自然灾害、疫病等风险，农民往往血本无归。赵乐欣刚到任隆林就敏锐地发现，当地农业保险覆盖面窄，农民投保意愿不强，种养殖业缺乏有效风险保障。赵乐欣及时召集全县保险公司，分片为全县提供农业保险服务，引入市场竞争机制，根据农户评价反馈调整保险公司服务区域，保护农民利益，抵御种植、养殖疫病和灾害风险。非洲猪瘟来袭，全县生猪养殖大面积受灾。正是得益于农业保险的大面积推广，2019年保险理赔挽回养殖户经济损失1500万元，理赔金额相当于上年的10倍。

种桑养蚕是隆林县产业发展规划中的主导产业。这个产业的主要特点是劳动强度不高，但从桑树育苗种植、桑叶采收、桑蚕繁育到蚕茧收购全流程，都需要龙头企业进行技术指导和资源调配。农户对龙头企业依赖更为突出。无论是气候还是土壤，蛇场乡在发展桑蚕养殖产业方面都具有得天独厚的条件。赵乐欣与农发行广西区分行副行长蒋志强携手，协调引进广西隆林桂隆农业科技有限公司种桑养蚕项目落地隆林，联合广西大学新农村发展研究院、农学院、动物科学技术院等专家教授开展科技培训。乡村留守老人和妇女实现了在村里种桑、在家里养蚕。这样"家门口就业"的模式，推动全县种植桑田56400多亩，仅2019年桑蚕产业就实现总产值9000多万元，带动1470户贫困户增收。

"终于把30年的基础设施历史欠账还清了。"隆林县长杨科发出这样的感叹，源于农发行隆林三人小组建言献策，有效加快平台公司实体化打造进程。承担隆林重大建设任务，横扫基础设施"欠账"的隆林县华隆集团投资有限公司（以下简称隆林华隆公司），2007年1月成立时仅有7人，现有员工200余人，其中80余名为贫困户。公司董事长黄红岩原就职于隆林县财政局，后牵头组建隆林华隆公司。"当时我们测算了一下，县财政一下子拿出那么多钱进行投资建设是不可能的。我们隆林是广西全区的极度贫困县，本级财力最多只能保证正常运转，哪里还能多拿一分钱出来投资？真的很难。"黄红岩说，"成立之初公司作为县政府的融资平台，负责举债发展。后因政策调整，及时向实体化转型，这确实感谢赵乐欣常委，就是他呼吁县里面把优质资源注入公司，公司才发展壮大成今天这个样子。什么赚钱，我们就干什么。"公司现有施工队、搅拌站、水泥厂等多类业务，甚至在贵重金属交易方面还经营铝锭贸易。公司累计获得农发行贷款15.03亿元，占公司融资总额的87.74%。每每提及农发行，黄红岩就感慨："真是感谢农发行对我们县，特别是脱贫攻坚这几年来对我们重大基础设施的大力支持。"

贵州锦屏：

锦屏的杉木种植采伐曾为主导产业，一度有"千家木商聚锦屏"的盛况。后因生态环境保护，加上政策调整，采伐指标从严控制，当地经济发展式微，2014年建档立卡时贫困发生率达32.49%。

农发行定点帮扶锦屏县后，贵州省分行多次实地调研，与锦屏党政深入交流，共谋发展之策。面对锦屏发展缺乏支柱产业的状况，贵州省分行及时提出了"引进龙头企业，发展主导产业，延长产业链条，带动脱贫致富"的思路，成功促成引进南京亚狮龙集团到锦屏投资建厂，建成最大的羽毛球生产基地，带动上游生态鹅养殖发展成锦屏县养殖主导产业。

贵州省分行不仅出思路，出想法，还不遗余力牵线搭桥，帮助招商引资，协助引进浙江铁枫堂等9家实力雄厚、技术先进的公司落地锦屏，投入资金5750万元。特别是铁皮石斛种植加工产业，经过近三年培育，已经发展为锦屏"一种一养"主导产业之一，实现铁皮石斛种植1.33万亩，带动1350人就业，其中贫困户占比近1/4。

自2017年起，农发行不遗余力为优质客户、优秀企业落户定点扶贫县投资兴业牵线搭桥。2018年更是创新将招商对接会放在锦屏召开，来自全国各地的71家企业负责人参加会议，广西澳益农业发展有限公司等18家企业当场与锦屏县签订投资合作协议。南京亚狮龙、浙江铁枫堂等一批实力雄厚、技术先进的公司落地锦屏，投入资金5750万元。带动上游生态鹅养殖发展成锦屏县养殖主导产业。

2019年以来，更加注重精准招商、生态招商，节约招商成本，提升招商质效。针对锦屏县林区、林木资源优势，引进浙江铁枫堂生物科技股份有限公司来锦屏种植加工铁皮石斛，实现种植1.33万亩，带动1350人就业，其中贫困户325名，占比24.07%。2020年，农发行在引进企业的基础上，向全球最大的羽毛球生产商——亚狮龙发放流动资金贷款1000万元，推动其锦屏生产基地的月产能由15万打提升至30万打，直接带动200余人就业。锦屏三人小组接续对接联系浙江良友木业公司，以"远程联系、公司出资、就地安排"的异地就业方式，帮助11名残障人士就近就地就业。

江西南丰：
一群农发行人抢救一座古城。

江西省南丰县历史悠久，早在三国时期，吴国太平二年（公元257年），南丰县就有建制，当时隶属临川郡（今抚州市），有县级建制近1800年。南丰县明清古城（以下简称南丰古城）框架延续至今，有明清古城墙1630余米，明清古建筑200余栋[1]，保存了自唐代以来各朝各代的历史文化信息，有唐代寺庙、宋代壕沟、元代里坊、明代城墙、清代民宅、民国商铺等历史文物161处。

漫步青砖黛瓦的巷弄，福寿双全的瓦当、沉稳厚重的石础，俯仰皆是。缓步苔痕斑驳的老宅，梅兰竹菊的窗棂、雕花精美的木门，满目琳琅。然而，废旧戏台不知何时起已改作居民卧室，宽阔前厅里摇摇椅、学步车、电饭煲、烧水壶胡乱堆砌、布满灰尘，徒留画栋雕梁、檐牙高啄在无声诉说当日繁华。受"破四旧"浩劫，加上不法分子盗采古建古物，古城古貌已严重破坏。再有20世纪八九十年代当地部门在城内修建仓库，居民在城内修建住房等，古城风貌岌岌可危。

南丰县在商讨古城修复时没有形成统一意见。修复古城不是一年两年能够完成的，不是一亿两亿元资金能够完工的，面临着修复期长、资金量大的困难，古城修复陷入了两难境地。就在这个时候，农发行南丰县支行主动向县委县政府提出修复千年古城的融资方案，解决了困扰南丰县古城抢救"钱从哪里来"的难题。南丰县支行以8.5亿元棚户区改造贷款为突破口，推动征收仍在南丰古城居住的1683户群众房产，以货币补偿和产权置换方式安置，阻止古城被进一步破坏。尽管因政策调整提前归还4.5亿元，但积淀了"千岁贡品、千载非遗、千古才子、千秋古窑、千年古邑"的南丰，开启了明清古城的保护之旅。当前，古建筑群中的居民已经搬离十之八九，余下少数待安置房源建成即可完成搬迁。

---

[1] 摘自南丰县人民政府网站《南丰古城》。

（二）把智能融入乡村管理

乡村，一头连着城市，一头连着农民。

乡村两级在农村乃至整个国家经济社会发展中发挥着基础性作用，是党和政府联系人民群众的纽带。乡村管理能力强弱和治理水平高低直接关系最基本的发展、最基础的民生。

农发行选派定点扶贫县的挂职干部、三人小组、驻村第一书记紧紧依靠当地党政，依托长期深耕"三农"积累的经验，充分发挥懂农业、爱农村、爱农民的优势，包乡驻村与当地并肩作战，把管理乡村的智慧和能力传递到最基层，逐步形成"村级经济共谋、产业发展共育、民生实事共为、基础设施共建、困难群众共帮、难点问题共排"的工作局面，推动乡村管理上台阶、上水平，实现提质增效。

吉林大安：

农发行大安三人小组组长胥怀云，先后是太山镇、舍力镇的脱贫攻坚包保责任人。无论包保哪个乡镇，无论是在决战脱贫的攻坚期，还是在决胜脱贫的收官战，包保帮扶工作始终力度不减、频道不换、步子不乱。既与镇党委书记、镇长共同研究推广发展庭院经济模式，研究落实扶贫专项巡视"回头看"和扶贫考核等反馈问题整改措施，又深入全镇各个村屯实地督导未脱贫人口帮扶措施落实，与驻村工作队和村委会座谈，了解村内扶贫工作存在的重点和难点。从驻村第一书记到工作队员、从村干部到贫困户，从扶贫手册到收入情况，从住房饮水到教育医疗，在他身上从来看不到半点市领导的架子，却总是能体会到农发行扶贫人的新思路、新办法。

太山镇地窝卜村，是胥怀云2018—2019年的脱贫攻坚包保责任村。聊起第一次入村，"当时这些是没有的。"胥怀云指着村部门口的硬化庭院和党群中心四周的院墙说，"办公房也是很破旧。我一看，这不行啊！得解决。"农发行大安三人小组安排资金35万元，帮助建成村党群服务中心用房110平方米，硬化庭院。村委会办公室整修一新，党群服务中心"弘扬红船精神，争做时代先锋"十二个大字鲜红夺目，文化墙上记述着中国共产党发展历程。活动室里乒乓球桌、动感单车、跑步机、休息椅等村民活动设施一应俱全。村委会实行开放式办公，设置基层党建服务、政策法规咨询、社会事业管理、涉农技术指导、市乡巡回服务5个窗口，为村民提供一站式服务。难能可贵的是，配备室内冲水式卫生间，极大地方便了办事等候的村民。村党支部书记李峰说："村里这些像样的基础设施，都是农发行捐助资金修建的，村民们打心眼儿里感谢农发行！"

在吉林大安，农发行还投入捐赠资金帮助不少像地窝卜村这样的行政村建设基层党建阵地、修缮党员教育场所、配备教育培训设施。太山镇地窝卜村在工作汇报中对于农发行帮扶工作写着这样一段："胥怀云副市长多次放弃节假日回京探亲和休假，来我村与困难群众谈心交流，及时解决存在的问题和需求。多次会同我村包保部门、驻村工作队及村干部开展村屯环境整治，充分体现了包保单位党员干部对贫困人群的'家国情怀'。"

长久以来，生活垃圾处理一直是困扰乡村环境治理的一大难题。焚烧则污染空气，填埋又污染水土。"蓝天、碧水、净土"保卫战如何打，考验着各级党政管理的智慧和能力。吉林大安在这方面实行了"村收集、乡转运、县处理"的模式。

农发行大安三人小组2018年安排捐赠资金140万元，帮助环查干湖区域7个乡镇购买垃圾清运车和收集转运箱，拉开了农发行助推大安村屯环境治理的序幕。三年间，农发行大安三人小组安排捐赠资金3批共540万元，引进定向捐赠50万元，全部用于村屯环境治理。采购一批垃圾清运车、勾臂车、收集转运箱，覆盖全县18个乡镇223个行政村。其中240万元设施设备明确定向捐赠给四棵树乡、叉干镇等7个乡镇，产权归属当地乡镇政府。乡镇政府把这些设备出租给垃圾清运处理公司，公司支付租金充实乡镇财力，并约定由公司雇用所涉及行政村的贫困户从事垃圾清运工作，解决贫困劳动力就地就业问题。"非常感谢胥副市长，我们乡实行这种垃圾清运模式，不但没给乡镇增加财务负担，每年还能赚一万元租金，还增加了就业岗位！"四棵树乡长孟祥伟激动地说。

云南马关：

红砖砌成的墙体，抹上了姜黄色防水涂层，青黑色鳞次栉比的瓦片中，每个小楼上耸立着旗杆，高高飘扬着五星红旗。平坦的沥青路那头，连着参差错落的民居，掩映在苍松翠竹之间。

这里，是国境线上的边陲小寨罗家坪。

罗家坪，位于县城东南53千米外，是典型的山区村寨，属金厂镇金厂村。金厂镇与越南两省四县接壤，镇政府驻地距国境线仅1.5千米，坐落在著名的罗家坪大山脚下。这里是农发行马关三人小组组长，挂职县委常委、副县长敖四林的包保责任镇。

2007年8月，脱下穿了21年的戎装，火箭军正团级干部敖四林转业来到农发行。可他怎么也想不到，加入农发行14年之后，会再次来到边疆，胸怀热血，挥洒汗水，贡献智慧，继续守护和耕耘身后这片热土。2018年4月挂职扶贫到任后，敖四林坚持以马关为家、以帮扶为业、以脱贫为重，多次到金厂镇与镇党委班子吃住在一起，为决胜脱贫出思路、想办法。"这个地方啊，就是太安静。一到晚上，除了狗叫，别的声儿都没有。"在金厂镇政府门口，敖四林摇着头笑着说道。烈日当头，镇政府门前一条水泥路，看上去有些年头了，他指着这条路自豪地说："这是咱农发行前任三人小组组长岳喜军联系捐款修的。以前就是条泥巴路，一下雨啊，出门都不知道脚放哪儿。像今天

■ 云南马关边境小村——金厂箐脚村（旧貌）

■ 云南马关边境小村——金厂箐脚村（新颜）

这个太阳，车一过就飞尘滚滚，眼睛都睁不开。"

现如今，不仅金厂镇政府门前的大路一改容颜，就连进村入户的路，也用沥青铺得平坦整洁。"全村106户417人，都是苗族，村党支部党员10人。敖副县长来了以后，从支部管理到集体决策，从村容整治到习惯养成，都在教我们，带着我们一起干。"金厂村村民委员会"90后"副主任小陶说，"现在金厂村都是'小事有沟通，大事会上定'，村干部围着群众'转'，村两委班子真正形成了凝聚力和战斗力。"

走在罗家坪入户的沥青路上，一片垃圾、一个烟头都看不到，整洁得叫人惊叹。"曾经，我们这里脏乱差、人畜共居现象很严重。后来，我们实施了'兴边富民行动'和星级文明户评选，村党支部制定'门前三包'和卫生区域划分制度，定期打扫村内卫生，引导大家养成爱护环境、保持卫生的好习惯。"小陶主任介绍。全村现在煮饭用沼气，养畜喂生料，环境卫生明显改善。全村"十星级文明户"达到80%以上，先后获文山"州级民族团结示范村""州级文明村"等多项荣誉称号。不仅如此，罗家坪还依托帮扶资源建立了刺绣扶贫车间。"车间建在家门口，打工不再往外走。顾家守边两不误，幸福生活人人有。"车间大门旁，木板为底，隶书刻成，涂以绿漆的小诗，道出了边疆人民的心声。村史展览馆里，"苗家齐心协力支前，官兵英勇保家卫国"的对联苍劲有力。村口"扎根边疆、心向中央"八个大字，在金色党徽下更加夺目。一个经济社会稳步发展、民族团结边疆稳定、人民群众安居乐业的金厂镇，正以华丽的身姿展现在世人面前。

广西隆林：

农发行广西区分行定点帮扶的隆林县那么村，全村共有党员32名。广西区分行扶贫业务处副处长、那么村驻村第一书记曹亚楠到任后，从严开展党建工作，严格落实"三会一课"，坚持以党建统领全村经济发展，发挥党员在创业致富、政策执行、发挥表率等多方面的带头作用，积极引导村内年轻同志向组织靠拢，努力打造一个坚强有力的党组织。如今，那么村已成为隆林县党建示范点，被广西壮族自治区组织部认定为"三星级党组织"。"2020年春节前夕，我们村组织村干部对全村困难党员、退役军人、贫困大学生家庭、五保户家庭共计20户开展慰问工作，组织开展党建促脱贫文艺汇演，300多人参加，还在广西新闻网报道了咧！"曹亚楠自豪地说。

贵州锦屏：

农发行锦屏三人小组组长、驻罗丹村第一书记秦小军到任后，明显感到罗丹村党员干部年龄偏大，党支部凝聚力不强，村级活动场所陈旧，办公设备落后，大家信心干劲普遍不足。秦小军面对罗丹村状况，明确提出抓党建促扶贫、强党建促发展的理念。建好班子、带好队伍、树好风尚，这是秦小军给罗丹村党支部的一件"法宝"。他和党支部从支部建设入手，规范开展党组织学习，党建制度上墙，多次与党员干部交心谈心，让学习意识入心入脑。

通过思想整顿、作风整治和制度建设，村办党支部凝聚力、向心力和战斗力显著增强，全村党员的积极性明显提高，党支部和党员带领村民致富的劲头更足。

秦小军带领党支部，依托村级背景农民专业合作社，采取"党建+合作社+农户"的模式，按照循环经济、绿色发展、种植养殖同步的思路，极力倡导并协助成立罗丹农发种养殖农民专业合作社，发展肉牛养殖产业。在罗丹村新建的肉牛养殖场，建有标准化牛舍、贮藏库、打料库各1座，配备消毒室、办公和生活用房。依托农发行客户资源，动员黄平县农博翔肉牛养殖场发挥技术优势，在圈舍建造、饲养技术、卫生防疫、人员培训、粪便发酵方面提供大力支持。合作社养牛场向农户收购饲草或以草换粪，同时为全村群众提供有机牛粪增加土地肥力，反哺果蔬产业。通过"村集体+合作社+农户"的方式，与农户建立利益联结，覆盖全村56户脱贫户、138户农户。罗丹村正在通过规模化、集约化、标准化养殖肉牛，走出绿色循环发展的路子，逐步让群众生活富起来、"牛"起来。

江西南丰：
南丰县中和村曾是省级贫困村，也是农发行抚州市分行的挂点帮扶村。

农发行抚州市分行派员参加驻村工作队进行定点帮扶。市分行多次到中和村调研，帮助村庄发展管理想法子、寻路子、找门子，与村党支部共同探索了一条"支部指路、党建引路、党员带路、产业铺路、政策护路"的精准脱贫路径，携手当地干部群众，利用环境优势，积极支持南丰甲鱼养殖业，采取"公司+基地+农户"的模式，组建新型农业经营主体，实施生态家园养殖，发展地方特色产业。

中和村是原乡政府所在地，原来乡政府所用资产划归村里后，通过回收、装修、出租的方式，盘活电影院、仓库等国有资产，壮大村集体经济。改造老旧用房建设村史展览馆，展现村庄发展历程，凝聚全体村民向心力。如今的中和村，水泥路直通村民家门口，居民楼整齐划一，休闲广场干净宽敞，商贸店铺随处可见，广场舞等群众文化生活丰富多彩，中和村百姓的幸福溢于言表，彻底告别了"白天打工、晚上打牌"的旧生活，这个昔日落后贫穷的小山村发生了喜人嬗变。

（三）把智力融入农民增收
发展乡村产业才能引导要素回流，农民就地就业才能激发村庄活力。农发行不断深化定点扶贫"四融一体"机制，借助银政互派干部挂职平台，畅通政、银、企、村多方信息交流渠道，逐步将现代工业发展的服务理念导入"三农"，推进资金使用集约化、农业生产规模化、流程管控标准化、加工销售一体化，纵向延长产业链条，横向拓展产业形态，助力农业农村因时而治、顺势而为，加快乡村产业发展，探索了"企业捐赠＋财政补贴＋合作社带动"的庭院经济，合作社发展引带等方式，为农民增收提供实实在在的智力支持。

庭院种植：

农发行大安三人小组在全面了解当地气候、土壤墒情、土地肥力等情况基础上，调研收集农户普遍种植意愿、种植经验，培育具备示范带动作用且具备一定实力的本土农民种植专业合作社。合作社对接市场，坚持市场需求导向和种植收益导向，确定推广种植品种，实施前期育苗。合作社向农户提供幼苗并签订包销协议，乡镇根据财力设定标准按照种植面积逐户给予补贴，组织农户利用房前屋后庭院实施种植，按"统一种植品种、统一生产标准、统一技术指导、统一产品质量、统一产品销售"的"五统一"模式生产。购苗款以"农户自筹＋企业补助"方式按一定比例（如采取"1：4""1：3""1：2"逐年渐退方式）支付合作社。作物产出后，市价高于合作社协议收购价时，农户可到市场上自主出售；市价低于合作社协议收购价时，由合作社负责按协议价实施"托市收购"，保障种植农户利益。

■ 吉林大安三人小组赴农发行捐赠的产业扶贫项目了解棚膜种植情况

2020年，吉林省大安市舍力镇组织村民（其中，贫困户982户，占全村贫困户数的71.63%）发展庭院经济种植红辣椒，以单户种植面积不低于100平方米为基准，按"每平方米贫困户3元、非贫困常住农户1元、最高不超400平方米"标准，对种植农户进行补贴。同时，经由农发行大安三人小组对接，引进企业捐赠30万元，按"每平方米种植9株、每株补助0.1元"标准支付合作社辣椒苗款。农户按每株0.05元的价格向合作社支付苗款。舍力镇组织大安市向阳农民种植专业合作社、大安市曲才种植农民专业合作社与全镇种植农户签订辣椒种苗供应及成品红辣椒订单回收合同，实施保底价回收，实现户均增收不低于2000元。该模式因投资小、见效快、风险低等特点，受到贫困户广泛认可，从2017年的1263户贫困户种植48.2万平方米发展到2020年的1300户（贫困户1166户，占比89.69%）共计种植74万平方米，涵盖红辣椒、大葱、马铃薯、油葵等经济作物，因村制宜、因户施策依靠小庭院闯出了一条致富路。

在舍力镇庆生村，73岁的曲万海利用庭院种植辣椒400平方米，因其种植经验多、辣椒产量高、成品卖相好，干辣椒卖出了每斤6元高价，收入6700元，自筹成本仅为90元购苗款。同村的辣椒种植技术员王德春，50多岁，2019年利用庭院1000平方米种植辣椒净挣1.5万元，坦言："村里人都知道，我买了个'小四轮'，还剩2000多元。"

在太山镇地窝卜村，70多岁的老党员、贫困户陆志，2016年通过实施危房改造解决了住房安全问题，但受年龄老、希望小、劳力弱等因素限制，无论是农业生产、村务工作，还是村内公益事业、义务劳动，积极性一直不高。太山镇实施庭院经济后，陆志抱着"试一试"的心态，在自家院内种植红辣椒400平方米，向合作社出售获700余元，在市场上出售又获700余元，加上太山镇"每400平方米补贴1000元"，总计收入近2500元。自此，精神面貌焕然一新，虽然年老但干劲十足，还经常到村部询问"有没有什么（义务劳动）我可以做的呀？我是党员，要带头示范嘛"。

在丰收镇现已尝试通过庭院经济种植万寿菊，依托0.4元每斤鲜花的订单收购保障，推广种植36万平方米，每平方米预计可采7斤，种植300平方米一年可收500元左右。加上丰收镇给予的庭院经济补贴（每平方米贫困户2元、非贫困户1元，上限1000元），当地农户增收在望。

肉驴养殖：

农发行大安三人小组结合县情实际，鼓励农民以合作社方式发展特色养殖产业，带动贫困户增收。

"当时村里说了，农发行捐助的这个钱，不白给，要资助带动贫困户。"新富村广发农民专业合作社（以下简称广发合作社）理事长宋玉发说，"成立合作社就是要带领大伙脱贫致富。"

2018年，宋玉发与同村几个人打算成立养驴合作社，资金投入300多万元。正在建棚舍的时候，农发行安排捐赠资金52万元至大安市丰收镇新富村，新富村将该笔资金注入广发合作社。合作社与新富村签订帮扶协议，按照注入资金8%的比例，每年向全村81户贫困户每户分红520元。

"今年能出栏60头左右。现在生驴卖23元每斤，最重可达800多斤一头，至少可卖18400元。刨去成本，每头驴有5000至6000元的纯收入。"站在90亩地的养殖场里，宋玉发黝黑朴实的脸上写满了笑容，充满着期盼。

棚室种植：

棚室种植是设施农业的重要组成部分，也是平原地区提高耕地单位产出率的重要方式。

2017年，农发行大安三人小组划拨农发行专项党费40万元给太山镇地窝卜村。村里用这笔资金在大安市徐氏众诚采摘园（以下简称众诚采摘园）修建果蔬种植冷棚①5座、暖棚②1座，出租给众诚采摘园，大棚所有权归地窝卜村集体所有。众诚采摘园每年按投入资金10%的比例，向地窝卜村缴纳租金。地窝卜村用收益发展壮大村集体经济，同时会同村集体其他收益，根据贫困程度不同，分别给予三星、二星、一星贫困户每年421元、260元、150元补助。

农发行大安三人小组于2020年安排捐赠资金200万元给太山镇，鼓励太山镇通过发展棚室经济、壮大棚室经济规模，形成稳定收益，建立起对贫困群众的长效帮扶机制。太山镇用这笔资金，在众诚采摘园修建1座连体大棚，所有权归太山镇。众诚采摘园每年按投入资金6%的比例将收益汇至大安市扶贫兜底账户，由市扶贫办会同农发行大安三人小组确定资金帮扶用途。

2020年，众诚采摘园流转太山镇土地建成各类果蔬种植大棚123座，主要种植车厘子、草莓、水果番茄、黄菇娘③等水果以及各类应季蔬菜。采摘园负责人徐彬说，车厘子单价较高，每斤售价不低于60元，采取顾客现场采摘体验或送货上门的方式在当地销售，通过网络销往北京、南昌等地。采摘园年产值达400多万元。雇用当地农户进行果蔬采收，平均每人每天130元。

---

① 冷棚：普通塑料大棚，一种简易实用的保护地栽培设施，利用竹木、钢材等材料，搭成拱形棚，覆盖塑料薄膜，供栽培蔬菜，能够提早或延迟供应，提高单位面积产量，有利于防御自然灾害，特别是北方地区能在早春和晚秋淡季供应鲜嫩蔬菜。

② 暖棚：节能日光温室，相对于冷棚而言，在室内不加热，即使在最寒冷的季节也只依靠太阳光来维持室内一定的温度，以满足蔬菜作物生长的需要。

③ 黄菇娘：一种水果，酸浆果，又名灯笼草、锦灯笼、铃儿草，茄科植物酸浆的果实，具有清热解毒、利咽化痰作用。

肉鸡养殖：

"农发行帮我们引进了先进企业，企业提供技术和设备，我们养殖的仔鸡成熟后，每只可以挣3~6元，每年可以量产3万多只，还可以带动村民入股，搞活咱们村的集体经济。"罗金龙这个皮肤黝黑的年轻小伙，笑容腼腆，但说起养鸡场的兴办，滔滔不绝。罗金龙原来就是那么村小有名气的养蚕能手，如今又成了带资入股兴办养鸡场的致富带头人。

起初，罗金龙兴办养鸡场也心存疑虑，他把这个想法说给了农发行广西区分行来的驻村第一书记何定刚。何定刚鼓励他说："你头脑灵活，还肯干认干。咱们村这么穷的原因，就是缺你这种敢想能干的人。咱们村要想脱贫，老百姓要致富，必须击破'老守田园'的保守思想，探探一些新的路子。我看，兴办养鸡场，你就带这个头，先做这个事，给大家做出样子来。"

罗金龙、李丽分别出资10万元，办起了养鸡场。为了给全村树起一个创业标杆，带动全村老百姓转好思想弯子，走好致富路子，同样来自农发行广西区分行，接任何定刚的第一书记曹亚楠，2018年组织村委开会研究，同意村集体出资20万元，一起建成鸡棚2000多平方米。所养肉鸡由广西富凤农牧集团有限公司提供鸡苗、防疫、技术并负责保底收购，每年分两批养肉鸡5万羽，实现利润约20万元。养鸡场按照村集体出资额，每年以8%收益率分红给村集体，为村集体经济持续稳定壮大找到了源头活水。自2019年起，养鸡场以100元/天的价格支付给务工的贫困户，每年支付劳务费2万元以上。

品牌经营：

穿着一身壮族服，手拿一沓宣传单，不停向客人介绍"我们村的九十九堡大米"——不知道的还以为他是村民，其实他是隆林县委宣传部派驻介廷乡岩怀村的第一书记罗明考。

岩怀村可谓是"鱼米之乡"，当地水资源丰富、气候条件和生态环境好，所产大米在隆林已小有名气，此外村庄还地处西隆八景之一的九十九堡山脚下，于是罗明考便萌生发展水稻产业，打造生态品牌的思路。

2016年9月中国—东盟博览会在南宁召开。罗明考现场煮饭、吆喝，喷香的米饭"香"倒不少观众和客商，带去的1000斤生态米销售一空。规模种植、精致包装、电商销售，如今"九十九堡大米"渐成品牌，各地订单雪片般飞来，种了一辈子田的农民总算"享了大米的福"，陆续走上脱贫致富之路。

农发行隆林三人小组组长赵乐欣听说后，主动找到罗明考，耐心地说："你的视野还应该再扩大一点，不要光想着你所驻的岩怀村，还要把全县贫困村的农产品组织起来，走统一运作、统一经营、统一销售的路子，实行品牌化经营，才能扩大帮扶的成效。"

出思路、想办法、拓销路，为了壮大扶贫产业，隆林三人小组协助罗明考成立了隆林九十九堡高山生态种植专业合作社（以下简称九十九堡种植合作社）。

"我们主要是想通过合作社的带动作用，把贫困户组织起来，一起发展产业，所以今后我们要多跟群众宣传扶贫政策和加入合作社的好处，让他们有更好的发展路子。"罗明考说，"我们成立的这个脱贫产业基地，包括九十九堡种植合作社和岩怀村林下生态养殖合作社，主要发展乌骨鸡、清水鸭和黑猪养殖，还有生态米、绿色蔬菜种植。还通过一个酒厂带动种养殖业，大米酿酒，酒渣喂鸡养鸭，再用鸡鸭粪便种植生态米和绿色生态蔬菜，生态养殖和生态种植有机结合，形成循环产业发展模式。"

有了好产品，还要卖出好价钱，群众才有更多收益。隆林三人小组还帮助九十九堡种植合作社顺利入驻隆林电商平台"农发易购"，形成了以"公司＋合作社＋基地＋农户＋连锁店＋电商平台"的发展新模式。

【傅慎言曰】

"穷则思变，差则思勤。"帮助贫困户脱真贫、真脱贫，稳定脱贫不返贫，思想扶贫势必先行。"鱼渔兼受，智志双扶"才是治本之策。帮助贫困群众从思想深处、意识根源彻底铲除"等靠要"，才能提振起艰苦奋斗、自主创业的精气神。"勤劳致富"的意识立住了，自主脱贫的观念才坚定，脱贫致富的办法、筑梦圆梦的干劲才充足。

在定点扶贫的"责任田"里，农发行充分发挥派驻干部的力量，持之以恒向融智领域发力。给思路，给招数，给鼓舞，用一年年接续的奋斗、一个个鲜活的例子、一份份纯挚的感情，让贫困群众在家门口看到希望和未来，在吹糠见米的实践里提振干劲，引领贫困群众看准远方的灯、看清脚下的路、看到眼前的光，彻底转变"不敢脱贫、不愿脱贫、不肯脱贫"的思想，破除贫困天生的"天命"观念，扭转安于贫困的"认命"态度，激起千千万万贫困户誓以双手勤运作、敢教日月换新天的"改命"斗志和发展激情。

崭新的时代，奋进的征程。五万多农发行人心手相率，在定点扶贫县的"责任田"里深埋一粒粒勤劳脱贫、发展致富的种子，身先士卒做给大家看，躬身入局带着大家干，用"春种一粒粟，秋收万颗子"的殷切期待润泽曾经"宁愿苦熬、不愿苦干"的心田。唤起民众千千万，坚定信心跟着干。圆梦康庄同携手，脱贫决胜战犹酣。欣闻千城同摘帽，乐见攻坚喜收官。谁怜妻儿隔千里？但留愧疚寄家山。"功成不必在我，功成必定有我"，这就是农发行国之重器的胸怀，也是农发行人全心为民的情怀。

融商助阵篇

无农不稳，无工不富，无商不活。

贫困地区经济社会要发展，三次产业同心发力，才能够活一方经济，富一方百姓。脱贫攻坚期间，农发行充分发挥政策、信贷、客户、信息、人力五大优势资源，在定点扶贫县探索了一条总、省、市、县联动，前台、中台、后台协作，系统内外配合的融商助阵之路。

一、搭台唱戏，银政企和鸣合奏

（一）总行招商会议

2017年4月13日至14日，农发行助推定点扶贫县脱贫攻坚对接推进会在京召开。时任董事长解学智出席并致开幕词，国务院扶贫办副主任洪天云出席并讲话，农发行时任行长祝树民主持并总结。定点扶贫县、对口支援县及东部地区友好合作帮扶县的党政领导、企业代表共同参加。

这场对接推进会本着自愿、互惠、互利原则，搭建合作帮扶平台，推进社会捐赠、产业对接、东西部协作，引导各方力量凝聚共识，将东部地区资金、技术、经验优势与西部地区资源、环境、生态优势精准对接，建立多层次、多形式、全方位扶贫协作关系，开创优势互补、长期合作、双赢甚至多赢的良好局面。会议期间，农发行及部分企业向定点扶贫县捐赠了扶贫资金，举行了东部省份区县与定点扶贫县友好合作帮扶签约仪式及定点扶贫县干部帮扶培训签约仪式，实施了农发行战略合作客户、优质产业化龙头企业客户和定点扶贫县的产业对接，召开农发行专项政策讲解及经验介绍会。

农发行首个定点扶贫县脱贫攻坚对接推进会，史无前例，成果丰硕。一是拓展东西部协作范围。协调促成深圳市罗湖区、江苏省海安县、杭州市富阳区、福建省安溪县、山东省昌邑市、威海市文登区6个区县与5个定点扶贫县开展协作帮扶。二是深入对接产业发展需求。发动战略合作客户和优质产业化龙头企业积极参会。5个定点扶贫县借此宣介当地资源禀赋、产业状况、发展需求等，进一步深化拟投资企业对定点扶贫县的了解。山东布恩农牧科技集团等20家企业与定点扶贫县现场达成合作意向，签订合作协议。三是建立干部培训帮扶机制。联合苏州农村干部学院启动干部培训工程，每年开展多期培训班直至决胜脱贫攻坚。投入真金白银培训定点扶贫县的县乡村各级干部，储备决战决胜脱贫攻坚人力资源。四是带头募集捐赠资金。计划在脱贫攻坚期间每年向5个定点扶贫县捐赠950万元。

（二）定点扶贫县招商会议

一枝独秀不是春，万花齐放春满园。

有了2017年首次推进会的良好开局，农发行融商助力脱贫攻坚多点开花，携手企业到定点扶贫县百花齐放。2018年，农发行扶贫金融事业部牵头，探索将推进会直接开到定点扶贫县。在五市县分别由总行牵头召开会议，这本身就是一大壮举。这种形式的现场会，投资企业更加直接、深入地了解贫困现状，更加直观地了解定点扶贫县资源禀赋，促进投资方向更加精准。

农发行携手地方党政，共同举办如此新规例、大规模、高规格的会议，让投资企业现场感受农发行全行全力全程助推决战决胜脱贫攻坚的决心与信心，激发了企业的社会责任感，更加有效地凝聚起共同扶贫的磅礴力量。农发行从上到下不辞辛苦、部门机构精诚协作的融商之举，进一步激发了定点扶贫县干部群众敢闯新路的勇气、敢换新天的胆气、誓拔穷根的锐气，党政同德、干群同心、政银企同行的局面更加稳固而生动。

招商引资百花齐放

吉林大安、贵州锦屏、广西隆林相继于9月26日、27日、28日，分别召开农发行助推定点扶贫县脱贫攻坚招商引资对接会。农发行准备周全，筹备精心，精挑细选客户资源，有效对接地方需求。当地政府倾力支持。农发行搭建的政企对接的平台，向来访客商充分展示了地方特色和潜在商机。

在吉林大安对接会上，农发行党委委员、副行长孙兰生在致辞中指出，作为我国唯一的农业政策性银行，农发行认真贯彻落实中央坚决打赢脱贫攻坚战战略部署，坚持以服务脱贫攻坚工作统揽全局，按照精准扶贫、精准脱贫的要求，构建全行、全力、全程扶贫工作格局。农发行帮扶吉林大安，迄今已有十六个年头。党中央开展新一轮定点扶贫工作以来，农发行认真履行中央单位定点帮扶主体责任，把定点扶贫作为全行脱贫攻坚的重要窗口和标志，聚焦系统优势、客户资源，建立了"融资+融商+融智"的工作机制，瞄准"两不愁三保障"目标任务，全力支持大安脱贫攻坚。近年来，累计审批和投放各类贷款120亿元，支持收购粮食80亿公斤，占大安当地粮食产量的85%以上，积极支持棚户区改造、农业农村基础设施建设、贫困村提升工程和涉农产业的发展，农发行每年在大安的贷款累放额居各家金融机构之首，贷款余额占比超过全市的三分之一。十六年来，总行先后派出8位处级干部在大安市政府挂职，"一棒接一棒"地配合做好扶贫帮扶工作。2016年，总行建立了定点扶贫县三人扶贫小组制度，进一步完善了总行统筹、省行协作、县行与挂职干部落实的"三级机构+三人小组"的帮扶组织体系。近三年，农发行累计向大安捐赠资金650万元，用于改造基层党组织活动场所、改善贫困户居住环境和进行部分村镇的基础设施建设，以及资助建档立卡家庭的贫困学生。在脱贫攻坚进入啃硬骨头的关键时期，农发行召开产业扶贫招

■ 2018年9月27日，中国农业发展银行成功举办助推隆林各族自治县产业扶贫招商引资对接会。会上，农发行为隆林县捐赠资金200万元

■ 2018年10月，中国农业发展银行助推隆林各族自治县产业扶贫招商引资对接会项目签约仪式

商引资对接会，以更精准的措施和对接，广聚社会合力，助推大安脱贫攻坚。农发行将认真贯彻习近平总书记关于脱贫攻坚的重要指示精神，进一步发挥政策性银行的桥梁纽带作用，汇聚政府、企业、银行以及社会各界脱贫攻坚的合力，全力以赴助推大安市打赢打好脱贫攻坚战，如期实现脱贫摘帽目标。

在贵州锦屏的会议上，农发行时任党委委员、副行长、扶贫金融事业部常务副总裁鲍建安指出，农发行作为我国唯一的农业政策性银行，坚决贯彻落实党中央、国务院脱贫攻坚决策部署，秉承家国情怀，强化责任担当，以服务脱贫攻坚统揽支农全局，着力构建全行全力全程扶贫的工作格局。定点扶贫县是农发行服务脱贫攻坚的"责任田"，是服务脱贫攻坚的窗口和标志。农发行始终将定点扶贫作为重大政治任务，集中发挥行业、系统、政策、客户优势，建立了融资、融智、融商、融情"四融一体"帮扶机制，支持定点扶贫县发展特色扶贫产业，建设搬迁安置住房，实施危房改造，新建改建幼儿园、中小学、医院、农村公路等，累计向4个定点扶贫县投放贷款103亿元。他强调，产业扶贫是稳定脱贫的治本之策、关键之举。要从根本上解决贫困问题，并且保障已脱贫人口不返贫、长久持续富裕，绝不是靠一场运动，靠一时一刻的激情、情谊，靠大家一起捐点钱、买点东西就能解决。必须要聚焦并关注贫困人口，增强其发展经济的能力，创造良好的发展环境，用发展产业带动他们，增加贫困人口收入渠道，解决长久、稳定收入问题，使贫困人口祖祖辈辈走向富裕之路。因

■ 招商引资对接会现场为锦屏县筹集扶贫专项捐助资金

此，我们要切实把产业扶贫作为脱贫攻坚的关键战役、核心战役来打。为大力推动定点扶贫县产业发展，农发行持续支持当地水、电、路、网等基础设施配套建设，加大教育扶贫支持力度，为地方产业发展奠定了良好基础；同时紧紧抓住招商引资对接会这一重要抓手，在搭建东西部协作平台的基础上，吸引并引导资金、人才、技术、管理等各种资源向定点扶贫县产业扶贫聚合。农发行针对深度贫困地区出台了一系列差异化支持政策，这些政策也全部适用于定点扶贫县，希望锦屏县政府切实落实好主体责任，发挥政府在规划引导、政策支持、市场监督、风险防控等方面的主体作用；各位企业家要充分运用市场智慧挖掘当地扶贫资源，帮助锦屏创新产业帮扶模式，加快推进项目实施；贵州省分行要量身打造金融服务方案，全力做好金融服务工作。

在广西隆林的会议上，农发行行长助理朱远洋在致辞中说，作为农业政策性银行，农发行坚决贯彻落实党中央、国务院战略部署，坚持以服务脱贫攻坚统揽全局，努力发挥金融扶贫中的先锋、主力和模范作用。农发行通过创新帮扶手段，综合利用东西部扶贫协作、组织脱贫培训、党建扶贫等方式，多管齐下帮扶隆林，构建了融资融智、全力全程扶贫的新格局。2020年以来，在隆林投放贷款17亿元，支持易地扶贫搬迁、基础设施建设、产业、教育、医疗、村级党组织建设等多个领域。农发行各级行将继续坚持融资、融智、融商、融情，加大信贷资源倾斜，力促对接项目落地，帮助政府完善产业发展规划，探索更加符合对接企业和项目实际的融资模式，引导更多

■朱远洋同志出席隆林产业扶贫对接会

优质客户投入隆林县产业扶贫领域，全力以赴帮助革命老区人民按时按质脱贫。会议开幕前，百色市政协副主席、隆林县委书记张启胜在招商引资动员暨筹备会上强调："农发行帮扶我们隆林县脱贫攻坚，这次专门为我们隆林筹办这么大型的全国性会议，我们一定要把这个会议当成我们隆林人民自己的事来办，认真办好这次会议。"这个要求能否落实到位？会后代表的评价就是最好的印证。在参观天生桥库区生态鱼养殖项目时，广西投亿鼎集团张莉洁感叹："没想到隆林这样的小县城，农发行和地方政府联合举办的会议，安排得这么好，议程井然有序，内容丰富饱满。我公司下一步投资工作将优先考虑到隆林。"

国务院扶贫办指标完成情况一览

定点扶贫县	开幕时间	总行领导	牵头部门	总行部门	省级分行	地方党政	参会代表（人）	参会企业（家）	现场签约（个）	意向投资（亿元）	现场捐赠（万元）农发行	现场捐赠（万元）企业
吉林大安	2020年9月26日	党委委员、副行长孙兰生	扶贫综合业务部	粮棉油部总经理欧阳平、副总经理刘舰	吉林省分行行长李国虎、副行长于永辉	吉林省委常委、常务副省长吴靖平，市委书记马维民，市长赵彦峰，市委副书记薛丰刚，副市长李兴会、曲玉祥	200	40	36	88.52	280	
贵州锦屏	2020年9月27日	党委委员、副行长、扶贫金融事业部常务副总裁鲍建安	扶贫综合业务部	扶贫金融事业部副总裁、扶贫综合业务部总经理徐一丁，财务会计部总经理董仕军，扶贫综合业务部副总经理姜列友	贵州省分行行长袁云涛、刘世恩、陈亮雏	贵州省政协副主席罗宁，中国扶贫志愿服务促进会副会长王家华，黔东南州委副书记、州长罗强，黔东南州人大常务会副主任、中共锦屏县委书记毛有智		71	18	18.55		1128
广西隆林	2020年9月28日	行长助理朱远洋	创新部	创新部总经理蒋群星，四川省广安市副市长、挂职农发行创新部副总经理王瑛	广西区分行副行长胡天禄、王志光	自治区扶贫办副主任吴清松，百色市委常委、副市长王县力，百色市政协副主席、隆林各族自治县党委书记张启胜，党委副书记、县长杨科	195	92	12	50.4	1000	150

南飞"鸿雁"聚边关

白露秋风夜，雁南飞一行。

孟秋过后白露时节，从来都是玄燕北归、鸿雁南飞的日子。2018年，白露才过去5天，西南边陲的云南省马关县就迎来了一批义无反顾南飞、志在擘画宏图的"鸿雁"。他们就是农发行邀请参会的投资企业。

2018年9月13日，农发行助推马关县产业扶贫招商引资对接会在马关县召开。云南省副省长董华，农发行时任党委委员、执行董事、副行长林立出席会议并讲话，57家省内外企业负责人，农发行9个协作帮扶省分行和地方政府负责人140余人参加会议，县委书记李献文主持。

林立在讲话中指出，农发行认真贯彻落实党中央精准扶贫、精准脱贫方略，较好地发挥了在金融扶贫中的骨干和引领作用，2018年6月，农发行精准扶贫贷款余额为1.34万亿元。在脱贫攻坚进入啃硬骨头的关键时期，农发行将和地方政府、实体企业一道，找准着力点，进一步帮助贫困群众脱贫，全力以赴帮助马关县打赢打好脱贫攻坚战。

对接会向客商推介了5大类45个项目，涉及工业建设、现代商贸物流、乡村振兴、文化旅游及城镇开发等，达成招商引资意向签约项目19个，意向总投资12.1亿元，涉及种植业、农产品加工、文化旅游等多个领域。农发行总行牵线，江苏、福建、浙江、

■ 马关县助学基金捐赠仪式合影

山东、上海、云南等省级分行以及云南省国资委和与会企业家一同向马关县开展扶贫专项捐赠，共筹集捐款917万元，用于"两不愁三保障"扶贫重点领域。

推进会议圆满落幕，几人能解此中辛酸。

早在一个多月前，按照总行党委拟在定点扶贫县召开招商引资对接会的部署，基础设施扶贫部陈小强，云南省分行江卫国、王明华，农发行马关三人小组敖四林以及文山州分行、马关县支行负责人，多次沟通对接会议筹备事宜。

"我2016年11月来到马关的时候，县城只有两条街道。连个像样的酒店都没有。"马关县支行副行长铁泉回忆，那时的马关，虽然基础设施略有进展，但办一场这样高规格的会议，机遇史无前例，困难也前所未有。

"一家酒店住不下，那就多找几家。""一个地方用餐安排不下，那就多找几个酒店餐厅。"一个个棘手的问题，在一次次焚膏继晷的加班、沟通、对接中，逐个得以解决。联华、四海、润源三家酒店共同承担住宿任务，四海酒店和县政府食堂联手解决就餐问题。一系列后勤保障工作中，最为棘手的当数出行服务。高铁只到普者黑站，而从普者黑到马关的155千米国道，单程就需要三个半小时。飞机最近可达文山州砚山机场，马关高速公路尚在建设中，国道单程也需两个多小时。150多位参会代表，就算调集云南省分行机动用车、文山州分行辖内全部公务车，也难以全部解决。"来的都是客。"马关党政主动安排车辆解决路程最长的普者黑至马关参会代表接送问题。昆明经文山至马关一线，则由省市两级行负责。

后勤保障上，当地政银密切合作。会务筹办上，总、省、市、县四级通力合作。农发行扶贫综合业务部和基础设施扶贫部作为本次会议牵头部门，基础设施扶贫部陈小强、何刚，扶贫综合业务部姜列友多次参与议程谋划、细节推敲、文稿审核、会场安排等一应事务，两个部门一众干将更是提前一至两周先期抵达，从会场布置到展板设计、从灯光音响到桌签布置、从接待指南到会期菜谱，事无巨细，亲力亲为，既带去了农发行办会的高标准、高要求、高质量，更带去了农发行人办事的硬态度、硬水平、硬作风。投资部侯峥、上海市分行苏静、江苏省分行陈梦蒙、浙江省分行徐世平、福建省分行杜洪星、山东省分行王华、湖北省分行吴登芬、广东省分行杨绿、广西区分行王志光、四川省分行向阳、云南省分行王明华出席。

招商会成功落地，银政企共襄盛举。

云南省副省长董华出席，云南省国资委主任罗昭斌、扶贫办巡视员吴遂、机械行业协会副会长李茂玉、林业调查规划院副院长张冲平、水利水电投资公司党委副书记何明华，云南财经大学党委副书记桂正华，文山州委书记童志云、副州长马志山、州扶贫办主任田卫国参加。会议观摩了马白镇新发寨村、马关县第一初级中学、马关县逢春大道、南山高原特色农业产业化园区、农特产品展示区等。

为期两天的招商引资会议，随着夕阳轻轻划过边陲小城的天际，满天云霞映红了边区马关，映红了马关人民的笑脸，更映红了一颗颗矢志为民、决胜脱贫的不改初心。会场里的音响，还在轻唱："鸿雁/向苍天/天空有多遥远。"①

八方来客会古城

2018年9月20日，农发行助推江西南丰县产业扶贫招商引资对接会在南丰国安假日酒店召开。

农发行时任党委委员、副行长、扶贫金融事业部常务副总裁鲍建安出席。他在致辞中指出："农发行从总行到支行四级机构都十分重视南丰扶贫工作。农发行党委决定对口支援南丰以来，总行、省行、市行各级领导班子多次到南丰实地调研，出台了一系列优惠政策，明确实行利率优惠、计划单列、规模保证、财务倾斜的支援政策，制订了定点扶贫县金融支持方案，加大对南丰的资金投入、智力支持与政策指导。"他强调："扶贫工作做得好不好，关键要做实。会前，我们做了大量工作，从12个省份筛选出30多家企业客户，今天他们都带着项目来到现场。希望南丰县进一步加强与签约企业的对接，创造良好的经济、金融环境，在对接过程中，遇到需要农发行协助解决的困难和问题，也请你们及时反馈，我们将积极推动落地。按照国家有关要求进一步优化行政审批手续，确保项目尽快落地，贫困群众早日受益。"

当时出席会议的有农发行人力资源部李小汇、扶贫金融事业部徐一丁、创新部陈广林，辽宁省分行刘喜峰、福建省分行王京春、江西省分行熊建国。

抚州市委副书记、市长张鸿星，南丰县委书记吴自胜，县长乐启文，人大常委会主任段云来，政协主席邓军出席，挂职南丰县委副书记、副县长、农发行南丰三人小组组长赵金霞参加。中国供销电子商务公司、中国供销辽宁农产品交易集团、碧桂园集团凤凰优选公司、重庆派森百橙汁公司、安溪县小城镇建设投资公司、江西省粮油集团、北京新农创投资公司江西分公司、果果生物科技公司、抚州市文化旅游投资公司负责人应邀出席。来自13个省市的36家企业中26家与南丰签订投资合作协议，意向投资金额37.1亿元。农发行与南丰县签订融资意向协议30.44亿元。会议期间，参会企业到桔花香公司、现代农业示范园、添鹏生态园、梦龙果业、南丰古城等实地考察，了解特色产业发展与古城保护开发。

这次对接会由农发行人力资源部会同扶贫综合业务部共同牵头举办。江西省分行张孝成主持专题会议。

---

① 内蒙古民歌《鸿雁》（吕燕卫　词；包萨仁高娃　唱）。

（三）专项招商会议

2019年杭州招商推进会：

天下佳山水，古今推富春。

浙江省富阳区，古为富春县，东晋更名富阳，首批国家沿海对外开放县（市）之一。集山城之美，携江城之秀，依地灵之势，育人杰之实。三国孙权、晚唐罗隐、元代黄公望、清代董邦达，皆出于此，一脉灵气，底蕴深厚。

改革开放以来，富阳经济活力迸发，经济社会综合发展指数列全国发达县市第30位，获评最适宜民营企业投资创业百强城市、长三角最具投资价值十强县、中国十大特色休闲基地、浙江旅游十大城市金名片等称号。2018年地区生产总值达764.6亿元，财政总收入123.2亿元，城乡居民人均可支配收入4.66万元，被农业农村部推介为首批全国农村创业创新典型县。2019年，在全国综合实力百强区中列第51位，在全国科技创新百强区中列第26位。

2019年，农发行在推动投资企业零距离接触贫困，引导投资落地措施方面继续创新思路，在"引进来"的基础上，立足贫困地区需求，采取"走出去"的方式，帮助贫困地区积累"路演"[①]经验。钟灵毓秀、活力四射的浙江富阳，正是农发行定点帮扶贵州锦屏县东西部扶贫协作的帮扶区，便成为农发行召开年度招商引资对接会地点的不二之选。

9月26日，农发行2019年定点扶贫（对口支援）县招商引资对接会在杭州市富阳如期开幕。农发行党委委员、时任扶贫金融事业部副总裁徐一丁出席，农发行扶贫综合业务部姜列友、创新部吴飚、粮棉油部欧阳平、基础设施部于合军、财务会计部吴登芬，江苏省分行徐浩、浙江省分行樊荣、福建省分行王京春、吉林省分行李国虎、广西区分行武建华、贵州省分行陈亮雏、江西省分行董仕军、云南省分行江卫国，五个定点扶贫县三人小组胥怀云、敖四林、赵乐欣、秦小军、赵金霞参加。

徐一丁在致辞时说："定点扶贫是中国特色扶贫开发事业和打赢脱贫攻坚战的重要组成部分，是我国政治优势和制度优势的重要体现。中央单位开展好定点扶贫工作，不仅有利于把党和国家的方针政策落实到基层，而且对地方和全社会扶贫都具有示范引领作用。贫困地区发展、贫困群众脱贫，归根结底最后一公里要靠产业支撑。"

徐一丁指出，"在定点扶贫中，我们不断加大招商引资力度，帮助产销对接，这是农发行连续第三年举办定点扶贫对接会，前两年在大家的共同努力下，会议开得很成功，结出了丰硕的果实，累计引进企业投资12.5亿元，引进无偿帮扶资金5443.4

[①] 路演：在公共场所进行演说、演示产品、推介理念，及向他人推广自己公司、团体、产品、想法的一种方式。

万元，购买贫困地区农产品560万元，帮助销售贫困地区农产品2.5亿元"。"到2020年全面建成小康社会，只有一年多的时间，正是脱贫攻坚发起决战、进行总攻最吃劲的时候，我们必须按照习近平总书记的要求，一鼓作气、越战越勇，不获全胜，决不收兵。"

徐一丁表示："希望各位企业家发挥好懂市场、善经营、会管理的特点，加快推进签约项目落地，力争早见成效。农发行相关部室和分支行要量身打造金融服务方案，全力做好金融服务工作。"

国务院扶贫办开发指导司金融处副处长李青吉，中华全国工商业联合会扶贫与社会服务部二级巡视员邵逸，中国扶贫志愿服务促进会副会长王家华，中国人民银行机关党委宣传部部长侯雅丽，杭州市富阳区政府区委常委钟永明，吉林省大安市市委副书记朱永领，云南省马关县县长何昌娥，广西区隆林县县长杨科，贵州省锦屏县副县长雷光林，江西省南丰县县长乐启文等22位嘉宾，以及中国果品进出口公司、正邦集团等78位企业代表应邀出席。

五个定点扶贫县党政负责人分别介绍产业扶贫需求、相关优惠政策，现场与15家企业签订投资合作协议，意向投资金额20亿元。中林森旅控股公司、正邦集团、浙江铁枫堂生物科技公司等6家企业负责人，代表签约企业发言。16家企业代表现场向定点扶贫县开展捐赠。

会议现场举办"农发易购"电商平台上线启动仪式，通报东部9家省级分行2019年定点帮扶成效，东部9个省级分行共同发布加强东西部协作定点帮扶倡议。五个定点扶贫县分组召开政银企三方洽谈会，与投资企业开展深度对接。

2020年南宁消费扶贫现场会议：

"定点扶贫县虽然摘了贫困县的帽子、贫困人口都脱了贫，但是定点扶贫县自身发展能力较弱、经济发展水平与东部地区相比仍然有较大差距的现状没有变，脱贫人口生产生活水平较低、与全国平均水平仍有较大差距的现状没有变，这就需要各方仍然要持续加大对定点扶贫县的支持力度。"2020年9月29日，农发行副行长徐一丁在农发行定点扶贫县消费扶贫现场推进会议上这样说。

农发行连续四年为定点扶贫县量身定制大型专题会议。2020年定点扶贫县消费扶贫现场推进会在广西南宁召开，紧扣决胜脱贫攻坚关键环节，在招商对接中精准聚焦消费扶贫。

"淘宝平台连线、天猫平台连线、'农发易购'平台连线，各摄像组准备，各直播人员就位，预备，开始！"9月28日晚19时30分，总控人员一声令下，农发行定点扶贫县农特产品视频直播带货活动正式开始。就在主会场旁边，会展公司用桁架搭建起五

■2020年9月，农发行在广西南宁召开定点扶贫县消费扶贫现场推进会

■2020年9月，农发行定点扶贫县消费扶贫现场推进会签约仪式

间直播室，从隔音板到补光灯、从领夹麦到双机位、从声卡到背景，清一色的专业设备，足见筹办方的良苦用心。五场直播同时开始，主播不是农发行员工就是定点扶贫县电商负责人。这些主播全部在会前由农发行工会团委工作部、扶贫综合业务部经验丰富的年轻骨干进行为期一周的集中培训。"咱农发行的青年，那就是干啥像啥，干啥成啥！"吉林大安专场里，三人小组组长胥怀云亲自披挂上阵，在镜头前介绍起大安特产，滔滔不绝，口若悬河，一点儿组工干部的气息都没有，活脱脱一名时尚带货大咖。主播们卖力推介、农发行全系统干部员工更是鼎力相助，纷纷通过微信朋友圈转发直播信息。时间一分一秒流逝，一笔笔订单完成支付、一件件特价特产售罄，后台数据不断刷新，自然流量转化率、商品点击率、商品转化率高歌猛进，一路攀升。观看人数9.7万人次！销售总额94万元！21时30分，直播圆满结束。两小时的创新尝试，困难比预想的多，效果远比预期要好。

主播们牵着兴奋，捧着自豪，大步流星走出直播间，举手投足间全是大战大捷的喜悦，眼角眉梢上尽是胜利的欢愉，没有一种成就感能与帮助贫困户卖出近百万元农特产品可以比拟。这一夜他们终生难忘。

而终生难忘那一夜的，又岂止是这十位主播。原本计划前一天就完成搭建的直播间，桁架、面板、背景、展台未能如期进场架设。直至当天凌晨，总行扶贫综合业务部定点扶贫处刘俊标，广西区分行扶贫业务处吴筱琳，锦屏三人小组秦小军、杨绍帆都还在直播间搭建现场沟通筹备事宜。提及会议筹备之难，吴筱琳撕扯着沙哑的嗓子回应："落实这次会议的筹备、组织和协调，我这辈子都不会忘记。"苍天不负有心人。就在开播前两小时，从电源配备到信号连接、从带妆彩排到样品准备，直播所需的所有准备工作全部就绪。扶贫综合业务部姜列友，广西区分行武建华、蒋志强来到直播间。在锦屏展台前，来自锦屏杉乡文旅集团的董事长林雪梅，亲自担任当天主播，极力邀请在场人员品尝锦屏的金秋梨。"这金秋梨是真好吃！各地提供过来的尖货，今晚一定会在大家的努力下大卖特卖，大家加油！"武建华一席话，引得大伙笑意融融、信心满满。

直播带货，是创新，是探索，也是此次大会的一道前菜。大会于次日上午9时正式开启。

会上，广西区政府副主席邹展业出席并致辞。农发行副行长徐一丁讲话，中国人民银行机关党委常务副书记傅国文、国务院扶贫办开发指导司一级巡视员吴华、中国社会扶贫网董事长王家华分别发言。农发行广西区分行武建华主持。

邹展业指出："广西党委政府高度重视消费扶贫工作，坚持把消费扶贫作为带动贫困群众增收脱贫、巩固成果防止返贫的重要抓手，大力开展消费扶贫行动，推动消费扶贫进入'快车道'。农发行积极发挥政策性金融职能作用，扎实开展消费扶贫专项行动，全力支持广西脱贫攻坚，成效显著。自脱贫攻坚战打响以来，农发行累计向广西投放扶贫贷款1294亿元，扶贫贷款占广西区分行总贷款余额的55%，均居广西金融同业首位。中央单位定点扶贫8项指标全部提前超额完成。农发行广西区分行连续5年荣获自治区'年度服务八桂扶贫贡献奖'，连续2年荣获区直中直驻桂单位定点扶贫工作考核'好'等表彰和荣誉，为支持广西打赢脱贫攻坚战作出了积极贡献。"

邹展业表示，脱贫攻坚战进入了最后的关键时期，接下来的任务还相当艰巨，必须一鼓作气，全力攻克最后贫困堡垒。"希望农发行、各有关单位和社会各界，按照党中央、国务院决策部署，坚持精准扶贫精准脱贫基本方略，围绕促进贫困人口稳定脱贫和贫困地区长远发展，创新机制，积极参与消费扶贫，着力拓宽贫困地区农产品销售渠道，着力提升贫困地区农产品供应水平和质量，着力推动贫困地区休闲农业和乡村旅游加快发展，在生产、流通、消费各环节打通制约消费扶贫的痛点、难点和堵点，推动贫困地区产品和服务融入全国大市场，为助力打赢脱贫攻坚战、推进实施乡村振兴战略作出积极贡献。"

徐一丁在致辞中表示："这是农发行连续第4年围绕定点扶贫工作召开现场推进会，总行党委对开好这次会议高度重视，解学智董事长多次作出指示，钱文挥行长也提出了明确要求。会议的主要任务是，深入学习贯彻习近平总书记关于消费扶贫工作的重要指示批示，进一步落实全行消费扶贫月活动动员会议精神，凝聚全系统、社会各界的智慧和力量，全力帮助定点扶贫县做好消费扶贫工作。"

徐一丁指出，"2015年中央打响脱贫攻坚战以来，农发行坚持以习近平总书记关于扶贫工作的重要论述为指导，坚决贯彻落实党中央、国务院脱贫攻坚决策部署，坚持以服务脱贫攻坚统揽业务发展全局，着力构建全行、全力、全程扶贫工作格局，不断加大政策性金融扶贫支持投入，五年来累计投放扶贫贷款2.5万亿元，余额1.5万亿元，投放额和余额均居金融同业首位，连续五年获得全国脱贫攻坚奖，切实发挥了金融扶贫先锋主力模范作用"。他着重强调，"在打赢脱贫攻坚战的征程中，广大企业始终与农发行携手前行、并肩战斗，共同参与这一人类历史进程中的伟大事业"。

实行"餐桌展示"，是这次消费扶贫会议的一大特色。农发行隆林三人小组专门组织隆林厨师，用隆林的食材、特色的手法，为参会代表烹饪最地道的隆林美食。五色斑斓的糯米饭、现春现团的糍粑、柔韧弹牙的黑猪肉、香气四溢的熏香肠，搭配合理、赏心悦目。

吉林大安市市委副书记薛丰刚，云南马关县副县长冉永富，广西隆林县县长杨科，贵州锦屏县常务副县长向国强，江西南丰县副县长陈斌，四川马边县经信局副局长张乐遥，四川雷波县商务经济合作和外事局副局长程剑宏，贵州台江县副县长周泽东应邀出席并现场推介当地特有资源、消费扶贫产品和招商引资政策。农发行基础设施扶贫部于合军主持。

企业代表与定点扶贫县签订消费扶贫意向采购协议。江苏华穗粮食公司、贵州铁枫堂生态石斛公司、广西南宁普蒂湾商贸公司、上海塞翁福农业公司、江西万年皇阳贡米实业公司代表企业发言。农发行资金部刘优辉主持。

39家企业现场签订定点扶贫县农特产品购销协议，意向采购金额1.25亿元，实实在在用真金白银带动贫困地区贫困农户脱贫解困、共同发展。

【傅慎言曰】

难招商、招商难，贫困地区招商难上加难。农发行正是基于定点扶贫的实践探索，闯出了一条"农发行搭台，地方政府唱戏，投资企业协作"的招商引资新路径。农发行举全行之力连年举办大型招商引资会议，帮助定点扶贫县争取招商机会，扩大融商规模，拓展引资思路，密切政商关系，拓宽发展视野，意义重大，影响深远。推动投资企业更加直接、更加直观地接触贫困地区，激发同步小康、共同富裕更为热烈而深沉的社会责任感。促进地方党政以更加宏阔的思路、更加高瞻的视野审视当地资源禀赋和比较优势，在招商落地、壮大产业、发展经济、扩大就业、改善民生方面，闯出一条更加符合客观规律、更加切合实际、更加高质高效的新路来。

引商落户本地，是增强贫困地区经济社会发展内生动力的关键一招，也是有效一招。有助于增强社会固定资产投资能力，扩大投资规模，带动经济增长，促进社会稳定和谐。有利于优化区域资源配置，加速要素流动，推进产业结构升级，传播先进经营管理方法。

二、优化环境，助政企坚定信心

农发行在多年金融扶贫工作中，尤其在定点扶贫实践中，探索的扶贫路径、积累的帮扶经验、沉淀的家国情怀，无一不在潜移默化、润物无声地影响着、教育着、引导着每一级分支机构、每一个农发行人，自觉肩负起扶助贫困地区脱贫解困的重任。无论是总行领导还是部门经理，无论是省行班子还是市行成员，无论是县级支行还是三人小组，都全心全意以服务脱贫攻坚为己任。

定点扶贫县多年帮扶实践，让历任挂职干部深知贫困地区招商硕果得来不易。"世上无难事，只要肯登攀。"不论是返乡创业的能手，市县两级的公司，还是国内的大企业、大集团，工作在定点扶贫县的农发行人都真诚以待，全心全意提供支持，力促投资企业引得进，留得住，能带贫，促致富。

稻香千里外，情在此城中

"敖县长①、冯行长②、周行长③，好久不见、好久不见。农发行，恩人呐！"一米六几的个头儿，一双纯白坡跟鞋，一袭纯黑西装裙，一头飘逸长发，一副全框眼镜，一张笑容可掬的脸，说起话来，爽朗干练。她就是马关鑫浩粮贸有限公司执行董事兼总经理黄兴丽。

马关鑫浩粮贸有限公司（以下简称马关鑫浩公司）成立于2013年8月，坐落在云南省文山州马关县马白镇南山高原特色农业产业化园区内，主要经营粮食种植、收购、加工、销售等。注册资本4000万元，实收资本1906.9万元，全为黄兴丽个人独自出资。一个民营企业家，出资近2000万元开办企业，别说在一个贫困县，就算是富裕县，也不多见。问起缘由，黄兴丽轻描淡写地说，她以前在广东江门、珠海等地务工，上过班、开过店、办过贸易，有多年做粮食流通的经验。攒了些积蓄，考虑到父母年事已高，加上村里好些乡亲还没脱贫，"干脆回来创业，带着大伙儿一起挣钱"。

一家企业，从无到有，谈何容易。

一路跌跌撞撞，几度风雨飘摇。马关鑫浩公司通过土地流转、雇用农户劳作，探索推行种子、化肥、技术指导、田间管理、收购"五统一"，实施订单农业，推广特色水稻种植，打出"光坎米"品牌。建立起"企业+合作社+基地+农户"的产加销模式，种植基地覆盖木场、南捞、坡脚、夹寒箐等7个乡镇，惠及贫困人口462人。2019年开年第一周，马关鑫浩公司向农发行马关县支行申请购销贸易企业中晚籼稻收购扶贫贷款40万元。本着带动脱贫增收、促进民营小微企业发展的初衷，马关县支行于2月主动上门服务，指导公司完善借款资料，不仅没有在人民银行基准利率上"加价"，反而将贷款利率下浮5%。

光坎米，因主产于马关县夹寒箐镇光坎村而得名，得益于当地独特的气候土壤、山泉水质，其米晶莹剔透、米粒细长，其饭软糯润滑、味道清香，素有"一家煮饭十家香"的美名，在马关备受喜爱。那时，公司每年可产大米1.8万吨，但销路不畅是制约发展的最大瓶颈。农发行时任副行长林立在马关调研了解这一情况，发动身边企业共同参与消费扶贫。光大银行昆明分行、无锡分行、苏州分行当即制订了50万元的采购大米计划。

发展至今，马关鑫浩公司已开通生产线5条，米线、卷粉、饵块、粉丝、120吨大米生产线各一条，主要经营的大米品种10个，米线品种6个，卷粉品种1个，吸纳就业

---

① 敖四林：农发行驻马关三人小组组长，挂任马关县委常委、副县长。
② 冯裕波：农发行云南省分行扶贫业务处处长，曾任农发行文山州分行行长。
③ 周万书：农发行马关县支行行长。

人员47人，其中贫困户28名。2019年，公司及下属夹寒箐光坎满仓合作社和南捞乡禾资合作社，带动3031户群众种植稻谷6000余亩。其中贫困户508户，种植面积4555亩。公司实现主营业务收入1200余万元。2020年，扩大种植至10000余亩，实现主营业务收入2760万元。

公司办公楼前，一排大红色的宣传栏，"扶贫、荣誉、公益、发展、创业"五个篇章按序排开。"扶贫篇"开篇就是"公司成立以来，建立公司所属有机、绿色光坎米种植示范基地3000余亩，一般优质稻基地7000余亩，带动了508户贫困户，涉及3031户农户，公司以高于市场价0.3元的价格向老百姓收购稻谷"。

作为马关县首批认定的29家扶贫车间之一，马关鑫浩公司荣获马关县"脱贫攻坚奖""社会扶贫模范"，文山州2020年"脱贫攻坚奖""社会扶贫先进典型"。

"2019年先后贷款40万元和300万元，今年又贷给我们900万元，农发行的贷款支持就没有断过。还帮助我们拓展销路，经常跟我们讲，作为企业要履行社会责任，要为脱贫攻坚服务。没有农发行的支持，我们走不到今天。"黄兴丽边说边笑，越笑越甜。

共建养猪场，荒滩变宝盆

"盐碱地，白茫茫。大雨一下水难藏。晴天土块硬如铁，不长庄稼不打粮。"当地这首民谣，是盐碱地的真实写照。就在松嫩平原腹地，吉林省白城市大安市，数以万亩的盐碱地，因碳酸钠、碳酸氢钠等水溶性盐含量高，物理性状很差，通气透水不良，作物难以生长，土表多有白色盐分沉积。

守着大片大片的土地，却无法耕作。当地村民增收致富的出路在哪里？产业兴旺的方向在何处？美好生活的盼头在何方？这些问题，不仅长期困扰着当地党政，也是大安市定点帮扶单位农发行的一块心病。

发展产业还要靠招商引资，实现增收还要靠龙头企业带动。种植业发展不具备条件，能不能往养殖业上想办法，试过才知道。在2017年农发行召开的定点扶贫县招商引资工作推进会上，牧原集团就与大安市签订了意向投资协议。但是，大安冬天特别冷，而且特别长，最低气温零下38℃，年平均积温2921.3℃，谁也不相信能在这里建起养殖场。虽然已经签订了意向协议，但大安市不抱太大希望。

牧原集团，正是农发行的老客户、老朋友。加之农发行粮棉油部对口帮扶大安，粮棉油部刘舰与大安三人小组胥怀云多次商量，决定采取"先走出去，再引进来"的思路，组织大安市党政干部外出考察学习。"开开眼界再说嘛！"经农发行粮棉油部协调，农发行辽宁省分行迎来了大安的"朋友"——胥怀云带队的大安市党政考察团。在辽宁省分行的对接联系下，大安考察团先后到牧原集团旗下的辽宁铁岭、辽宁建平、辽宁阜新3家子公司实地考察学习。恒温猪舍，固液分离，防渗透膜，自动投喂……一排排干净整洁的猪舍前，公司负责人从猪场建设到管理运营，从生猪繁育到屠宰分割，从养殖周期到带贫成果，一一细细认真讲解。"猪还能这样养呐？""这猪住得比人都好哇！""饲养员出饲养区再回去，还要隔离一周多咧，这个可了不得。"大伙儿七嘴八舌的感慨，胥怀云听在耳里、甜在心头，这事儿八成能成，他暗暗自度。

亲眼所见，疑虑冰消。

回到大安后，生猪养殖项目的招商引资工作中，大安党政各部门格外卖力。加上农发行大安三人小组胥怀云、郑宇一起推动，吉林大安牧原农牧有限公司（以下简称大安牧原公司）终于在2018年5月17日成立，注册资本2.2亿元，注册地址就在吉林省白城市大安市叉干镇六合堂村。

牧源集团先后投资6.4亿元，在六合堂村以992万元总价租用该村盐碱地6082亩30年，建设现代化养猪场4座、猪精工作站1个。"一场32万头，二场、三场各15万头，四场20万头，加起来一共82万头。这是设计容量。一般来讲，全部建成饱和运转的话，养60万头不成问题。"大安牧原公司负责人李亚杰说，"咱们现在都是智能化养殖，饲料啥的，都是通过数控管链运输。一到'饭点'，饲料杯就直接倒进食槽里，根本不用人管。"李亚杰的脸上颇有几分自豪。

聊到新冠肺炎疫情影响，李亚杰更是感慨："幸好胥副市长还有政府领导们关心哟，不然我们还不知道怎么办。"2020年2月，养猪场刚刚建成投产，大安牧原公司从其他平行子公司调运一批能繁母猪[①]入场，虽然特种运输手续全部办齐，但车辆入村时，当地村民就是不让进、不放行。"他们说'我人都不让走，为什么你们可以随便走？'后来胥副市长带着镇里的领导过来协调，才放行。"李亚杰回忆，"那时候，我们的饲料厂还没投产，只能从外面调运。"不巧的是，这支运输饲料的车队，车辆竟是湖北籍，一水"鄂"字打头的车牌，"村民更不让进了呀！人让进，车不让进。车进不来，猪没得吃了呀！"公司再次向市政府求助，胥怀云又一次带着叉干镇负责人赶赴现场，苦口婆心地向大伙儿解释："这支车队长年就在吉林省内跑，没出过省。只是挂了湖北的牌照而已。"

公司采取边建边养的方式逐步推进，目前一场、二场已建成投产。2020年6月，农发行大安市支行发放流动资金贷款2000万元支持公司采购饲料和药品，逐步扩大生产。当前，公司存栏生猪16万头，2020年出栏7.2万头，2021年出栏21万头。其中，四场是"扶贫养猪场"，由大安市政府统筹扶贫资金3500万元按照公司标准建设，设计养

①能繁母猪：指产过一胎仔猪、能够继续正常繁殖的母猪，也就是正常产过仔的母猪，不包括后备母猪。

殖规模20万头。公司与市政府签订租赁回购协议，按前三年每年10%、后七年每年8%的比率支付租金，10年租期届满，公司按原价对四场进行回购。"这样既缓解了我们的资金压力，又保障了政府的投资安全，还带来扶贫收益。"李亚杰说，"四个养殖场，加两个清洗消毒中心、一个工作站、一个饲料厂，我们总共是1006人，管理人员、技术指导加一起，不到100人。剩下900多人基本上都是本地用工。生产技工的工资比我们管理岗位要高很多，正常转正的话6000元一个月不是问题，如果超过一年，大概能到一万多元。场长应该是一万五千元起步。"

一阵微风吹来，赶走夏日的暑热。大安牧原公司对面的空地上，轻轻扬起一阵白灰色沙尘。顺着沙尘远望，一座座风力发电机高高耸立，扇叶在天空中划着优美的弧线，不疾不徐，仿佛在默默守护这只愈发招人喜爱的"聚宝盆"。

引进大北农，猪儿出深山

在距离大安3500千米之外的广西隆林，农发行也帮助引进了一家养殖生猪的公司——隆林众仁旺农业开发有限公司（以下简称隆林众仁旺公司）。

隆林众仁旺公司是广西大北农农牧食品有限公司（以下简称广西大北农公司）全资子公司。广西大北农是北京大北农科技集团股份有限公司（以下简称北京大北农公司）旗下的养猪平台控股子公司，2017年5月12日成立，注册资本6亿元，办公地点位于广西区金秀县桐木镇河东路81号。众仁旺公司缘何落户隆林？在众多原由当中，最关键的就是农发行从中穿针引线。

北京大北农公司是农发行北京市分行的老客户，交情不浅、业务频繁。北京市分行创新处齐海燕从赵乐欣处得知，三人小组与广西区分行打算帮助隆林引进一家生猪养殖企业，在这之前曾经联系过正大集团、中利集团，均因养殖模式需要一大块远离人群的土地建场，而隆林属于石漠山区，不具备建场条件而未成功。齐海燕就主动帮助联系北京大北农公司赴隆林考察。

结合隆林地形地貌，北京大北农公司提出"公司示范带动、农户分散代养"模式。由广西大北农公司在隆林投资成立隆林众仁旺公司，修建母猪场、育肥猪场各1座，每场养殖母猪、肥猪各1万头，配套养殖种猪400头。同时，公司与家庭农场签订代养合同，由公司统一设计家庭农场猪舍，提供仔猪、饲料、药品和疫苗，标准化管理，按合同价收购，统一销售，按每头猪500元支付代养费用。按每个家庭农场存栏3000~5000头育肥猪进行设计。生猪育肥仅半年即可出栏，设计存栏数量25万头，即可实现年出栏肥猪50万头，除公司自养2万头外，其余由农户代养，每年带动代养农户增收可达2.5亿元。

2020年3月25日，农发行广西区分行蒋志强与广西大北农公司总监蒋芳斌赴隆林会见县委书记张启胜、县长杨科，商谈投资事宜。4月19日，广西大北农公司与隆林县政府签订投资框架协议。5月28日，双方正式签订投资协议。6月29日，隆林县50万头生猪生态农业产业链项目在岩茶乡者艾村陇桂屯正式破土动工，创造了签订协议到破土动工仅用时1个月的"隆林招商速度"。

"赵常委，听说50万头生猪项目已经在咱这落地了，还听说大北农公司是农发行引进的，您能跟我讲讲么？""这个事情都定下来啦，放心吧。这有啥好说的。"每当有人问起这件事，赵乐欣都这样笑呵呵地回答。

农发行不仅帮助隆林把大北农公司招了进来，还主动提供金融服务，投放2.3亿元产业扶贫贷款支持隆林众仁旺公司修建猪场猪舍。隆林众仁旺公司的猪舍以及办公楼、生活区等配套设施基本完工，2021年9月调入首批母猪开始养殖。

"五彩饭①，青石台，运猪车儿排成排。深山养得肥猪在，金银如浪滚滚来"的日子，就在不远的前方。石漠山里的猪儿们，将搭乘大北农的"顺风车"，走出大山，走向各地，走上餐桌，换回隆林百姓美好富足的生活。

龙翔九天阔，鹅羽越神州

"地处苗岭深处的贵州省锦屏县，全球每10个羽毛球就有一只来自这里。"新华社《澎湃新闻》"纪录湃"栏目，视频《一支羽毛的"奇异之旅"》这样介绍。

锦屏县2014年建档立卡时，贫困发生率达34.29%，平均每三个人就有一名贫困户。谁曾料想，就在这样一个千百年来一直是"九山半水半分田"，2015年才通高速公路的贫困山区，竟然坐拥全球最大的羽毛球生产基地、全球最大的羽毛球生产销售企业。

个中缘由，还得从定点扶贫开始的那一年说起。

2015年，农发行选派干部到锦屏县敦寨镇龙池村任驻村第一书记，开展定点扶贫。这位书记就是后来全国脱贫攻坚奖的获得者——杨端明。

龙池村有锦屏万亩果场，但受交通、信息、物流等多方面因素制约，盛产的柑橘虽然果大味甜却卖不出去，村民们挣不到钱。2016年，杨端明带着一卡车柑橘到南京售卖。过往路人被"贵州大山深处来的有机水果"所吸引，争相抢购。更有人因得知水果出自农发行定点扶贫县，当即表示将采购5万元柑橘，经采购人周磊牵线，杨端明一行在南京参观了中国最大的私人收藏馆周园。周园的主人正是赫赫有名的周贺桐，亚狮龙羽毛球品牌的创始人，英籍华人，长住香港，人称"周老爷子"。

---

① 五彩饭：五色糯米饭是壮族传统风味小吃，因糯米饭用天然染料着色呈黑、红、黄、白、紫5种色彩而得名。

　　抱着将锦屏的木材卖至周园，或将锦屏的老旧木楼卖给周园收藏展示的想法，2017年1月，杨端明与锦屏县招商局负责人再赴周园，终于得见周老先生一面。不曾想，木材生意没做成，锦屏招商团倒是在周老先生的带领下，把亚狮龙羽毛球生产线细细参观了一番。杨端明试探性地问："老爷子，能不能让这羽毛球拿一部分去锦屏生产呀？""那就看你们有没有这个条件喽。"精神矍铄的周老先生这样回答。杨端明当即热情邀请周老先生亲赴锦屏考察。有道是"场面话、场面说"，当时谁也没把这事儿当真。唯有杨端明，以此为开端，先后11次到南京拜访周老先生，邀请亚狮龙赴锦屏考察。精诚所至，金石为开。在杨端明一次又一次盛情邀约下，年近古稀的周贺桐终于踏上了锦屏的地界。经过多次实地考察后，周老先生终于下定决心到锦屏投资建厂。

■ 贵州省分行负责同志在贵州锦屏调研亚狮龙羽毛球产业

　　2017年8月，贵州亚狮龙体育文化产业发展有限公司（以下简称贵州亚狮龙公司）在锦屏县注册成立，注册资本5000万元。9月，在锦屏经济开发区租用5000平方米临时厂房过渡，当月便架设生产线投产。2019年，正式入驻锦屏经济开发区创业园，月生产羽毛球8万打（每打12只）。2019年贵州亚狮龙公司主营业务收入6245万元，净利润215万元。

2020年新冠肺炎疫情来袭，为加快复工复产，贵州亚狮龙公司向农发行锦屏县支行申请流动资金贷款1000万元用于采购原材料。为了进一步优化营商环境，助力企业安心生产、稳定发展、带动脱贫，农发行锦屏县支行专门创新探索"异地抵押"方式，以周贺桐、周尚义各自名下位于广州市天河区的不动产权作为抵押，6月30日将1000万元贷款发放到位，推动公司月产能提升至30万打，吸收周边劳动力就业从130人增至296人，人均月收入2000元以上，其中，贫困户91人，易地扶贫搬迁职工40人。当年，公司主营业务收入超1亿元，净利润189万元。全面投产后将招收更多移民搬迁户，可提供就业岗位800个。

生产车间里，洗毛、晒毛、总分、切管……入库、飞行、落点、贴标、吸塑、进仓、出货等38道工序环环相扣，人工与智能机器有序结合，让一片片白鹅毛摇身一变，成为销往全球各地的一只只羽毛球。公司生产经理胡兵说："作为亚狮龙最大的生产基地，锦屏生产的羽毛球目前占亚狮龙羽毛球产量的40%，而亚狮龙羽毛球约占全球市场的25%。"这就相当于全球每10只羽毛球，就有1只出自贵州省锦屏县。

老树新开致富花

铁皮石斛，兰科草本植物，生于海拔1600米山地半阴湿岩石上，常见于安徽、浙江、福建等地。其茎入药，益胃生津，滋阴清热。唐代开元年间《道藏》一书将其与天山雪莲、三两重人参、深山灵芝、冬虫夏草等，并称"中华九大仙草"，且列为榜首。

贵州锦屏，素称"杉林之乡、青石之乡、水电之乡"，自古并无关乎铁皮石斛的记载。然而今天，锦屏已是全国最大的近野生铁皮石斛生产基地，被授予"中国近野生铁皮石斛之乡""中国近野生铁皮石斛产业示范县"称号。这就是农发行帮助定点扶贫县招商引资的成果。

2019年9月，农发行在浙江杭州举办定点扶贫县招商引资对接会。贵州贵枫堂公司现场与锦屏县政府签订投资协议。早在会议召开之前，浙江铁枫堂生物科技股份有限公司（以下简称浙江铁枫堂公司）董事长宋仙水就曾率队到锦屏考察，拟在锦屏试种铁皮石斛，与农发行锦屏三人小组秦小军有过几面之缘。当年，浙江铁枫堂公司出资60%，锦屏县国有实体公司出资40%，合作组建贵州铁枫堂公司，注册资本960万元，实行共同管理、独立核算、利益共享、风险共担、按股分红。公司虽已成立，但定位也仅仅是试种，种植面积不大，产业链条不长，县委县政府、农发行、三人小组都看在眼里，急在心头。

提起电话打十次，不如见面谈一次。

年度招商对接会拟在杭州召开的消息传来，农发行贵州省分行与三人小组眼前一亮，机会来啦。会前几天，经农发行浙江省分行樊荣牵线，贵州省分行陈亮雏率扶贫业务处赵天晓、锦屏三人小组秦小军，前往浙江铁枫堂公司专程拜访宋仙水。老友相见分外亲切。银企双方从锦屏温润的气候条件到70%的森林覆盖优势，从石斛产业的壮大到助推脱贫的意义，从地方党政的意愿到公司发展的前景，越聊越深，越聊越透，越聊越投缘。

■ 中国农业发展银行帮扶兴建的贵州锦屏县龙池高效农业产业园区

2019年8月，台风"利奇马"在温州登陆。浙江铁枫堂在温州的铁皮石斛种植基地难逃此劫。农发行温州市分行迅速投放贷款支持基地灾后重建，进一步拉近了铁枫堂与农发行的感情。

截至2021年6月，浙江铁枫堂和锦屏当地企业投资4.11亿元，吸纳贫困户"三变"①入股扶贫资金1.53亿元，在锦屏建成年产350万瓶石斛组培苗培育基地，400亩铁皮石斛驯化育苗基地，18600亩铁皮石斛近野生种植基地，采用杉松贴树、梨树贴树、杉木搭架方式实行近野生种植。在铜鼓大同、敦寨龙池、三江便团建成三大石斛产业园，采取"龙头企业+国有实体公司+基地+合作社+农户"的模式实施。浙江铁

①"三变"：资源变资产、资金变投资、农民变股东。

枫堂公司负责垫资供苗、技术指导服务、保价订单回收、产品研发加工和市场开拓。锦屏金森林投公司负责筹集资金和建设管理。合作社负责组织劳务管理，农户以有偿提供土地、劳务及以扶贫资金入股等方式参与，实现多方共赢。

通过农发行协助招商，锦屏还引进浙江铁枫堂食品饮料有限公司、重庆渝浙酒业有限公司等龙头企业发展石斛精深加工，注册了"贵枫堂""杉乡石斛"品牌商标，实施石斛冷藏、石斛枫斗、石斛花茶、石斛粉、石斛饮料、石斛中药饮片等多种产品的精深加工。发展石斛森林休闲康养产业，举办两届锦屏石斛花节，累计接待游客20万人次。

到2021年上半年，锦屏县铁皮石斛种植加工产业带动当地群众就地就业用工35.2万人，增加劳务工资收入3520万元，务工就业2000余人，其中脱贫户劳动力675人，人均劳务年收入增加1.7万元。提供长期稳定就业岗位79个，固定产业工人人均月工资3000元，增加固定产业工人工资收入568.8万元。兑现"三变"入股扶贫资金分红1007万元，惠及脱贫户12165户49876人。

杉木树、梨子树、杉木架，深褐色的老树皮上，一枝枝黄绿的石斛茎，拔节丛生，坚韧苗壮，一朵朵金黄的石斛花随风轻舞，带露含羞。"朵朵石斛花，开出幸福来，醉了千家醉万寨；山如潮、花似海，每一朵绽放都精彩……人如潮、心澎湃，每一朵芬芳都是爱。"生于锦屏县八一村的杨祖桃，这位90后"甜美小歌后，最美苗家女"，一曲《石斛花开等你来》，唱得是缠绵悱恻、天籁悠扬，听得人如幻如梦、如醉如痴。

边陲小镇蔷薇香

刺梨，李子。前者长于蓬蒿丛中，满身带刺，往往叫人望而却步，腹中含籽甚多。后者结于高大乔木，周身光滑，常常让人爱不释口，仅有独籽一枚。这般格格不入的两种水果，竟是同门——蔷薇科。但凡在西南地区生活过的朋友，对这二者并不陌生。田边地角、沟畔渠旁，随处可见刺梨的影子，房前屋后，道边埂旁，隔三差五就能见着李子的身影。世世代代见之不怪的马关人民，在农发行的带领下，把这"哥俩"做成了致富产业。

时间回到2017年，春节假期刚刚结束不久，农发行马关三人小组成员、挂任马关副县长的袁智勇，接到一个久违的电话。电话那头是陈来胜，云南新贵农业科技有限公司（以下简称云南新贵公司）执行董事兼总经理。早在袁智勇担任县支行行长时，陈来胜的公司曾在袁智勇的指导帮助下，完善公司章程，优化治理结构，整理财务报表，逐渐达到农发行小微企业贷款准入条件，获批农发行贷款，解决流动资金缺口。此后，虽然公司不再与农发行有信贷业务往来，袁智勇也从支行调动至云南省分行，但陈、袁二人之间的情谊没有断。春节端午、中秋国庆，也常以短信微信相互问候，互道平安。

就连这个电话，起初也不过是春节以来朋友之间的简单问候。"在昆明一切都好吧？什么时候出差到昆明，找你蹭顿饭呐？"陈来胜说话还是那么爽朗。"我现在在马关挂职，没在昆明。"电话里，袁智勇把农发行定点帮扶马关、省行选派自己到马关驻点扶贫等一应事宜简单作了介绍，"你不是搞果树苗的生意么，什么时候来马关考察考察，帮我们出出主意嘛！""找时间一定来！"陈来胜的答复，很是干脆。脱贫攻坚工作那么忙，不允许细想，袁智勇挂了电话，又全身心投入全县极为紧张的易地扶贫搬迁调度督导工作。

不久后，正在进村入户走访的袁智勇，突然接到了陈来胜的电话。"你在哪呢？我到马关啦。""到马关啦？我在乡下呢。完事了晚上回去找你啊！"脱贫任务繁重，迎检工作紧急，挂了电话之后，袁智勇压根儿就没把陈来胜此番到访往招商引资上想，以为只是路过马关，老朋友见见面而已。当晚，袁智勇风尘仆仆赶到陈来胜下榻的酒店，才发现此行非同寻常，一同到访的还有陈来胜的两个助手。陈来胜此行到马关，正是为了应袁智勇之邀考察水果种植产业。

次日，袁智勇向陈来胜一行引荐了农发行马关三人小组，以及马关县招商局和农业农村局。经过几天细致考察，陈来胜比对了马关的气候、水土、百姓种植习惯等多种因素，认为刺梨和李子两个产业比较适合马关，当即邀请马关党政到公司种植基地考察。

2018年7月，云南新贵公司的子公司——文山贵翔农业科技有限公司（以下简称文山贵翔公司）在马关注册成立，注册资本5000万元，是一家集种植、研发、生产、加工及销售于一体的刺梨全产业链企业。11月13日，马关县刺梨李子产业扶贫项目启动仪式正式举行，文山州人大常委会主任徐昌碧出席并揭幕。

文山贵翔公司按照"公司＋合作社＋示范基地＋农户"的模式，以刺梨、优质李子产业项目为重点，建设高标准示范基地，带动全县1.95万户农民种植刺梨5.2万亩、李子6万亩。种植的"新贵1号李"，由云南新贵公司引进，栽后第3年挂果，第5年后进入盛产期，亩产1300千克以上，按照最低保底价4元1千克计算，亩产值超5000元，入列马关县脱贫攻坚农业重点项目。2020年，马关县刺梨挂果面积2万亩，依托各乡镇13个合作社在全县建立刺梨集中收购点，统一按4元1千克的价格收购。仅半个月时间，马关刺梨收购量就达100万千克，实现产值400万元。

三四月的李花，五六月的刺梨花，一朵朵、一簇簇，香飘万里。七八月的李子，九月初的刺梨，一枚枚、一粒粒，致富千家。今年喜获丰收果，明年又闻蔷薇香。马关人民的日子，也会像这朵朵蔷薇一样，越来越红火，越来越迷人。

添边农业到马关，种上桃子甜如蜜

云南添边农业发展有限公司（以下简称云南添边公司）是农发行2018年招商引资对接会上引进的特色水果种植领域投资企业。云南添边公司在云南省文山州砚山县有生产和科研基地"添添果园"，发展至今已有3000亩规模，主打农业产品10种。

早在招商引资对接会之前，农发行文山州分行冯裕波就已经关注着云南添边公司的成长。而云南添边公司也看好马关的气候和土壤特点，有意到马关试种公司研发的新品种桃树。

招商引资对接会为相向的双方搭建了桥梁。云南添边公司在会议上签约，意向投资7000万元。2018年11月，马关添边农业发展有限公司（以下简称马关添边公司）在马关县工商局注册成立。在马关县政府的大力支持和农发行马关三人小组的有效推动下，马关添边公司在马白镇马鞍山村租用土地600亩，发展起了示范基地。园区水泥道路直通果树下，水、电配套设施一应俱全。

"我们这里的桃子糖度比一般的要高3到5度，600亩的桃园从2019年种植到现在，已经开始挂果啦，马关产的桃子上市时间要比其他地方早25天。"谈到自己丰收在望的桃子，云南添边公司执行董事、马关添边公司负责人蒋学良无比自豪，"现在我园子里的桃子在外地销售都供不应求，每斤价格能卖到8至10元，最远的卖到上海、深圳、香港等地，而且专供超市，走高端路线。现在我正在打造自己的销售渠道，明后年产量上来后，我还要扩大种植面积，带动周边农户种桃。"

浙江来的蒋学良，在一场招商引资对接会上选定了未来致富的道路，现在他把全家都接到了边陲马关，用自己的智慧和汗水浇灌出美好的未来。

【傅慎言曰】

艰难方显勇毅，磨砺始得玉成。正是这种咬定青山不放松、认准方向不撒手的坚韧，才走出了决胜征程的千里路，呈现了何惧艰险万重山的豪迈情。纵有千般不易，下定决心帮助定点扶贫县决战决胜脱贫攻坚的农发行人，始终与地方党政紧紧站在一起、想在一起、干在一起，从不畏惧、从不气馁、从不退却。动员企业共担脱贫重任，帮助企业拓宽销售渠道，用真金白银补好资金短板，用真心、动真情、真招商、促落地，为定点扶贫县增活力、添动能、积后劲奠定了基础。

三、牵线搭桥，东西联手共扶贫

开展东西部扶贫协作，组织东部发达省市对口帮扶西部贫困地区，是党中央、国务院作出的重要战略部署，是中国特色社会主义的重要内容。习近平总书记指出，东西部扶贫协作和对口支援是推动区域协调发展、协同发展、共同发展的大战略，是加强区域合作、优化产业布局、拓展对内对外开放新空间的大布局，是实现先富帮后富、最后实现共同富裕目标的大举措，必须长期坚持下去。

2016年以来，农发行先后印发《关于支持东西部扶贫协作的指导意见》《关于进一步加强东西部扶贫协作工作的通知》《关于做好2020年东西部扶贫协作工作的通知》等一系列文件，建立东西部省级分行"一对一"帮扶关系，指导东部分行通过产业帮扶、信贷支持、项目帮扶、招商引资、资金帮扶、劳务协作等多种途径，实现东西部产业互补、人员互动、技术互学、观念互通、作风互鉴，动员社会各界力量，深化东西部政银企扶贫交流、共同发展，指导东部省级分行引导、推动、促进东部部分产业向西部梯次转移，加快推进西部贫困地区减贫摘帽、贫困人口脱贫致富。

2016年10月，农发行时任行长祝树民赴广西壮族自治区贺州市调研，研究支持东西部扶贫协作及"万企帮万村"精准扶贫行动事宜。随后出台支持东西部扶贫协作的指导意见，明确专项支持政策，加大支持力度。一周后出台支持"万企帮万村"精准扶贫行动的意见，切实加大涉及产业发展的信贷支持力度。

2017年1月，农发行印发《关于脱贫攻坚东西部协作帮扶县(市)推选工作有关事项的通知》，统筹5个东部发达省份中选择具备条件的帮扶县（市），与农发行5个定点扶贫县建立协作帮扶关系。3月印发《关于创新产业扶贫模式的意见》，探索信用保证基金、省级实验示范区、东西部扶贫协作、"万企帮万村"精准扶贫、扶贫批发（委托）贷款、合作共建六大产业扶贫业务模式，全力支持贫困地区产业发展。

2019年2月，签订《服务脱贫攻坚责任书》，范围扩大至全部31家省级分行，对东部地区9家省级分行支持东西部扶贫协作、"万企帮万村"扶贫行动、消费扶贫等重点任务，明确量化指标。

2020年5月，印发《关于做好2020年东西部扶贫协作工作的通知》，强调加大信贷支持力度，发挥产业支撑、消费扶贫、定点扶贫县帮扶、"万企帮万村"等方面作用，指导各级行进一步加大当年东西部扶贫协作支持。

五年来，农发行审批东西部扶贫协作贷款967.73亿元、投放贷款751.88亿元。2020年东西部扶贫协作贷款余额559.68亿元。农发行用真金白银、真心实意、真枪实弹，火力全开助推贫困地区决胜脱贫攻坚。

月亮湖里的生态渔业

吉林省大安市的月亮湖水库，当地人称"月亮泡"，东西长25千米，南北宽10千米，面积225平方千米，略呈蝶形。水库平均水深4.7米，最大水深7.7米，最大库容

4807万立方米，养鱼水面1万多公顷。库区水生植物繁茂，浮游生物60余种，是吉林省淡水渔业基地之一。

"月亮湖水库1972年开建，1976年建成。"月亮湖水库管理局局长莫东波说，"受经营体制、运营机制和发展思路限制，月亮泡作为国有渔场，经营效益和带动效果很一般。"

2019年2月，吉林省白城市在浙江省嘉兴市挂职任市委常委、副市长的江波提前结束春节休假，主动与浙江千岛湖公司对接，商讨合作运营月亮泡事宜。4月，经农发行北京市分行创新处齐海燕牵线，白城市长李明伟与中林森旅控股有限公司对接，莫东波与千岛湖公司部门负责人建立联系。9月，中林森旅公司、月亮湖水库管理局、千岛湖公司三方签订合作协议，对月亮湖水库共同开发。

2020年3月，农发行大安三人小组挂职大安市委常委、副市长胥怀云代表大安市与中林森旅公司签订框架协议。约定中林森旅公司、月亮湖水库管理局各出资2250万元，各占45%的股份共同控股，千岛湖公司出资500万元、持股10%，共同开发月亮湖。通过投放花鲢、白鲢等滤食性鱼苗，采用"人放天养"的模式，以"蓝藻变鱼肉"净化水质实行生态养殖，发展保水渔业，各方根据产量、时间段不同进行约定分红。依托月亮湖资源开发渔业小镇，推动休闲康养、旅游开发、保水生态相促进的产业综合发展。月亮湖水库管理局完成清产核资后，将开启基于千岛湖模式的全面合作。

吉林、浙江两省互派干部，农发行牵线引资，东西部协作成果在月亮湖水库得以展现。月亮湖水库已经纳入吉林省绿色生态示范区，这是"北鱼南送"的典型案例。

千里搬来"服装线"

"真的很感谢你们的牵线帮扶，我校的服装生产线顺利开工了。"电话那头是云南省马关县民族职业高级中学张校长。2019年，农发行浙江省分行促成雅戈尔集团股份有限公司（以下简称雅戈尔集团）向该中学捐赠了一批服装设备生产线。这次回电，张校长言语间充满了对农发行的感谢。

2019年4月，浙江省分行与马关三人小组敖四林对接东西部扶贫协作，得知马关县民族职业高级中学因缺乏资金，无法启动服装生产加工实践课程。

浙江省分行基础设施处周海峰联系宁波市分行、对接企业相关人员，一趟趟上门对接，一遍遍向企业讲解当地情况和扶贫模式。经过不懈努力，与宁波当地纺织龙头企业雅戈尔集团达成初步捐赠意向。

为更好地了解该校的实际需求，帮助解决根源问题，浙江省分行组成考察组，由基础设施处带队，邀请雅戈尔集团经理等一行人赴马关县实地考察并协商扶贫事宜。马关县地理位置偏僻，群山环绕，火车班次少，且没有直达线路。一行几人辗转2天才抵达文山州马关县。这里山坡延绵，老式建筑席卷视野，不远处的斜坡上还能见到一片片简单的砖房。

来到民族职业高级中学，双方在一间会议室坐定，简单问候之后便步入正题。考察组在与张校长的座谈中了解到，学校在校生有近2000人，开设服装、数控、汽修等专业，学生毕业后进入工厂企业，输送了一批专业技术劳动力。由于当地经济条件落后，学校的纺织机器设备老化，生产加工线已停止运行，学生们平日所学的服装技艺徒有理论知识，无法在实践上得以操作，普遍缺乏纺织实操能力。谈到扶贫需求时，张校长希望能由相关企业捐赠资金，用于在当地购买一批服装生产线。考虑到东部沿海地区的设备更为先进，比起在当地购买更有市场竞争力，且还能由雅戈尔集团专门开设培训教学课程，以教育培训推动扶贫事业提档升级，雅戈尔集团经理提出由公司直接捐赠设备。"授人以鱼不如授人以渔"，比起传统的捐钱扶贫方式，整个学校的服装生产线顺利运营对该校来说才是摆脱困境的长久之计。

这个提议最终得到校企双方的赞同，雅戈尔集团向该校捐赠了一条服装生产流水线，价值50万元，并派员提供技术指导，其中包括25台电脑平车、2台拷边车、2台电剪刀、1台摇臂烫台等设备。捐赠的生产线，完善了学校理论结合实践的课程教学，生产出的衣物到市场销售，为学校减轻了部分开支压力。这条服装生产线从浙江运输到云南，最终在民族职业高级中学扎根，实现了它的扶贫使命。

送给学生一个好环境

"学校过去是土操场、小平房、泥土路。条件简陋不说，下雨天，因为山路陡峭，道远路滑，学生基本就都请假了。通过教育精准扶贫和企业的资金支持，现在的校园环境大变样，宽敞明亮的教室和操场，走进学校，心情都不一样了。"基础设施的改善，让马关县小坝子镇田湾小学罗廷斌校长一脸的自豪和幸福。"新学校建成以后，解决了田湾村委会626名学生就学难的问题。全校共有203名贫困学生，所有学生在学校都能够接受比较优质的教育。"

改善教学条件的资金，来自千里之外的山东邹平。

2019年，山东省邹平市支行大力发挥扶贫工作的桥梁作用，推动多家企业与云南省马关县政府、马关县教育局和马关县扶贫开发办共同签订《情系马关爱心帮扶协议》，帮扶像小坝子镇田湾小学一样的贫困小学建设校舍。

除了学校的基础设施建设外，教育扶贫政策和企业资金支持为学校的全面发展提供了有力保障。2018年，邹平三星油脂工业有限公司、魏桥纺织股份有限公司、山东西王糖业有限公司各出资10万元，为马关县39名贫困人口学习知识、技能提供3年的资金帮助。

改善教育，拔除穷根，千里之遥也阻隔不了农发行东西部协作扶贫的热忱与真心。

点滴真情汇暖流

云南省是上海市东西部扶贫协作对口帮扶地区之一。产业发展滞后，公共服务不足，贫困点多面广程度深，一直制约马关县经济社会发展。

2019年，农发行上海市分行联系马关三人小组得知，马关县有一批"五保户"生活条件较差，家庭十分困难，便立即组织全行员工自愿捐款4.8万余元汇至马关县民政局，经马关三人小组把关，建立捐款使用、监督机制，将款项实实在在送到贫困群众的手中。2020年，农发行上海市分行与北京市分行共同捐赠25万元支持马关建设南山幸福社区蔬菜初捡扶贫车间。车间建成后为社区群众提供就业岗位400余个，为就业群众每人每月带来2000元以上收入，技术能手可达3000元以上，帮助当地产业发展，助推社区群众就地就业。

涓涓细流汇成大海，点点星光点亮银河，农发行上海市分行与马关县之间横跨祖国东西的情谊，在一次次的挂念关怀支持中，愈发深厚。

定点扶贫县又见帮扶情

2019年9月7日，浙江省分行樊荣率雅戈尔集团等浙江企业家一行赴云南马关调研并捐赠，用实际行动推进东西部扶贫协作。

考察组先后深入马关县南山高原特色农业产业化园区、南山工业园区易地扶贫搬迁安置点了解幸福社区建设情况和产业扶贫发展状况，到马白镇文华村委会小寨村看望慰问2户贫困户；实地考察马关县物流冷链园区，共商帮扶合作模式；到马关县民族职业高中考察雅戈尔集团援建的服装技能扶贫培训车间运行使用情况；与马关县党政座谈，举行农发行浙江省分行东西部协作捐赠仪式，浙江企业家现场分享调研体会，共商帮扶合作意见建议，向马关县捐赠190万元资金物资。

健康扶贫有新招

农发行广东省分行积极依托东西部扶贫协作支持西部深度贫困地区，"牵线"医药龙头企业深圳海王集团股份有限公司（以下简称海王集团），在农发行定点扶贫县广西隆林开展合作。

海王集团成立于1989年，是中国领先的全产业链综合性医药健康企业集团，中国500强企业。农发行广东省分行多次主动上门对接，积极协调沟通，2019年12月，海王集团与隆林县扶贫办、县卫生健康局签订《海王集团与广西隆林各族自治县关于药品帮扶的合作协议》，与贫困户代表签订《药品帮扶受赠人的协议》，海王集团副总裁许战奎、农发行隆林三人小组赵乐欣、农发行广东省分行创新处邱武出席签约仪式。

在签约日起的3年内，海王集团为隆林县患病贫困户捐赠用于治疗重大疾病、慢性疾病的药物，以及用于补充身体营养的功能性保健品，由县扶贫办和县卫生健康局根据患病贫困户具体情况和用药建议，按照合适药品类型和剂量具体分配到户到人。由隆林县政府组织定期对帮扶活动进行全面评估。

药品捐赠帮扶政银企三方配合密切，通力协作，大力减轻贫困户用药负担，有效地缓解当地贫困户因病致贫、因病返贫的突出问题。

捐款有数，爱心无价

碧桂园集团总部位于广东省佛山市顺德区，是中国最大的新型城镇化住宅开发商。业务涵盖建安、装修、物业发展、物业管理、物业投资、酒店开发管理以及现代农业、机器人等。2019年销售额为7715亿元，居中国房地产行业首位。2020年碧桂园集团主动参与四川、广西、新疆、贵州、云南、甘肃等地扶贫协作工作，帮扶项目涉及全国16省57县，帮助超49万人脱贫。

碧桂园经过实践，打造出独具特色的"4+X"扶贫模式，即党建扶贫、产业扶贫、教育扶贫、就业扶贫四大板块加上因地制宜、因人施策的"X"模式。党建扶贫包括建强扶贫项目党支部，共建组织生活，发展新党员，帮助思想脱贫。产业扶贫包括打造产业项目资源库，形成产业推广模式，打造产业扶贫成功案例，运营贫困地区农产品展销对接平台。教育扶贫包括建立贫困学子助学基金，帮扶贫困学生，已资助学生每年至少完成一次家访，为贫困学生完成"微心愿"。就业扶贫包括详尽摸底调研，组织大型就业招聘，提供岗前培训，组织优秀从业者分享会，建立动态就业岗位资源库。

2020年，农发行广东省分行联系，碧桂园集团旗下佛山市顺德区顺茵绿化设计工程有限公司经广东省国强基金会向贵州锦屏、广西隆林分别捐赠100万元，专项用于资助贫困学生就学。东西部协作扶贫，农发行奔走宣介，爱心企业慷慨解囊，共同携手为决胜脱贫攻坚添砖加瓦。

热情的"助推员"

脱贫攻坚期间，农发行浙江省分行先后五次由省分行负责人率队赴贵州锦屏、云南马关开展定点扶贫考察调研，推进浙江省杭州市富阳区与锦屏县加大对口帮扶互访力度，召开三方专题会议，共商产业扶贫、共建党员联动扶贫基地、捐资助学等事宜。

连续多年动员天子果业等12家企业参加农发行招商引资对接会。积极向浙江省对口支援工作领导小组办公室、省扶贫办等部门专题汇报，推荐浙江良友木业有限公司成为总行级全国"万企帮万村"示范企业，充分发挥"万企帮万村"精准扶贫行动的品牌效应。良友木业公司与锦屏县政府签订《精准扶贫帮扶劳务输出合作框架协议》，由良友木业公司支付薪资，在锦屏县提供残障人士就业岗位，解决锦屏县11名贫困残障人士就业难题，探索了有效的"异地就业"方式。

在锦屏，农发行浙江省分行连续两年开展"爱心助学、情系锦屏"扶贫助学捐款，募集系统内扶贫助学善款80万元，全力资助贫困学生走好求学之路。发动省内企业向贵州锦屏捐款145万元，助力教育扶贫、产业扶贫、健康扶贫等。

南粤爱心入龙池

2018年5月18日，农发行广东省分行助学爱心现场捐赠仪式在锦屏县龙池小学举行，农发行广东省分行团委一行六人出席，农发行锦屏三人小组组长杨端明出席并讲话，锦屏县有关负责人参加。

广东省分行团委把东西部协作扶贫与青年活动月工作结合起来，开展"精准扶贫——共青团在行动"扶贫助学活动，组织全省系统团员青年向贫困山区学生捐赠图书和捐款助学。活动募集书籍5000余册，捐款7万余元，分期、分批向农发行定点扶贫县学校捐赠，改善边远山区学校办学条件。

此次活动主要向龙池小学捐赠图书，助力建设爱心书屋，向贫困学生赠送书包文具，向学校捐赠学生宿舍衣柜、教师备课桌椅等办学物资。

签订协议话发展

经农发行基础设施部协调，福建省分行、江西省分行推荐，江西省南丰县政府与福建省安溪县政府正式签订《友好合作框架协议》，拉开了安溪协作帮扶南丰的序幕。

2017年3月8日，南丰县委副书记刘海涛，农发行南丰三人小组张维胜、江西省分行朱大圣、南丰县支行刘宇新等人赴福建省安溪县考察交流，进一步向安溪县政府和农发行福建省分行宣介南丰资源禀赋、发展优势、产业现状及相关需求。

南丰、安溪两县《友好合作框架协议》约定，两县共同深入贯彻中央东西部扶贫协作座谈会和国务院加强东西部扶贫协作工作电视电话会议精神，坚持"规划引领、民生优先、重点突出、互惠互利、合作共赢、共同发展"的合作原则建立友好合作关

融商助阵篇

系，探索长期合作机制，增进双方党政领导互访，促进东西部地区交流合作，推动西部贫困地区经济社会跨越式发展。积极引导两地开展经济技术互惠。加强信用信息共享，广泛开展经贸合作，促进两地经济开发区在信息交流、人才培训、产业集聚、园区规划建设等方面的工作交流，组织双向对口考察，建立统一开放、竞争有序的经贸市场秩序，推动两地区域经济协调发展。推动农业产业合作交流，坚持以农业产业发展为引领，立足资源禀赋和产业基础，发展具有特色的支柱农业产业，围绕蜜橘深加工、旅游、食品加工业和生物医药等特色优势产业开展合作，逐步带动区域经济发展。

2015年9月，全国工商联、国务院扶贫办、中国光彩会共同发起"万企帮万村"精准扶贫行动，印发了行动方案。2016年1月印发实施意见。

2016年6月，农发行主动加强与全国工商联扶贫事业合作。同年9月，农发行与全国工商联、国务院扶贫办、中国光彩会签订四方战略合作协议，建立起良好合作关系。农发行全国31家省级分行与当地工商联、扶贫办、光彩会及时对接，相继成立本级"万企帮万村"行动领导小组，形成常态化工作联系机制，持续加大沟通交流，开展项目培育支持。部分省还实现省、市、县三级合作机制全覆盖。

脱贫攻坚期间，农发行相继印发《关于支持"万企帮万村"精准扶贫行动的意见》《关于进一步明确支持"万企帮万村"精准扶贫行动有关信贷政策的通知》《关于进一步加大力度支持小微企业发展的指导意见》等一系列文件，从贷款属性、资源配置、准入门槛、差异化信贷政策、风险容忍度和尽职免责等方面，明晰政策、明确导向、落实责任，创新将支持"万企帮万村"工作成效纳入扶贫工作考核范围，不断提高考核权重，推动工作深入有效开展。以全国工商联"万企帮万村"行动台账管理系统为基础，坚持"聚焦精准扶贫、坚持择优扶持"的原则，建立农发行支持"万企帮万村"行动项目库。

到2020年，纳入政策性金融支持"万企帮万村"精准扶贫行动项目库的企业2503家，较2016年增加2161家，增长631.87%，31个省级分行实现全覆盖。已支持企业1902家，贷款余额1672.72亿元，较2016年增加1393.62亿元，增长499.33%。带动帮扶贫困人口约91万人，较2016年增加82万人，增长911.11%，支持企业数量和带贫成效显著提升。

农发行精选116家总行级示范企业，打造扶贫精品工程。将历年获表彰先进民营企业纳入名单制管理，为企业提供更加优质高效的金融服务，进一步引导促进民营企业积极投身精准扶贫、精准脱贫，共同决胜脱贫攻坚。2017年、2018年国家扶贫日论坛上，全国"万企帮万村"行动领导小组共向216家企业授予"万企帮万村"行动先进民营企业称号，其中农发行支持的38家，占比17.6%。

【傅慎言曰】

　　久困于穷，冀以小康。饱经苦难的中华民族历史性摆脱绝对贫困这盘棋，离不开东部省份的协作帮扶。农发行在东西部协作扶贫中，发挥客户群体大、分支机构多、业务覆盖广的优势，充满深情地为定点扶贫县搭建平台，穿针引线，全力援助。这种计利天下的胸襟，服务家国的情怀，决胜攻坚的气概，才是赢得社会尊重、获得企业认可、取得情感认同的关键。

　　在脱贫攻坚期间积累的东西部协作扶贫宝贵经验，无论是思路拓展、眼界拓宽、思维拓进，还是捐款捐物、就业带动、产业引动，都必将推动东西部省份、地区、县市实现更加高频的互动，更加高质量的互通，更加有效的共享。东西部省份仍须牢牢把握东西部协作帮扶和"万企兴万村"行动的契机，鼓起劲来抓发展，携起手来促复兴。

融情注爱篇

人非草木，孰能无情。

"十月胎恩重，三生报答轻"，是无法割舍、无以为报的纯粹亲情。

"海内存知己，天涯若比邻"，是同袍同泽、同气相求的纯真友情。

"愿得一心人，白首不想离"，是相知相守、相濡以沫的纯洁爱情。

这些情，或因血脉传承而育，或因同窗求学而起，或因真心相爱而成，都因个体不同而千差万别。唯有一种情，地不分南北，人不分男女，年不分长幼，不知所起，却一往而深，这就是在脱贫攻坚中，党政军民、各行各业、各条战线并肩奋战、决胜攻坚结下的扶贫情。

始终感党恩、听党话、跟党走的农发行，深知肩负着帮助定点扶贫县贫困群众走出泥沼脱贫解困的重任，不仅要绵绵用力，更要真真用心、深深用情。无论在白山黑水的东北平原，毗邻他国的边境小城，还是在苍莽林密的苗乡侗寨，还是山高谷深的革命老区，哪里有贫困，哪里就有农发行人的足迹，哪里就有总行党委成员真真切切的慰问。大到千亩茶园、百亩果场、扶贫车间，小到图书桌椅、一件大衣、半截水管，一桩桩一件件，哪一桩没有农发行的爱，哪一件没有农发行人的情。

自开展脱贫攻坚以来，农发行始终心系贫困地区、情牵贫困群众，选派一批又一批扶贫干部远赴定点扶贫县挂职帮扶。他们绝大多数远隔万里家山，阔别父母妻儿，一头扎进帮扶县，三月半载不回城。他们中有年近花甲的老者，有当家柱石的壮汉，

■ 农发行协调资金为马关县金厂老寨小学贫困学生捐赠多条裤子

也有刚刚入职的青年。有的痛失父兄不曾得见最后一面，有的积劳成疾错失诊疗良机，有的撇下不满百天的幼子孤身驻点，有的携妻带子举家扶贫。各家难处林林总总，但无一退却。在脱贫攻坚面前，任何困难也阻挡不了信念坚定、意志刚强、用情至深的农发行人。无论是进家关怀贫困户，建强农村党支部，奔走寻求捐赠，还是奔波销售产品，发展特色产业，援建扶贫车间，农发行人始终与当地党政和困难群众想在一起、冲在一起、干在一起。

五年来，农发行各级机构和员工向定点扶贫县累计捐赠资金9803万元。帮助引进社会爱心捐赠资金11280.1万元。采购定点扶贫县农特产品7327.83万元，帮助销售96204.23万元。提供生活费、学费4946万元惠及贫困学生9450名。

一、人民至上，见诸行动

减贫，全人类的共同事业。反贫，古今中外治国理政的要事。消除贫困、改善民生、实现共同富裕，是攸关全局，事关国家长治久安，关乎民族复兴的大事。一切为了人民、一切依靠人民，是我们党战胜前进道路上各种风险挑战、不断从胜利走向胜利的根本所在。"人民至上"，从中央到地方、从干部到党员，是9500多万共产党人的共同理念。国家富强、民族振兴、人民幸福，中华民族伟大复兴的中国梦，归根结底是人民的梦。圆好这个梦，首要重任是补齐"消除绝对贫困"这块基础短板，就是决战决胜脱贫攻坚。

老百姓的事，再小也是大事。

唯有真心实意为老百姓办真事、办实事，才能充分体现人民至上的理念，才能打赢脱贫攻坚战。农发行人就是秉承这种无私的情怀，用真情暖人心，办实事为人民。一次次基层调研，一次次访贫问苦，一次次关怀慰问，农发行党委成员都率先垂范、以身作则，目之所及点点滴滴，看到了就要问，问过了就要抓，抓就一定抓到位，越是细小越关注，一枝一叶总关情。在金融扶贫的道路上，农发行党委成员的足迹遍布祖国大江南北，而走得最多、爱得最切、用情最深的当数定点扶贫县。

半米水管见爱心

12月，冬季渐临，天已变冷，但金厂村老百姓却感暖意盎然。

村里，几代人一直在走的坑洼狭窄的巷道、布满黄土的道路消失了，原来破旧漏风的土墙、被烟熏得漆黑的瓦当、阴暗潮湿摇摇欲坠的房子被一栋栋红砖、彩瓦、靓丽的砖房所取代，村民们走上了平整、宽敞、灰白的水泥道路。

马不停蹄赶到马关县调研的农发行时任董事长解学智，是第二次来到马关。感受农村危房改造工作的实效，了解定点扶贫工作一年以来的变化，倾听百姓所得所感，这次他看得格外仔细。

马关县金厂村老李家的房屋，从原来四面透风的危房改造成了崭新靓丽的二层楼。在拉家常、问寒暖后，解学智终于还是把目光定格在老李家小院里那段裸露出地面半米长的白色水管上。

"这是什么管子啊，怎么就这么露在外面呢？"解学智转头问向身后的马关三人小组组长敖四林。"哦，这段管子是他们家入户的自来水管，当时施工就有点瑕疵，没算好管子的尺寸，最后就这么露在外面了，这么算起来差不多有一年了吧。"敖四林熟知金厂村的情况，回忆起了缘由。

一名党的领导干部，对待老百姓要比亲人还亲，老百姓的事情马虎不得、忽视不得。

解学智的语气略微沉重了些："饮水工程是'两不愁三保障'的重要一环，咱们现在做农危改就是为老百姓排忧解难，但是这根半截裸露的水管，常年在外面，平日里风吹日晒，很快就有可能坏掉，咱们可不能把这个隐患留给老百姓啊，你们要抓紧把它办好。"

多年后敖四林回想起这一幕，仍然百感交集。当年道路竣工的时候他带领三人小组和村两委多次来回在村里开展道路施工核验，但是还是把这院子旁边这一截水管给遗漏了。董事长心系百姓，心细水管，让在场的所有人都深为感慨。

扶贫深情绵延贵州青山

八月的贵州，处处青山绿水，满目郁郁葱葱。2016年8月10日，农发行时任董事长解学智率队赴锦屏县调研，深入敦寨镇龙池村访贫问苦，与贵州省党政领导高层沟通，为政策性金融助力贵州脱贫攻坚把脉问诊、定向加力。

锦屏县素称"九山半水半分田"，境内沟壑纵横，山峦延绵，是农发行定点扶贫县，也是解学智的联系点。"农发行定点帮扶锦屏县脱贫攻坚，任务艰巨，锦屏不脱贫，我们责任不脱钩。""帮助锦屏县按期脱贫，责任重大，使命光荣，总行已会同省行、市行一起，在前期深入调研的基础上，为锦屏县量身定制了金融服务方案。"到达锦屏县的当晚，他连夜召集黔东南州、锦屏县党政领导及贵州各级行召开座谈会，详细了解锦屏县的经济社会发展状况、发展规划，银政一起厘清脱贫思路，制定发展规划。

"你们家有多少人呀？""你这房子多大？""你搬出来后干什么呢？"8月11日上午，在敦寨镇琴汹安置区搬迁户龙本全家里，解学智一番亲切的问话，让龙本全这个拘谨的汉子轻松了不少。龙本全，锦屏县敦寨镇平江村人，搬迁前一家四口的收入来源主要靠种植几亩薄地，收入不足以养家糊口，2013年被定为贫困户。锦屏县按照贵州省委省政府部署，实施了生态移民工程。搬迁到琴囥安置区后，龙本全开始跑起货运，妻子在附近的企业上班，全家经济收入稳定。"你这不仅仅是脱贫，还直接致富了呀！"解学智笑道。

在敦寨镇龙池村贫困户龙咸平家，即使开着节能灯，陈旧狭窄的老木屋仍然昏暗。解学智与龙咸平坐在一起，亲切询问家里的状况，了解致贫原因，与县乡村干部商讨帮扶措施，并送去慰问金。

一路上，解学智反复叮嘱随行的贵州省分行负责人："必须瞄准锦屏贫困户，把脱贫工作做细、做精准，切实把过高的返贫率降下来，防止返贫，不再增加新的贫困人口。""这是一项政治任务，要扶真贫、真扶贫、真脱贫，努力交出经得起历史检验的答卷。"

再赴石漠山

2016年9月，隆林阴雨连绵。隆林民高施工现场因为连续的雨天变得泥泞不堪，仅有校门口摆放展板的一小块水泥地被冲刷得稍微干净一些。一身轻装的农发行时任党委副书记、行长钱文挥，自己撑着一把灰色雨伞在施工进度牌面前饶有兴趣地问起了工程情况。

钱文挥指出，自开展定点扶贫以来，隆林县整体发展情况变化很大，干部群众精神面貌焕然一新，项目进展情况良好，脱贫攻坚工作成效显著。下一步，农发行将根据中央专项巡视要求，做好问题整改工作，积极配合县委、县政府在聚焦"两不愁三保障"、聚焦短板、聚焦精准等方面进一步发力，落实好定点扶贫工作。

钱文挥先后会见自治区政协副主席、百色市委书记彭晓春，听取广西区分行工作汇报，与隆林县党政、农发行隆林三人小组座谈，考察隆林扶贫产业园、高中新校区、农村电商平台和扶贫车间等项目，看望贫困家庭，慰问基层一线员工。

钱文挥先后到桂黔(隆林)经济合作产业园、义务教育均衡民族高中、四中、五小等项目地和农村淘宝体验店、者浪乡么窝村扶贫车间等地考察调研，深入了解该县经济社会发展概况、脱贫攻坚和金融扶贫工作开展等情况，并对农发行提出四点要求：

一是要加大信贷投入力度。贷款投放上，总、省、市、县四级行要共同努力，保持合理发展速度。贷款审批上，省行和市行要加大资源配置力度，提高贷款审批效率。二是要做实做细招商引资。各级行要积极配合隆林做好招商引资会准备工作，充分推介隆林特色产业和潜在优势，做好项目跟进、落地等核心工作，使招商引资发挥应有成效。三是要探索突破金融创新工作。通过金融创新，探索适度的合作化模式，将核心企业与众多分散的农户紧密地连接起来，依靠核心企业带动产业发展。四是要落实推进具体项目。要正确理解中央意图，把握脱贫攻坚大局，以担当精神解决新老模式转换过程中形成的"半拉子"工程，履行应尽的社会责任。在具体项目落地上，要抓实抓细，确保依法合规。

调研期间，钱文挥一行走访慰问了者浪乡么窝村么窝屯罗正荣、熊阿捌两户贫困户，为他们送去了慰问品和慰问金，并与他们亲切交谈，了解他们的生产生活、子女上学、经济收入等情况。

在听取汇报和实地调研后，钱文挥对隆林一年来脱贫攻坚工作取得的成效给予了肯定，并就该县提出的困难问题一一解答。他表示，农发行总行将一如既往地积极配合、全力支持隆林党委政府做好脱贫攻坚工作，广西区分行、总行选派干部到隆林挂职组成隆林三人小组，要为隆林脱贫攻坚工作出谋划策，特别是在优化全县投融资环境方面，把工作抓实、抓细、抓出成效。农发行总行将与隆林一起，坚决贯彻落实习近平总书记关于扶贫工作的重要论述，聚焦极度贫困县、聚焦解决"两不愁三保障"突出问题，深化扶贫协作和对口支援，确保如期高质量全面完成脱贫攻坚任务，共同向党中央、国务院交出一份满意的答卷。

深山的来信

广西的石漠山里，生活着一群贫困的孩子，他们在困苦中挣扎、奋斗。这其中有一名叫做杨缘圆的孩子，在一封信中这样写道：

尊敬的祝爷爷：

你好！我叫杨缘圆。现在在广西百色市隆林民族实验小学五年级六班学习，是受您资助的学生之一，非常感谢您对我的资助和关心。我爸爸在我上一年级的时候因病过世了，现在我跟我妈妈、弟弟和双胞胎妹妹生活在一起，我全家人的生活重担全部压在妈妈一个人的肩上。妈妈身体不好又常年外出务工，我们姐弟几个寄宿在学校附近的托管班。看着妈妈为了我们这个家在外面奔波劳累，我心里非常难过。高兴的是有您的资助，我能像其他小朋友一样，在学校里快乐地学习和生活。

爷爷，虽然我现在的学习成绩不是很好，但是请您放心，我会努力地学习，不辜负您的厚望，以优异的成绩报答所有关心我的人。爷爷，我想告诉您，您的爱心一直温暖着我，陪伴着我。这颗爱的种子，已经在我的心中生根发芽。我一定会加倍努力学习，将来我一定会将您爱的接力棒传递下去，尽自己微薄的力量去帮助需要帮助的人。

爷爷，千言万语也不能表达我的谢意，在此我向您致以一个少先队员最崇高的敬礼，祝您及家人身体健康，万事如意，平平安安。

　　此致

敬礼

广西百色市隆林民族实验小学五年级六班

受助学生：杨缘圆

2021年3月17日

　　这封信，叫人看后潸然泪下。在隆林，像杨缘圆这样获得农发行时任行长祝树民个人资助的贫困学生，还有苏兰、李俊秀、黄舒颖等，共24名。

■ 祝树民同志赴广西隆林县德峨村大水井屯与贫困群众交谈

棉衣温暖心更暖

　　2019年2月14日，春节假期结束后第四天，农发行时任副行长林立便来到贵州锦屏调研，深入敦寨镇罗丹村访贫问苦。

　　在贫困户刘坤学家的堂屋里，林立围着火盆与他们一家三口拉家常。没有大门的堂屋、刘坤学身上单薄迷彩服和眼角的伤，看在眼里，叫人心里很不是滋味。"哎呀，这过年了，怎么连副对联都没有。"林立轻声对随行人员说。调研结束，刚坐上返程的商务车，林立就交代驻村第一书记秦小军，总行机关有一个送温暖活动，抓紧对接。秦小军便电话联系总行机关青年志愿服务队队长牧琼。在北京，机关团委联合青年志愿服务队立即启动当年"衣加衣·送温暖"行动，号召农发行总行机关干部职工募捐衣服，总共几大包，估摸得有百十来件，全部捐赠锦屏。"这是林行长捐的，他特意交代要送给前几天在锦屏走访的老刘哥。"联络员杨华拿来两件棉衣，对牧琼这样叮嘱。

一个多月后，秦小军会同罗丹村两委在村活动广场举行农发行"衣加衣·送温暖"行动爱心捐赠仪式，将农发行总行机关干部职工对贫困地区困难群众的温暖，真真切切地送到大家手上。"那年冬天，农发行林行长到我们村调研，看我穿得薄，就把棉衣送给了我，直到现在我还放在衣柜里，都舍不得穿哩！"刘坤学的笑，那样暖，也那样甜。

【傅慎言曰】

民惟邦本，本固邦宁。人民至上，心系百姓。深耕"三农"的农发行人，无论身在何处、站在何方、走到哪里，心中装着的永远是家国天下，永远是农村农民。在举国上下波澜壮阔的脱贫攻坚战中，农发行不仅有上千亿元信贷资金的投放，上千万元捐赠资金的投入，更有一次次温舒的慰问，一份份温和的关爱，一抹抹温暖的深情。诸如罗丹村、那么村、金厂村、地窝卜村这些贫困区域，尽管远隔千里，但这些贫困村的每一件小事，都一直牵动着农发行的心，牵动着农发行党委委员们的情。赠人玫瑰，手有余香。贫困群众脸上洋溢着久久不散的那份幸福与喜悦，贫困村自内而外焕发出脱胎换骨、誓换新天的坚定与自信，定点扶贫县或如期或提前摘帽出列的那份骄傲与自豪，就是农发行"人民至上"理念的实践展现。挚爱"三农"的农发行，那颗振兴乡村的心，更加坚定，这份深埋心底的情，历久弥深。

二、丹心向党，征途同行

习近平总书记指出，"帮钱帮物，不如帮助建个好支部"。

长久以来，贫困地区基础弱、底子薄、产业少、发展慢、门路窄，"一年到头，汗珠掉地上摔八瓣也挣不了几个钱儿"。青壮年劳力纷纷外出务工，仅"996138部队"[①]

---

① "996138部队"：民间戏称，代指老人（九九重阳节）、小孩（六一儿童节）、妇女（三八妇女节）留守群体。

留守。党员队伍老化，文化程度低，思想观念旧，骨干党员少，组织能力弱，带头作用差，"三会一课"不经常。全村没有凝聚力，各挥锄头各自忙。"发展没有劲头，生活没有甜头，群众没有盼头，脱贫望不到头。"几句村里的顺口溜，这是当时农村党支部的真实写照。

基层党支部是落实党的路线、方针、政策的基础细胞，是党联系群众的纽带，是党对群众的重要"影响源"和信息"反馈点"。越是贫困地区，越需要有一个好支部，越需要一支干劲足、能力强、肯奉献、能吃苦的干部队伍，冲到脱贫攻坚前线，带领群众齐心协力从内部攻破深度贫困、极度贫困的堡垒。

定点扶贫以来，农发行选派各定点扶贫县的帮扶干部，无论是否担任驻村第一书记，都把抓党建促扶贫作为重中之重，把建好党支部、培养带头人作为一件大事紧紧抓在手上。利用下乡调研、入户走访、农忙搭把手、农闲拉家常等机会，与村党支部一起想法子、一齐找路子、一道挑担子，借助农发行拨付的专项党费，修缮农村党支部办公用房、配备办公设备、开展党员教育，与乡镇党政一道帮助村党支部加强党建工作，逐步实现建强一个、发展一批、带动一片，稳步拓宽脱贫攻坚战果。

地窝卜的新变化

800平方米的文化广场，是大安市泰山镇地窝卜村老百姓跳广场舞、扭大秧歌和日常休闲的好去处。村民的文化生活多样而丰富。文化广场旁边就是地窝卜村新建党群活动中心。

新的广场、新的村部、新的党支部，带来了地窝卜村新的变化。

这些变化得从地窝卜村新的包保责任人说起。他就是农发行大安三人小组组长胥怀云。有着多年组工经验的胥怀云刚来到地窝卜村的时候，这里的村民思想陈旧、意识保守，生产积极性不高。想要致富，提振信心，鼓足干劲，昂扬斗志必须从党建统领入手，建强村党支部，带领老百姓一步一个脚印，踏踏实实往前走。

在胥怀云的带领下，地窝卜村党支部探索了这样一条道路：

建好一个阵地。引入农发行捐赠资金，帮助村里建设新的党群活动中心，配备新的电脑、会议桌和图书柜。在党群活动中心大厅设立制度墙、党史墙、党务公开栏、有职党员公开承诺栏以及村务公开栏，重塑党建学习和宣传阵地。立足实际，开展政策宣讲活动，在公共场所和醒目位置设立宣传牌、宣传栏，张贴标语，悬挂横幅，大力营造社会主义核心价值观浓厚宣传氛围，让广大党员干部和群众在潜移默化中受到教育和熏陶。

带好一支队伍。建立新的两委班子，引导年轻党员主动参与乡村建设和治理工作。现在地窝卜村党总支共有党员25名，下设党小组2个，其中35岁以下党员2名，女党员1名，高中（中专）文化程度党员8名，大专及以上文化程度党员6名，预备党员1名。组织村两委成员和驻村工作队成立志愿者服务队，帮助村里打扫卫生，监督村屯环境卫生。让党员在为民办实事中进一步增强宗旨意识和服务意识，发挥先锋模范作用。通过村屯环境整治，为老百姓创建一个整洁舒适的生活环境，拉近党支部与村民的感情，进而提振全村发展志气。

完善一套制度。从严落实村党支部"三会一课"制度，让每个党员自觉严肃参加党内组织生活，增强党员的身份意识和责任意识。村委8名党员干部全部张贴党员公开承诺，接受村民和其他党员的监督。设立村务公开栏，做到村里的每项工作都让村民心中有数，明明白白。这些做法有效提高了党员为民服务的积极性。平日村民之间有矛盾，党员都主动去调解。村里发展产业，党员带头参加，引导老百姓跟进。村民有困难，党员干部积极帮助解决。渐渐地，村民们对村两委更加信任，找村委办事的人也多了起来。

促进一个转变。建立新的村规民约，围绕爱国爱村、学法知法、热爱劳动、养老敬老、居家整洁、文明交通6个方面向村民发出24条倡导，针对封建迷信、柴草乱放、铺张浪费、寻衅滋事、家族主义、家庭暴力6个方面明确向村民提出24条反对。创建农家书屋，购买村民实用、关心关注问题的相关书籍，通过广播向村民播放宣讲党的最新方针政策，提高了村民整体素质，促进村民自我管理、自我教育、自我服务的自觉性和能力不断提高，努力把地窝卜村建设成"生产发展、生活宽裕、乡风文明、村容整洁、管理民主"的社会主义新农村。

今非昔比的冒天水

给钱给物，不如建个好支部。农发行文山州分行对马关县冬瓜林村冒天水村民小组进行帮扶，他们以村级党建为切入点，着力建强村党支部，发挥党员先锋模范作用，树立党员带头意识，让党员的身影活跃在村里的每一个角落，给小村寨带来了大变化。

以前的冒天水村民小组，连接各个寨子的都是狭窄的土路，坑坑洼洼，身背竹篓走起路来都很费劲，严重影响村民日常出行。村里老百姓住的房子，基本都是泥土垒的墙，茅草盖的顶，夏天漏雨，冬天透风，住在里面的村民没有幸福可言。村里小伙子到了婚配年龄，到外面讨媳妇，女孩一听说是冒天水的，都不愿意嫁进来。寨子里45户100多人都想打破这个困境，但都心有想法，却苦于没有门路。

面对这样的境况，农发行文山州分行与村党支部携手，带领村民自力更生、自我奋斗。现在的冒天水，干群关系更加融洽，村民更加团结，党员干部想在前、干在前、示范在前的带动作用得到了充分发挥。

"村里的路，都是村委带领村民们一铲一锤干出来的。"村党支部副书记马建增手指办公楼前面的道路说。村里计划完成村内道路硬化2220平方米，村党支部用有限的资金购买建筑材料，带领村民义务出工出力，用勤劳的双手把村寨里泥泞的小道建成了白色路面。

冒天水村民小组是民族团结示范点，根据县里的危房改造政策，户均补贴4万元建房，不足部分政府还支持贴息贷款。刚开始，村里很多村民都等待观望，不愿意拆旧房建新房。党员主动带头，把自家的房子先拆掉，住进了自建的临时棚户，在原址建房。村民们在党员的带动下，纷纷效仿。2018年，村民小组所有人在临时搭建的棚户里过大年。现在的冒天水村民们都住上了崭新的白色楼房，墙面上装点着苗族特有的文化元素，入户是水泥路，排污水道连接各家各户。

苗寨每逢红白喜事有个传统，那就是走复杂程序，爱大操大办，往往给家里带来巨大的经济负担。改变这种现象必须从根子上抓起，促进移风易俗，实行制度和情感双管齐下。村里设立了红白理事会，拟定红白喜事办事程序，有报备、有公示、有监督，实行制度化管理。理事会成员除了承担宣传责任外，对家里有红白喜事的村民还主动上门做思想工作，红白喜事从简办理。提前报审，互相监督，已经在冒天水村蔚然成风。

"最近县里发起环境卫生爱国运动，要求各村做好村里环境卫生，我们只要在村微信群里发个通知，村民就自发地出来了。在以前，就算上面来催，村民们都不搭理。"说起村民卫生环境观念的改变，文山州自然资源局驻村工作队长张俊非常欣慰。冒天水村村民过去家里和院子里东西乱堆乱放，村里脏乱差现象较为严重。为让村民形成讲卫生爱清洁的新风尚，农发行文山州分行与村党支部成员挨家挨户作宣传，把一些整顿好的图片拿给村民看，主动上门帮助打扫卫生、整理杂物。经过一段时间集中整治，老百姓慢慢改变了旧习惯，自觉整理家里家外的环境卫生。村党支部立村规、定民约，建立红黑榜，对公共区域划分卫生责任区，分户负责，区域评比，组织村民互相参观，村民们的责任心强了，垃圾污水看不到了，路面干净了。现在的冒天水村，白墙青瓦在蓝天绿树间显得格外素雅，一个清新整洁、文明向上的村寨展现在人们面前。

攻坚一线党旗红

在广西隆林，一块由党中央、国务院授予的奖牌熠熠生辉。这是农发行隆林县支行获得的"全国脱贫攻坚先进集体"荣誉称号，也是农发行和广西壮族自治区获得的最高荣誉。

隆林县支行获得这样的荣誉，历尽了艰辛，在定点扶贫县脱贫攻坚的路上，探索出了一条特色鲜明的路子，那就是三个"一线"思路。

红色精神树牢基层一线，就是以红色精神为思想引领，"脱贫攻坚推进到哪里，党的建设就跟进到哪里"。组织党员干部瞻仰百色起义纪念碑、参观红七军军部旧址和百色起义纪念馆，聆听"时代楷模"黄文秀同志先进事迹，学文秀、争优秀。激发全体党员牢记自己的第一身份是党员，第一职责是为党工作，自觉弘扬"百折不挠，实事求是，依靠群众，团结奋斗"的百色起义精神，自觉担负起"支农为国、立行为民"的职责使命。

红色堡垒建在事业一线，就是以提升支部组织力为重点，围绕党建主轴，倾斜优势资源聚集到定点扶贫"业务链""服务链""经营链"上。与农发行总行设在隆林的"农发行＋企业＋隆林扶贫开发攻坚战指挥部"联合党支部开展党建共建，共理扶贫思路，共谋攻坚良策，确保四级行指挥体系形成一盘棋，脱贫攻坚一张蓝图绘到底，精准策划项目、精准对接需求，在易地扶贫搬迁、基础设施扶贫、产业扶贫、医疗扶贫、教育扶贫、东西部协作扶贫等领域打响了扶贫银行品牌。"工作日忙业务，周末忙扶贫"是隆林县支行员工多年来的真实写照。工作时间全行员工紧密配合，做好支行经营工作。每逢周末便往返6小时到结对贫困村开展帮扶，带上米面粮油与贫困户同吃、同住、同劳动。

■ 创新部党支部与广西隆林县者徕村党支部"联合共建"

红色党旗高扬困难一线，就是庄严承诺"绝不落下一个贫困地区、一个贫困群众"，设立3个党小组到各项目驻地、企业、村屯开展工作。基础设施党小组负责推进项目融资和建设的衔接。产业带富党小组推动"公司+合作社+农户"模式实施，发展村集体经济。红色引擎党小组负责解读国家扶贫政策、惠农政策，提供咨询和信息服务，组织优势不断转化为推动发展的强大动力。建立"党员+贫困户"一对一帮扶机制，在定点帮扶村与21户贫困户结对子、认亲戚，利用周末时间开展扶贫加强日活动，为贫困户宣讲帮扶政策、提供免费技术培训，联系务工、资助就学、帮扶生产等，激发贫困群众的内生动力。

农发行隆林县支行党支部共有15名党员，平均年龄50岁。在党员的模范带动下，青年员工深受感召，积极主动向党组织靠拢，脱贫攻坚期间新发展青年党员4人、吸收入党积极分子2人。

就是这样的一个支部，通过脚踏实地的努力，为7所学校提升改善教学条件，让3382户搬入敞亮新房，畅通1464.86千米农村公路，解决29351名贫困群众的居住和出行问题，助推全县8.67万贫困人口、97个贫困村顺利脱贫。

"土办法"树立新风尚

锦屏县龙池村因村中水井"龙池"而得名。脱贫攻坚期间，农发行选派杨端明到这个村任驻村第一书记。

当杨端明2015年9月第一步踏入龙池村，第一次召开全体党员会议时，通知八点开会，村里的党员九点才到，到了会议室，一片"乌烟瘴气"，手机铃声此起彼伏，开会期间交头接耳，进进出出。这哪是开会呀？简直是赶乡场。

杨端明第一次看到这种场景，心情很是沉重。这种境况继续下去，龙池村别说致富，就连脱贫都很难。要搞好扶贫工作，必须从抓好党建入手。只有党支部建强了，党员作风好转了，才能在老百姓面前树起形象，树立起威望，老百姓才能听党支部的话，才能团结一心甩掉贫困帽子搞发展。否则大说特说脱贫致富就是空谈。

说干就干。杨端明找到村党支部书记商量，党建工作就是要抓队伍建设，抓制度建设，整顿村党支部和村组干部工作作风。杨端明把所有原来的规章制度查阅个遍，发现缺少严格的会议纪律要求，就牵头起草了《龙池村两委会议制度》《龙池村集体经济管理制度》《发展新党员制度》《龙池村抱团发展试行办法》等制度办法，上墙张贴展示，发文要求严格执行。

在农村要想把党的各项政策和规定落到实处，必须把理论性的"心法"变成管用的"招式"，这样才能接地气，才能管用。

杨端明就是这样做的。他在村里就明确了这样一条规定，"凡会议迟到者罚100元钱"。等到过春节，各家儿子媳妇、女儿女婿回来的时候，村党支部将这100元钱原封不动地送回他家里去，告诉他家人，因为他于某天某时开会迟到或无故不参加会议被"罚款"，现将"罚款"退还给他。

这一招多少有些不近人情，但确实管用。大家都害怕成为反面典型，担心在亲人面前丢脸。从那以后，通知开会个个提前到场，会场纪律大为改观。

过去村里有个惯例，但凡干成一件大事，大家就聚餐一次。杨端明和村党支部形成统一意见，聚餐可以，但定下一条规矩，那就是实行AA制。采取这种办法，重在改变农村多年来养成的不良习惯，重在提升全体党员为村民服务、为党作贡献的责任感和荣誉感。

这两件事做下来，村党支部、全体党员劲头上来了，干劲出来了，为村里想事办事的精神头起来了。杨端明借势而行，向镇里借了1万元经费，带着村党支部委员龙绍海、龙家曲一行，先到广东、福建、浙江、江苏，后到河北、湖北等地学习种养殖业和村民合作创业方式，村干开了眼界，有了信心，干事创业的激情被彻底激发了出来。

党建引方向，晓岸才逢春

"刘继钧是不是在重庆混不下去了，才到老家来图个支书当？""刘书记估计是和老婆孩子闹矛盾了，想来这里躲一阵，估计很快就会回去。""他还想带我们发家致富呢？看他那样，有什么能耐？还不是跟村里的其他年轻人一样，常年在外打工而已。"村民们茶余饭后对他的议论，那段日子从来没有停下。

刘继钧是个老党员，锦屏县晓岸村人，从部队退伍后在东莞创业，生意做得挺好，还把家安在了重庆，妻儿至今仍在重庆。2016年春节，已经有十几年没有回老家看看的他，突然想回家乡看看。不曾想，村里的落后状况，与他当年离开时竟然变化不大，村里的路还是那条泥路，房子还是那些木板房，乡亲们还过着穷日子，村里年轻人越来越少，路上能见到的都是老人和孩子，这个退伍老兵的眼眶不禁湿润。那年，他46岁。

有着几十年党龄的刘继钧，受过部队洗礼，经过戎装淬炼，坚毅是他的主要品格。看到家乡这种样子，他心情非常沉重，出去十几年了，家，还是那个家，没有多大变化。这让他萌生了念头，坚定了为家乡做点什么的想法。

刘继钧不顾家人反对，在2016年底毅然决然回到了生他养他的晓岸村，通过选举当上了村党支部书记。想法虽然有，路子不好走，直到2018年，在农发行举办的定点扶贫县干部苏州培训班上，刘继钧看到了苏州当地的村屯一片繁荣的景象，看到人家村子里产业发展突飞猛进，和晓岸村的差别之大，深深触动了他的内心。

回村以后更坚定了他把晓岸村发展好、建设好的信心。但晓岸村和苏州当地的村屯是没法比的，回村两年来的美好想法都被现实击得粉碎。

就在这个时候，刘继钧遇到了来村里调研的到任不久的农发行锦屏三人小组组长秦小军。当秦小军问起脱贫致富有什么困难时，刘继钧终于倒出了两年以来积压的心酸苦楚。秦小军帮他把脉诊断，开出了药方，指出要从思想和积极性方面入手，以党建促扶贫，以党建为抓手，朝着"党建+"的方向努力。这番话让刘继钧猛然醒悟，豁然开朗。

自那以后，刘继钧就经常找秦小军沟通讨论，48岁的他作为村党支部最年轻的党员，带着村里的老党员，蹚出了一条"党建+"的新路子，主要是：

党建+移风易俗。破除陋习，改变思维，树立正气，树立正风。解决群众的思想落后问题，动员全村党员对村民进行教育。防止村民大办特办红白喜事，有亲戚关系的老党员要主动上门进行劝阻，解决村民僵化的生产意识问题。党建+主题活动。开展主题党日、"三会一课"、按月测评，在党员中开展批评与自我批评，做一些对老百姓有意义的事情。组织党员种树，打扫公共卫生，帮助老百姓解决生产生活遇到的困难。党建+责任制。对党员采取积分考核，实行包思想转变、包矛盾化解、包家庭纯正、包人居环境的"四包制度"。党建+产业。成立合作社，动员农户通过土地流转加入合作社，生产采取"党支部+合作社+农户"模式，合作社社员通过土地流转费、劳务费、合作社股金分红增加收入。

山高人为峰，发展正当时。全县海拔最高的晓岸村，流转土地近400亩，发展种植中药材和茶叶，2020年合作社每人得到7000元收入，解决了老百姓就地就业问题。2020年晓岸村荣获省、州、县三级脱贫攻坚先进基层党组织。

政银携手促蜕变

踏进中和村，一幅新村新面貌映入眼帘，水泥路直通家门口，农家小院错落有致，休闲广场干净宽敞，百姓舞台载歌载舞，老百姓的笑声四处飘扬。这里是江西省南丰县白舍镇中和村。

中和村曾经是省级贫困村，是农发行抚州市分行的挂点帮扶村。帮扶前，村里资源缺乏，交通闭塞，村民仅靠种植蜜橘维持生活。村小学校舍破烂不堪，孩子上学难；水利设施年久失修，农田灌溉难；无钱修路，村民出行难。"三座大山"把中和村压得喘不过气来。

挂点帮扶后，农发行抚州市分行携手市委组织部，与镇党委政府班子组成"连心"小分队，针对以往"群众思想难通、陋习旧俗难改、村庄环境难治"的"三难"问题，通过"支部指路、党建引路、党员带路、产业铺路、政策护路"的精准脱贫路径，推动中和村华美蜕变。

以"支部+企业+基地+贫困户"打开致富路。逐步打造"1万亩蜜橘、1000亩以上槟榔芋、1000亩以上白莲、100亩以上水稻制种、100亩以上甲鱼、1个扶贫工厂、1个蜜橘交易市场"的"七个一"主导产业，壮大村集体经济，通过产业链带动就业，全村80多名群众实现家门口就业，其中贫困户12户。扶贫先扶志，驻村工作队得知贫困户程国华缺技术，多次上门鼓励他做大水粉作坊，还帮助申请5000元创业补贴，创办了"程氏水粉"早点店，圆了他的脱贫创业致富梦。

抓"六建六促"改变村容村貌。建百姓舞台，促精神提振。建新时代文明实践站，促家风树扬。建百姓易俗堂，促陋习破除。建中和好人好事榜和道德红黑榜，促民风向善。建文化戏台，促传承文化。建农家书屋，促素质提升。老党员刘云华兴奋地说："我们中和村真的是实现了巨变，从一个软弱村到秀美新村，市委组织部、市农发行派驻的小分队成员吃住在我们村里，和我们老百姓一起生活、一起劳动，帮助我们修路搭桥、引进了企业，还建了我们百姓喜欢的戏台、广场，他们就是我们村里的恩人。"

走"三讲三扶一评"智助脱贫攻坚的奋进之路。"三讲"就是讲政策、讲帮扶措施、讲脱贫实效。"三扶"就是坚持扶志、扶智、扶德相结合。"一评"就是对贫困户内生动力、感恩情况、家庭环境卫生、政策知晓度等方面进行集中评议。开展颂党恩活动，引领贫困户坚定奋斗新生活的信心，展示自我奋进脱贫的新风貌，让贫困群众以感恩之心，践感恩之行。

获全县"脱贫奋进之星"表彰的曾学良，在21岁那年突遭车祸，脊椎断裂，神经受伤，行动不便。但他身残志坚，2018年抓住免费电商培训的机会，创立全村第一家电商网点，将当地农特产品销往全国各地，受聘中和农业发展有限公司会计，兼任中和村农家书屋管理员。曾学良用汗水演绎着不一样的脱贫梦，逢人便说："共产党就是好，党的好政策就是点燃我新生命、新生活的一盏明灯。"

村党组织由软变强，村集体经济从无到有，老百姓由穷到富，村容村貌由脏乱到秀美，得益于农发行抚州市分行和市委组织部的帮扶，今天的中和村正以全新面貌展现在世人面前。

【傅慎言曰】

党的根基在人民，血脉在人民。巩固党的基层政权，加强农村党的建设，发挥党支部战斗堡垒和党员先锋模范两个作用。引领广大农村农民感党恩、听党话、跟党走，自力更生，艰苦创业，是打赢打好脱贫攻坚战、实现共同富裕的前提和基础。

欲筑室者，先治其基。物质贫困易克，精神贫困难攻。无论造成贫困的原因是什么，精神贫困始终是首要根源。只有建强农村党支部，建好农村党员队伍，才能把农业发展得更强，把农村建设得更美，把农民生活带得更富足。

农发行扶贫干部始终不忘初心，牢记使命，始终与百姓心连心，始终坚持政银同心、干群同德、携手同行，以定点扶贫县为家，想百姓之所想，急百姓之所急，解百姓之所难，抓党建促扶贫，强党建促发展，以真心换支持，用真情赢信任。这就是一天扶贫人，一世扶贫情。

三、情至深处，志比钢坚

意莫高于爱民，行莫厚于乐民。①

在农发行定点扶贫县，活跃着这样一群党员干部。他们一头扎进贫困山村，奋力打通扶贫政策落地的"最后一公里"。他们经常入户走访，不怕"狗咬"、不怕"鹅追"，"足裹泥""手携纸"，用最接地气的方式开展工作，用最真实的情意服务群众。他们拿出担当、扛起责任，把一件件扶贫工作干出实效。他们和贫困群众一起奋斗拼搏，解决一个个发展难题，用扎实工作诠释对党的忠诚，彰显脱贫攻坚的精神内核。

"扶贫干部硬心肠，丢下儿女和爹娘。家中万事都不管，只为脱贫致富忙。"一句顺口溜，叫人泪眼婆娑。这些扶贫干部累是累、苦是苦、难是难，但他们义无反顾，是什么力量在支撑他们依然坚守一线，是什么力量让这些同是父母的孩子、孩子的父母，跑到高山深谷里去，拿别人的父母当父母、拿别人的孩子当孩子？"三月五月不归家，上丢父母下丢娃。心系帮扶贫困户，侍奉好比亲爹妈。"

三任干部"接力赛"

江西省南丰县有个庙前村。2016年前，村里外连主干道、内连村小组的路，全是泥路。基础设施落后，村民收入远低于南丰县平均水平。全村323户1140人中，贫困户37户122人，是南丰县为数不多的贫困村。

这个村，先后三任包村干部，全部来自农发行，都是农发行对口支援南丰县工作组组长。

第一任包村干部张维胜。立足庙前村基础设施落后、村集体经济"空壳化"两大难题，帮助庙前村建起了通村公路，帮助贫困户建起了新房，带动全村发展蜜橘种植

---

① 出自《晏子春秋》。

产业。为了改变村集体零收入的状况，协调南丰县配套贫困村的村集体启动资金，投入城郊光伏发电站，每年为村集体增加收入3万余元。张维胜还自己出资5000元帮扶5名生活困难的贫困户。

第二任包村干部赵金霞。发现庙前村产业发展过于单一，产业配套设施不全，村委会设施不全，为民服务水平有待提高。协调农发行捐赠资金8万元、南丰县配套资金10万元，帮助村里在鸡月岭村民小组的空地上建起了蜜橘交易市场，为实现橘农们3000多亩、年产2000万吨的蜜橘就近交易提供了极大方便。她还鼓励村合作社发展起养鸡、养猪产业，帮助合作社拓展销路。协调农发行捐赠资金2万元帮助村委购置办公电脑、打印机、复印机等设备，解决了村委办公设施不全、为民服务效率低的问题。

第三任包村干部陈晓东。刚到南丰就发现当地主导产业蜜橘种植的"痛点"。蜜橘植株开始老化，果树御寒能力弱，上年受冷空气的影响，成片蜜橘被冻死冻伤，"千年蜜橘"的品牌正在面临前所未有的威胁。陈晓东便经农发行扶贫综合业务部联系到山西中农国盛集团，引进多肽有机肥，把庙前村作为全县试点之一，实施土壤改良果品提升试点，多次深入橘园察看，及时了解成效。经过几个月的尝试，试点橘树的叶脉更加粗壮，叶片也较此前肥厚，庙前村的橘农看到了重振蜜橘产业的曙光。

农发行帮扶的火炬一任传给一任，一直在照亮老百姓脚下增收致富的路。

五年艰苦扶贫路，三任书记接续扶

在隆林县有一个村，叫那么村。这个村坐落在大山里，11个村民小组散落在山顶、山腰、山沟之中，是个典型的少数民族聚居村，有苗、壮、仡佬、彝、汉五个民族。2015年，村里有344户1624人，其中贫困户170户630人，贫困发生率38.79%，是一个深度贫困村。村里的房子大多数都是低矮狭小的木质茅草房，四面透风，屋内幽暗。

从2015年开始，农发行广西区分行对那么村开展定点帮扶，先后向村里派出三任第一书记，那么村从此走出了贫困生活，踏上了致富道路。

第一任第一书记罗赟华带领驻村工作队员梁剑培，从精准识别起步，起早贪黑，踩着泥泞湿滑的陡峭山路，历经3个月艰难地完成了所有贫困户信息采集录入工作。因采集录入信息工作量大，仅靠驻村工作队难以如期完成。一心扑在工作上的罗赟华，把来村探亲的爱人当成了"编外驻村工作队"，参与并出色地完成了精准识别和信息录入的工作。贫困户认定结束后，罗赟华针对那么村的弱项和短板，开展了一系列的帮扶工作：协调申请贷款修建通村公路。协调广西区分行捐赠资金修建水窖，解决了8户吃水难的问题。协调6万元捐赠资金设立教育基金，资助贫困学生，帮助村小学购买床铺，解决学生住宿难题。引导有劳动能力的村民外出务工，组织合作社试种中草药。

驻村期间罗赟华父母曾分别住院，但他仍然恪尽职守，奋战在扶贫一线。

第二任第一书记何定刚驻村期间，一举甩掉了那么村软弱涣散村的帽子。协调农村环境整治贷款1800万元，完成村屯道路、饮水工程、文化设施、公共设施等基础设施建设。在2017年，那么村即将脱贫出列的紧要关头，贫困户家住房达标是硬性指标，这时的那么村还有部分贫困户住房仍然需要修缮，在资金尚未全部到位的情况下，何定刚为使建筑材料按期到村到户，通过签订预购合同，自己先垫付资金，帮助村民解决运费问题，确保了修缮工作按期完工，实现年内整村顺利脱贫出列。他在驻村期间，安排村集体经济资金50万元入股隆林华隆公司，年分红4万元，建立了村集体经济稳定持续增加收入的新机制。驻村期间父亲、哥哥相继过世，何定刚仍然忍痛坚守扶贫岗位。每当提起这悲痛的事情，何定刚不禁潸然泪下，但他无怨无悔。

■ 2017年8月22日，农发行广西区分行支持建设的隆林县那么村通屯道路顺利完工

第三任第一书记曹亚楠与村党支部一起整章建制，任用年轻干部充实村两委，建立红白理事会、道德评议会、村民评议会、禁毒禁赌会制，设立村规民约，对村屯治理实行划片区责任包干制度。协调捐赠资金修建一座通屯小桥，铺设500米的入户路，挖通约2千米农田灌溉渠道，安装通往泥巴坡屯2.5千米饮水管道。利用捐赠资金40万

元支持村里发展养鸡产业，组织开办养殖培训班，用新鲜的知识填补村民思想上的贫瘠。在控辍保学工作中，动员4名辍学学生返校。帮助贫困户罗文龙的孩子返校就学，争取易地搬迁安置点住房指标，帮助其妻子找到了工作。

五年艰苦扶贫路，三任第一书记接续扶，转思想战贫困，抓班子带队伍，强产业治环境，薪火相传，成为佳话。一个脱胎换骨的那么村，正朝乡村振兴的方向迈进。

老百姓的小事都是大事

2018年的春天，农发行大安三人小组组长胥怀云到任，挂任市委常委、副市长。

作为三人小组组长，他协调农发行信贷资金支持扶贫批发、土地治理、生猪产业链发展。开展基层干部培训，组织大安市各级党政干部、扶贫人员参训，多渠道筹集捐赠资金支持大安市脱贫攻坚，协调农发行系统和外部单位、人员购买大安市消费扶贫产品，促进7个项目在大安落地。2019年胥怀云获得吉林省脱贫攻坚"特别贡献奖"。

胥怀云始终不忘帮扶干部的职责，心里装着老百姓，口中念着致富经，脚下走着通村路，深入所包乡村，为村民解决实际问题。他扶危济困林林总总的"小事"，在大安市各界和村民中口口相传。

老百姓口中的"修门市长"。万山村冯绪德身有疾病，带着两个未成年的孙子，家境贫寒，生活窘迫，是大安市评定最贫困的"3星级"贫困户。胥怀云在入户走访的过程中，了解到冯绪德所住房子的旧房门坏了之后负担不起安装新门的费用，一家3口人就这样过着"门户洞开"的日子，夜里睡得不安，冬天时常受冻。他看在眼里，疼在心上，当即找来标尺量了门框尺寸，自掏腰包到大安市建材市场买了一扇双层防盗门，自己当起了安装工，帮助冯绪德安上了新门。

"火灾户"称赞的好党员。新富村贫困户王芬，儿子早年意外去世，儿媳妇带着两个孩子过日子。2020年王芬的老伴李荣因癌症离世，祸不单行，家里原来的3间房子又发生火灾，房子烧得只剩下门框。年近70岁的王芬只能和儿媳、孙儿一起住在火灾后幸存下来的库房里。胥怀云了解情况后，帮助协调资金5万元，买来建房材料，又动员村民义务出工，帮助王芬家盖起了新房子。农发行爱心援建房标识牌醒目地悬挂在王芬家门口的墙壁上，每当家里来访客时，她都满怀感激地说："还是共产党好呀！没有他们我就没有这个房子住。"

养殖户眼里的"及时雨"。万山村贫困户贾文义，家有3口人，一家人除了务农种玉米，还在家里发展庭院养貉产业。2019年，受到市场波动的影响，貉皮市场价格一路下滑，在大安市收购价从300多元跌到了100多元。贾文义原本希望靠着貉皮致富的路子被堵上了，因不忍贱价销售，家里囤积了100多张貉皮。为了增加收入来源，贾文义不得不离开妻子肖丽娜和正在读初中的孩子，外出务工。胥怀云得知贾文义的困境，通过朋友联系到河北的收购商，直接赶到大安以高于当时市场价格收购貉皮，解决了像贾文义家这样的很多养貉户的貉皮滞销问题。"当年，多亏胥副市长找来收购商，家里貉皮才能卖上好价钱，帮助我们解决了大问题。"说起这个事，贾文义的妻子肖丽娜对此记忆犹新。

舍小家顾大家，情系马关千万家

2020年初，突如其来的疫情打乱了农发行马关三人小组组长敖四林的工作计划和探亲计划。

疫情期间，农产品物流和销售都受到了极大影响，马关农产品出现滞销，很多老百姓都没了收入来源，生活水平直接受到影响。群众的事就是扶贫干部的事，敖四林带领马关三人小组会同农发行贵州省分行发出《抗击疫情消费扶贫活动倡议书》，广泛号召全辖员工和机构，大力开展线上消费扶贫活动，积极开展东西部消费扶贫协作，推动马关扶贫企业复工复产，保障了马关县贫困人口稳定增收脱贫。

敖四林在疫情期间奋战在一线，可谁曾想他的心中总感亏欠。

春节期间，马关即将接受脱贫核验，马关三人小组组长敖四林主动放弃回家，留守马关过年，加上疫情来袭，他与家人团聚的日子一拖再拖。疫情期间，敖四林从妻子的电话中得知女儿突发高烧，在这敏感时期全家人都焦急万分，每天妻子多次打来电话，敖四林虽然也非常焦急，但面临"战贫""战疫"双重重任，他没有改变工作节奏，一边忍痛电话安慰妻子，嘱咐孩子按医生指导用药，一边继续开展走村入户、摸底排查、协助要道设卡排查。

马关顺利脱贫，疫情有效防控，百姓实现增收，老百姓笑了。家中的困苦与贫困群众的欢笑相比，倒也不算什么，家人给予理解与支持，敖四林也释然地笑了。

一个先行者的足迹

他的辛勤汗水洒满了扶贫路，他的全部心血倾注给了贫困县，他创造的扶贫业绩传遍了整个隆林。他就是农发行隆林三人小组组长赵乐欣。

赵乐欣在挂职隆林县委常委、副县长期间，坚定地把定点扶贫作为重大政治任务抓在手上、扛在肩上、落实在行动上，会同隆林县委、县政府，共同探索出深度贫困县"跳出贫困泥潭，走向致富高地"的有效路子。

他是想事超前、干事在先的好干部。几年来，按照农发行"四融一体"要求，结合隆林党委政府脱贫攻坚总体规划，制定帮扶措施，积极开展定点扶贫工作，哪里都少不了他的身影。每一个成功的项目，每一个困惑的难题，都有他的智慧和助力。他与广西区分行保持着紧密沟通，协助审批隆林项目贷款53.79亿元，与内外部捐赠方维护信息通畅，设计方案向隆林捐赠资金3200多万元。组织培训隆林扶贫干部、致富带头人2000多人。引导隆林招商引资落地项目10多个，项目投资20多亿元。

他有"一件事抓出头"的韧劲。人们常说"见商容易招商难，协议好签落地难"。赵乐欣在招商引资最难的落地环节，想千方、排万难，促使项目尽快成功落地。他先后两年对15家签约企业进行逐一拜访沟通，督促签约项目落地10个，签约投资金额近13亿元。为了帮助广西桂合集团有限公司落地蛇场乡马场村，赵乐欣不顾自身胃病，在多次召开协调会之余，率三人小组成员罗松起早贪黑，每次往返历时近6个小时，穿过坑坑洼洼的山路，两周内5次到马场村协调动员。为确保总行帮助隆林引进的北京大北农科技集团50万头生猪养殖项目在2020年6月底前正式开工建设，他多次召开会议研究工作部署，带领选址团队走遍十多个备选地点，多次与省、市自然资源局沟通，寻求政策，解决土地调规问题，保障项目如期开工建设。

他是敢创新、善探索的"领路人"。隆林县在百色市政策性金融扶贫实验示范区内，在试验示范区大胆尝试改革措施是一项重要内容。赵乐欣正是勇于投身改革的先行者，他洞悉隆林基础设施建设落后及产业扶贫薄弱的痛点，积极寻求省市县三级农发行支持，首创"土地增减挂+项目"模式，实现8亿元贷款审批。储备项目9个，意向融资金额18.7亿元，为隆林基础设施建设、桑蚕产业、生猪养殖、林业资源开发等领域项目的融资，摸索出了可操作、可复制的方案。

他是消费扶贫领域的"急先锋"。在没有任何经验可借鉴、没有任何案例可遵循的情况下，50多岁的赵乐欣敢为人先，敢当"潮人"。他率先为隆林农产品代言，通过电视台、直播平台、抖音、快手等媒介推销隆林扶贫产品，开发专门销售贫困县扶贫产品的"农发易购"电商平台，联合广电局、自治区政协等6家帮扶单位和隆林县政府在南宁市开办消费扶贫产品体验店，把隆林食材打入区分行机关食堂。努力打造"生态隆林"品牌形象，实现了"农产品"到"商品"的质变。全县可上"832平台"的消费扶贫产品种类，在2020年一年间从少数几种扩大到100多种。

他是农产品走向市场的"销售员"。2018年，隆林班支花村驻村第一书记王铁文找到赵乐欣，希望他能帮忙销售村里价值30多万元的手工红糖。这些红糖是班支花村集体为了增加蔗农收入，通过赊欠农户甘蔗款加工生产的。因为销路不畅，生产出来后一直囤积在仓库，一旦出现问题，蔗农一个榨季的收入将血本无归，这会严重影响蔗农的积极性，班支花村在蔗农心里的形象和信誉将会一落千丈。赵乐欣二话不说，答应为班支花红糖做代言。自那以后，他逢人便说班支花村红糖好，动员三人小组成员一起联系销售渠道。功夫不负有心人，2019年6月，班支花村的红糖终于卖完了。赵乐欣建议班支花村要想把红糖产业做起来，必须要有商标，要有包装，要有稳定销路。他的建议终成现实，班支花村红糖已经进入超市、网店，再也不愁销路。

梨甜心更甜

"秦书记，您还会干这个活？"看着农发行锦屏三人小组组长、驻村第一书记秦小军麻利地和着水泥，罗丹村村主任刘明祥轻松地调侃着这位从总行来的帮扶干部。一双胶鞋，一身素装，一副久居乡村的打扮。秦小军只要一有空，就跑到果园与村民们一起布设管线修水窖。"这个水窖建成后，周边500多亩的果树不愁灌溉，再也不用靠天收成了。"村党支部书记潘友坤指着高高低低、梨花遍地的山头高兴地说。

锦屏县罗丹村有2个自然寨，3个村民小组，187户共876人。金秋梨种植是这里的传统产业，却因种植多年，植株弱化，果品市场认可度低，村民普遍增产不增收。

2018年9月，刚从北京到任的秦小军，便将为这一百多户村民致富谋出路的想法深埋心底。2019年4月，在农发行扶贫综合业务部的帮助下，他协调山西中农国盛生物科技公司选派技术骨干驻村5个多月，对全村620亩梨园实施土壤改良。这一年的科学种植带来了喜人成果：金秋梨实现质量"双升"，糖度从7度提升到14度，批发价从每斤0.9元提高到1.5元。在农发行锦屏三人小组的帮扶下，罗丹村农发种养农民专业合作社注册了"罗丹梨不了"商标品牌，探索集中收购、冷库储藏、线上销售的产业链，销售金秋梨16万斤，销售市场从周边县市拓展到省外。2020年合作社创造红利80多万元，发放劳务报酬40余万元，返利分红给贫困户16.5万元，增加村集体经济收入10万元。

"卖得好、得钱多才是硬道理。秦书记这个带头人，我们认。"罗丹村果农姚本兰激动地说，她家2019年售果收入7万余元，比上年增加3.6万元。"前年每斤只能卖六七毛钱，去年秦书记帮我们种好果、卖好价，光金秋梨就卖了7万多元，比前年的2倍还多。"贫困户刘坤学补充道。

在罗丹村，农发行总行专项捐赠30万元，山东省分行捐赠50万元，共同援建了"罗丹梨不了"水果保鲜冷库一座，占地400平方米，可冷藏水果16万斤，助推锦屏县罗丹农发种养殖农民专业合作社带动就业100余人。"感谢农发行对我们罗丹村的大力帮扶，帮助建设了果蔬保鲜冷库，我们的产业链条体系逐步完善，水果产业收入不断提升。"刘明祥说。

说不出的后半句

2020年上半年，这是一个不寻常的时期，新冠肺炎疫情暴发，定点扶贫工作面临严重挑战。许多奋战在扶贫一线的党员，带领贫困群众冒着被病毒感染的风险，忍着不能和家人团聚的痛苦，依然驻守奋战在扶贫一线，抓疫情防控，抢时间复工复产。

农发行锦屏三人小组组长秦小军，在疫情暴发初期，春节还没过完就加入了"逆行者"的队伍，第一时间回到了锦屏县。

身为孩子的爸爸，疫情期间学校停课，他却不能在家里陪同孩子完成功课。作为家里的顶梁柱，疫情期间他却不得不把家里的重担压到妻子的肩上，让她独自照顾家里的老人和小孩。作为儿子，他知道，扶贫这几年对父亲亏欠很多。

疫情期间，年近80岁的父亲此前做了手术，这次又重病住院了，躺在病床上的父亲，给他来了电话。父亲从来都是个性格刚强的人，从小就教育秦小军大男儿志在四方，对他的学业、工作、理想一直都全力支持。

每次给家里打电话，父亲从来不问归期，只是细细聆听他在千里之外的锦屏做了什么，看到什么。秦小军也不说离别，不问健康，他明白，没有消息就是最好的消息。心中虽然有牵挂，但是谁也不提起，这是父子俩的默契。可唯独这一次，快要挂电话的时候，老父亲问起你什么时候能回来，秦小军一时语塞，心里很不是滋味。

父子之情，往往外刚内柔，只有他们双方，可以互相触碰到那些细微之处，就如同那首老歌所唱：想想您的背影，我感受了坚韧；抚摸您的双手，我摸到了艰辛。

心里装着百姓的难事

江西南丰，虽不是国定贫困县，但在有些乡镇村庄，基础设施薄弱的问题，仍然困扰着当地百姓。

农发行选派对口支援南丰的陈晓东到任后，多次走访，多方帮扶，依托捐赠资源，真正实现了"花小钱、办大事"。

南丰县陆家村，村前一条小道，与县道相连，是当地百姓经营橘园的必经之路。春季施肥、夏季梳果、秋季收获，这条小道是陆家村橘农祖祖辈辈的生产路。长久以来，每年上百万斤南丰蜜橘从这里走出大山，走向市场。这条只能由独轮车通行的小道，承载了陆家村及周边村庄橘农的致富梦。陈晓东见状，协调安排农发行捐赠资金15万元对小道加固路基，实施拓宽硬化，还在沟渠上架起了小桥，现如今1.8米宽、1千米长的生产便道，农用机具已是通行无阻。当地村民说"别看这不到两米宽的小道，陈书记为我们解决了运输通行的大事，这是我们的'财路'啊"。

太源村村民小组，尽管是村委会驻地，全组270余人，却一直都吃地下水。家庭条件好的农户，也仅仅在房顶安装个水柜，引作自来水使用。家庭条件困难的，只得采用原始手压式抽水泵，把井水抽到水缸里，用完后再抽再储。因饮水缺少消毒，缺乏碘盐，村里45人曾患甲亢。陈晓东得知后，安排捐赠资金10万元，帮助太源村村民小组实施5千米自来水管网延伸工程，全组吃上了安全水。

在离县城50千米的紫霄镇，瞿村村口一片近300亩的稻田，因沟渠未进行水泥硬化，经常漏水，引水灌溉没有保证。2020年春，陈晓东进村入户走访，了解这一情况，协调农发行专项捐赠资金20万元，帮助修建硬化水渠800多米，解决了长久以来的农田用水难的问题。"晓东副书记帮我们修的这条小水渠，可解决了我们的大问题。我们现在每亩地，每年可增产300多斤。"紫霄镇镇长赵维娜这样说。

<h2 style="text-align:center">千里寻医唤真情</h2>

这天，锦屏县龙池村的龙立潮，找到了农发行来的第一书记、"热心人"杨端明。原来，他的女儿是领养来的，打小带着一种怪病，老治不好。随着姑娘逐渐长大，越来越自卑、自闭。听说北京的医院比较好，龙立潮想带她去看看，别让孩子生活在阴影里。杨端明心想，村民把非常隐私的事情都告诉了我，说明人家对自己的信任，把自己当成家人了，怎么能忍心拒绝呢。二话不说就答应了，上北京。

经过几番波折的沟通，杨端明联系到了北大第一医院的专家。原本每天只看20个人的专家，同意增加一个号，排在第21位。

大清早的医院让他们傻了眼，候诊区里坐满了人，这些病人来自全国各地。眼看两个多小时过去了，但前面排号的人还很多。因为买的回程火车票是中午12点发车，龙立潮焦急不已，"怎么办，书记?"

杨端明一咬牙，硬着头皮两次带小女儿进去找医师求情插队，但都没能如愿。时间一分一秒地过去，时间已到11点，再看不上病，就赶不上火车了。龙立潮在那里直跺脚，急得快要哭起来。杨端明顾不了那么多，再次厚着脸皮第三次闯进诊疗室。医生看着他手里牵着的怯生生的孩子，心软了。"那你去问排号的患者有哪个愿意跟你换号。"

杨端明出来，请排在前面的几个人换个号，但没有人愿意。他心里知道，别人排号也不容易。但时间不等人，情急之下，杨端明一把取下胸口的党徽，高举过头顶，对候诊区的人说道："病友们，我是共产党员，是中国农业发展银行的干部，是选派到贵州大山里驻村的第一书记，这孩子不是我的亲戚，他们家是我帮扶的对象，是贫困户，好不容易才上北京来看病，但他们买回去的车票是中午12点，如果赶不上火车，孩子赶不回去上学，浪费掉火车票，无疑给他们家雪上加霜，请大家帮帮这个孩子。"

话音落下，候诊室一片沉寂，只有杨端明举着党徽，大口喘着气。

片刻之后，候诊区沸腾了。"我跟她换!""我也跟她换!""让孩子先看病吧!"病友们的反应让龙立潮夫妻感动不已，流着眼泪扑通一声跪在地上。见到这场景，杨端明鼻子一酸，强忍着泪水，过去把他们拉起："别哭了，赶紧看病，看完咱们就回去。"

特殊的"岳爸爸"

"爸爸""爸爸""爸爸"。

这个被孩子们围在中问一个劲叫爸爸的人，不是他们的亲生爸爸，而是农发行马关三人小组组长岳喜军。这些孩子是马关特殊教育学校的学生。

马关特殊教育学校由国家出资建设，2012年竣工，2013年9月开始定向招生，招生范围涵盖全县各乡镇，主要为中轻度智障儿童，少数为精神残疾、孤独症、残肢综合残疾等。学校设有6个综合班，在校学生94人，其中贫困户54人。学校以大融合教育为特色，全员全时全程抓好安全工作和教育康复训练工作，全方位强化残疾儿童"学会做人，学会生存"的能力，让这批折翼的天使一天天努力，一天天进步，一天天成长，逐步提高他们的生活生存能力，逐步融入主流社会。

岳喜军第一次来到学校，就因为心怀对待亲人般的亲和力而被平时怕生的小朋友们接受。他们没有把他当成"外人"，主动过去和他打招呼，还邀请他一起玩游戏。

作为农发行马关三人小组组长，岳喜军协调农发行专项资金捐赠给学校，帮助这些特殊学生购买电器、床上用品、校服、生活用品等。不仅如此，岳喜军还经常去看望孩子们，陪他们做游戏，给他们讲故事，给他们带上一些图书和衣服。岳喜军的善举带动了一批爱心人士，关注特殊教育，向学校捐赠图书、衣服、棉被等物品，一起到学校和孩子们开展活动，让孩子们感受社会的温暖。

马关特殊教育学校的走廊里，悬挂的特殊教育从业誓言这样写道：特殊教育，我所从事的神圣事业。特殊教育，我所选择的崇高职业。用爱心去塑造，用真情去感化，用榜样去激励，用人格去熏陶。无论面对什么样的孩子，我都能改进他的现状，都能让他受益，都能让他爱上我。

孩子们的"岳爸爸"，饱含农发行的热情，打心底里爱着他们。

狠心辞儿隔千里，热心只为拔穷根

细雨连绵，寒风阵阵。

锦屏县龙池村农民专业合作社前，十余人围着两辆大卡车忙着装车外运30吨龙池水果。涌动的人群中，一位年轻女孩不时操着一口流利普通话吆喝着，分类、装箱、记数、装车，带着大伙干得热火朝天。

她，就是农发行锦屏三人小组成员周颖力。

2016年11月到锦屏后，由龙池村驻村第一书记杨端明任组长，加上贵州省分行选派的邓勇，组成农发行锦屏三人小组，创新金融扶贫举措，打通精品水果市场营销环节，推进"输血式"帮扶。

2016年11月10日，日子回到周颖力进驻锦屏的前一周。快下班时，部门领导找她谈话，要选派她到贵州锦屏开展两年帮扶工作。要到远在2000多千米外的贵州锦屏，一干两年，这突如其来的抉择，让周颖力犹豫了，老大快6岁，老二才1岁多，她最放心不下的是这两个孩子。"我是性情中人，每每见到身边人有困难时，总有扶一把、帮一把的冲动，这次机会真的来了，就这样放弃吗？"群众利益与个人利益，孰重孰轻，周颖力心里明白。征求家人意见，得到全力支持，草草安排孩子们学习和生活后，周颖力踏上了北京开往贵州的列车。

到任后，周颖力协助锦屏县委、县政府开展项目融资、基础建设、产业扶贫方面工作。工作事务多，时间过得快，她努力克服环境、语言、习俗及饮食不同等诸多困难，与小组成员一起驻农村、爬山路，进农户、走地头，做融资、搞培训，一身扑在"杉乡"脱贫攻坚工作中。"每一天都过得很充实，与基层群众想到一块、干在一起，这都是原在机关没有体会过的节奏、没有看到过的风景。"周颖力干劲十足、收获满满。

"连续三个多月没回过家，带她到北京卖水果，实则想让她常回家看看、聚聚，谁想她却把两个孩子带到水果摊前，撵都撵不走，一卖就是六七天。"杨端明称赞周颖力是"女汉子"，有大闯劲。"卖水果得起早贪黑、早出晚归，但想到能为乡亲们找销路，苦点累点也值得。"周颖力感到辛苦并快乐着。

全方位的帮扶，就要全方位的投入。

挂任锦屏县金融办副主任，周颖力除了关注群众脱贫增收外，在帮助破解融资瓶颈上也狠下功夫。多次组织召开融资工作会议，帮助培训10余名县域年轻金融干部，为锦屏人才队伍注入新鲜"血液"。

抱定干就干出不一样成绩的信念，周颖力在做好分内工作之余，还自我加压，抽出时间到学校、农村开展调研工作，为锦屏县第四中学、特殊教育学校争取到融资项目和帮扶资金，解决了学校空调、热水等实际困难。将三江镇令冲村、平略镇甘乌村纳入重点联系帮扶村。

一人帮扶，全家支持。周颖力挂职扶贫后，公公到北京帮她照看孩子，父亲为她开拓龙池水果市场跑销售，姐姐、姐夫更是捐出120万元帮助龙池村修建水果保鲜冷库。"干不成样子，既对不起群众，也对不起家人。"周颖力这样想，也这样做。

四年马关行，一世马关情

4年零7个月，1650多天，人的一生能有多少个这样的光阴。"85后"的崔喆，用最美好的青春，为云南省马关县打赢脱贫攻坚战添上了一抹亮丽的风采。

农发行最初选派崔喆挂职马关的时限是2年，届满到期后，他毅然决然地放弃了回去的机会，主动向组织申请继续留任，这一干又是2年零7个月。1650多个日夜里，他早就把马关人民当作自己的家人。每次领导到马关调研都会跟他开玩笑说："小崔，在马关这么久，没有考虑成个家留下来啊？"他也总是半开玩笑地答："马关不脱贫，我不敢脱单"。

教育扶贫是重中之重。为了用好每一笔教育爱心捐赠款，发挥最大的帮扶成效，崔喆总是对接每一个捐赠主体，审核捐赠流程，落实捐赠手续，对被捐赠学生名单进行逐一核实。问起他为什么对教育扶贫工作这么用心，他说："当你看到山区里的孩子期待着你把捐赠的图书和文具递给他时，你会被他们那种对知识和外面世界渴望的，既纯粹又坚定的眼神所感染、所震撼。"

产业是精准扶贫精准脱贫的关键。崔喆扶贫挂职以来到处为马关奔走相告。多次组织考察团赴江苏、浙江、广东、山东、河南、吉林和福建等省份开展招商引资工作。参与农发行马关三人小组邀请52家企业参加的招商引资推介会，意向投资项目44个，意向投资金额66.21亿元。"那些日子里，带着企业和政府招商部门在各个省份奔走推介，身心俱疲，但想到只要能多落地一个项目，就会有多少个家庭摆脱贫困，孩子上得了学，老人看得起病，顿时就有了坚持的理由。"崔喆说。

2020年疫情来袭，但崔喆没等春节过完便赶回了马关，开展消费扶贫，推动马关扶贫企业复工复产。参与梳理出49种农特产品，编制马关扶贫特色农产品目录，通过各类线上渠道广泛宣传。起草倡议书号召全省积极支援采购马关积压扶贫农产品，稳定农民增收。

三十而立，崔喆作为一名"85后"的"后浪"，选择成为一名扶贫人。"挂职扶贫以来，对家庭亏欠很多，但也正因为如此，难忘脱贫攻坚，有太多值得珍藏的回忆。作为一名共产党员，担当成就事业，汗水铸就辉煌，作为打赢脱贫攻坚战、全面建成小康社会的参与者、亲历者、推动者，我无怨无悔，以此为荣。"崔喆感慨，"马关扶贫是我青春的绽放，今后我不管走到哪里，我的心，始终与这一方山水共鸣。"

以实干服务发展

唐鲲鹏，农发行锦屏三人小组成员，2019年10月起挂任锦屏县经开区党委委员、管委会副主任。在工作中，他勇于担责，为经开区的发展贡献着智慧和汗水。

他与经开区管委会班子一起，根据园区"一区多园"战略格局，推动园区实现行业多样化发展，涵盖建材、农副产品加工、电子信息、羽毛球体育用品、大健康及服务类和基建类产业，主导产业入驻企业占总体企业的90%以上。2020年园区产值突破7亿元关口，完成税收近4600万元。全年入驻生产类企业解决就业2500人，解决贫困户就业700人，生态易地移民搬迁户200人。

面对园区机构改革，唐鲲鹏积极提供智力支持，助力经开区党政工群部、综合事务部、企业服务部、规划项目部、综合执法大队、城投公司"四部一大队一公司"架构的形成，推动实现"园区体制现代化、运行机制市场化、园区服务社会化"。

紧扣"亲商、安商、扶商、富商"目标和服务要求，深入企业，广泛听取关于经开区工作的意见和建议，帮助企业协调解决项目建设和生产经营过程中遇到的困难和问题，积极为园区的入驻企业提供优质服务。

只想多为百姓做些事

在隆林，有这么一个帮扶工作人员，一米八的个子，清瘦的脸庞，让他在人群中很显眼。他就是农发行隆林三人小组成员罗松。

2019年10月到隆林挂职帮扶以来，罗松任县政府党组成员，协管财政、发改、招商、农业农村、应急管理和扶贫等事务，任隆林县脱贫攻坚东部战区副总指挥。

攻坚走在前。从到隆林第一天起，他就主动开展调研摸底，深入各单位和农村基层了解实际，寻找工作突破口。2020年，他下乡入户工作超百日，从未度过一个完整的周末，回京探亲仅4次，且全部都带有工作性质，端午、元旦假期都在政府值班，儿子小升初择校没有顾得上过问，甚至连老父亲在京癌症手术期间，也因与脱贫攻坚工作时间冲突而放弃探亲。

融商做前锋。凭借多年信贷工作经验，他积极参与隆林县"十四五"规划制定。协调政府部门办理手续，协助制订项目方案，陪同接待企业实地考察，亲赴工地解决问题，为隆林未来经济发展作铺垫。助推隆林与多家电子加工厂达成合作意向，有望将深圳生产线迁入隆林工业园区，填补当地没有高科技产业的空白。

融智打头阵。积极协调农发行对隆林义务教育均衡项目贷款的投放使用。对接总行捐助资金960万元，资助新入学贫困家庭大学生，支持新建的第五中学和社会儿童福利院建设。个人持续资助水洞村贫困孤儿杨亚水。

抗疫中逆行。新冠肺炎疫情暴发后，他不避风险，勇于担当，第一时间返回县内岗位，帮助县里阻击疫情，奔赴检测和防疫一线。

自从到隆林帮扶，这里一人一事一物都逐渐融入了罗松的生活。百姓的疾苦，学子的艰辛，隆林的建设，隆林的发展是他前进的方向。挂职临近期满，他说："在隆林时间不多了，我只想为这里的老百姓多做些事。"

踏踏实实走稳扶贫路

他是农发行三个支行的"老行长"，连续两年被评为农发行广西区分行业务发展三十佳成员。2018年他放弃了优越的城市生活来到隆林县，挂任县委书记助理的同时，还负责金平村、三冲村、保上村的脱贫工作，对口帮扶常么村5户贫困户。他是农发行隆林三人小组成员——言东华。

排除万难助脱贫。隆林县作为广西的极度贫困县，在2020年最后一个批次中实现脱贫出列，离不开像言东华这样的扶贫"战士"艰苦卓杰的奋战。他融入三人小组，步调一致，协同作战。3年间协助农发行信贷资金16.48亿元落地隆林。组织县内外各类培训、交流学习13次，培训基层干部、教师、技术人员2400多人。参与组织农发行为隆林主办的全国性大型会议2次，组织县内外出参加招商会议4次。

献计献力谋发展。他积极投身金融创新探索，提出"以贷定存"方案，促使县域存量贷款大幅增长，三年间贷款余额增幅达60%。多次外出考察调研，创新推出"4321"风险分担机制，首推落实"土地增减挂+项目"模式为隆林经济发展拓展新渠道。他身体力行，4次外出南宁、北京等地，5次举办"隆林美食进食堂"活动，把"山里货"带入大城市，带上人们餐桌。推动消费扶贫，积极推进"农发易购"电商平台建设，先后实现农发行5个定点帮扶（对口支援）县和全国多个贫困县500余款扶贫产品上架销售，实现销售扶贫产品2400万元，为企业发展出妙招。通过"公司+加工企业+基地+农户"发展思路为隆林红姐食品有限公司等一批民营企业带来发展活力。推广"基地+门店+合作社+农户"方式，为隆林打造"隆林黄牛""隆林黑山羊"的地标式畜牧业品牌。

身体力行献爱心。言东华爱隆林，了解隆林，把隆林当成自己的故乡。"教育改变命运"是他教育帮扶的宗旨，当收到帮扶对象杨妹以500多分的高考成绩进入了天津南开大学的喜讯，他眼眶湿润。他敬老爱老，苗家乡亲已然把他当作自己的家人。疫情有所缓解后，他第一时间走访贫困户，80多岁的赵德先老奶奶像亲人般握着他的手感慨道："小言呀，你再不来，就见不到我了。"

由于长期在扶贫一线奔忙，家里却疏于照顾。错过对孩子成长的陪伴，错过对70岁父亲入院手术的照料。但家人们都欣然理解，全力支持。

如今，脱贫攻坚胜利结束，乡村振兴方兴未艾。言东华收拾行囊，再启征程，将继续在这条路上发挥自己的光和热。

不下火线的尖兵

"年轻人，再迟你的肾就没了。"做完手术后，医生告诉病床上刚醒过来的他。

他的名字叫王冠洲，30岁出头，是农发行大安三人小组成员，挂任大安市扶贫办副主任，接触过他的人，对他有很多说法。

定点扶贫县的老党员说他是一个好党员。他耐得住寂寞，受得住清苦，保持"咬定青山不放松"的精神和"不破楼兰终不还"的定力，扎根基层，勇于担当、扛起责任、攻坚克难。他把帮扶措施留给了贫困人群，把帮扶设施留给了乡镇村屯。一年多来，他走遍大安市18个乡镇、223个行政村和27个行业扶贫部门，参与制订市、乡、村、户四个层面的精准帮扶方案，做到全市有规划、乡镇有计划、村级有方案、农户有卡册，不漏一户、不落一人、不差一项。

村里的老百姓说他是亲人。大安共有18270户贫困户，其中有6000多户重病重残家庭，他基本上都能牵挂于心，用行动去帮助。"98岁孤寡老人牛田喜，没人照料；88岁孤寡老人杨淑琴，患有脑瘤；12岁的孤儿牛佳怡，和患病的爷爷奶奶挤在40平方米的低保房里，等待救助……"每次走访，这些贫困户的困难他都一一地记在本子上，回来后尽力想办法解决。

农发行同事说他是个精通业务的大胖子。在帮扶期间，他立足农发行给予定点扶贫县的优惠信贷政策，和总、省、市、县行一道，帮助大安市建设道路、桥梁、学校等公共设施，帮助大安企业解决治理盐碱地、养猪等流动资金问题。帮助大安政府在疫情期间解决采购防疫物资资金短缺问题，提供应急贷款。

大家说捐赠资金让他管理很放心。他们三人小组创新研究了定点扶贫捐赠帮扶"大安模式"，针对不同的劳动能力、不同类型的特困人群实施了多元化、差异化的精准帮扶。引进近50家企业捐赠资金90余万元，帮扶贫困户600余户，让捐赠企业看到了实实在在的帮扶成效。

家人说他是个不顾家的浪子。他怠慢了父母，老人两次住院手术，他不曾回去。他辛苦了妻子，疫情期间妻子连续低烧3个多月，他不曾回去。他委屈了孩子，孩子希望爸爸能够参加家长会，他也不曾回去。亲友有时都说他"傻"，虽然工作重要，但也不能不顾家啊。但他总是淡然一笑，"组织信任我，大安的人民需要我，我现在只能做个这样的傻子了"。

医生说他是不要命的拼命三郎。2019年12月，他得知患上了肾结石，需要手术处理。但考虑到临近脱贫攻坚收官"大考"，身为脱贫攻坚工作一线人员，轻伤不下火线，两次简单治疗后旋即返回岗位带病坚持工作，靠药物抑制疼痛。在大安脱贫审查核验完成后才返回北京进行手术，那时已经出现肾积水。出院那天，已经是大年三十了。

一人扶贫全家上阵

"爸爸，还有多远……"最后一个"啊"字还没来得及说出口，农发行锦屏三人小组成员杨绍帆不满6岁的儿子杨承佑就在后排安全座椅上呕吐起来。2020年元旦这天，从锦屏县城赶往平秋镇的路上，从来不晕车的小朋友，再也没能扛住最后的500米，哇哇哇……吐得后排满地都是。

　　蜿蜒的山路、破损的路面，加上能见度不足15米的大雾，22千米的车程，这天早上杨绍帆开了整整90分钟。这一趟出行，是到锦屏县海拔最高的平秋镇和彦洞乡，实地察看锦屏县支行贷款支持的农村人居环境改善项目建设情况。

　　头一天是年终决算日，是银行人的"除夕夜"，一年到头经营"成绩单"出炉的日子，对银行人而言是最振奋人心的时刻。但在锦屏县支行的会议室里，没有欢呼雀跃，县支行行长王芳渭有序安排："秦处长、唐处长去固本乡，我和陆显红去偶里乡，欧永辉、姚礼霞，你们俩负责隆里、钟灵2个乡……"现场查看，两人一组，每组1至2个乡镇。锦屏全县有15个乡镇，县支行仅9名职工在岗，人手根本安排不过来。"咱农发行是一家人，行里的事就是家里的事。"锦屏三人小组组长秦小军这样说。这一晚，三人小组全员4人统统到位，积极配合支行的安排。由于实在缺人手，杨绍帆带上爱人于春红，自成一组踏上了实地察看之旅。

　　为何原本在贵阳学习工作、结婚安家的于春红，会带着不满6岁的儿子，跟着一起下乡？是放假探亲，还是另有隐情？这还得从几个月前说起。

　　2019年6月，农发行贵州省分行号召青年员工报名驰援扶贫一线，将选派前往锦屏县挂职扶贫，自愿报名。看到通知的杨绍帆，抄起电话就给还在上班的爱人打了过去。"好。"爱人简单的一个字，只有杨绍帆心里清楚，媳妇又准备辞职了。

　　"党有号召，团有响应。在脱贫攻坚的关键时刻，积极投身一线，是我们团委应有的担当。虽然我们处只有三个人，你放心去。处里的困难，我来想办法。"贵州省分行团委书记、党群工作处处长汤宏源这样鼓励身为团委宣传委员的杨绍帆。7月，贵州省分行确定选派杨绍帆挂职扶贫。于春红辞去贵阳的工作，带着不满6岁的儿子，举家奔赴锦屏。

　　到了平秋村，稍稍缓过来的杨承佑问道："爸爸，天这么冷，我们为什么要到这里来？路还坑坑洼洼的。""爸爸来呢，就是要看看这里的小朋友，房子好不好、学校好不好。要是不好呢，爸爸就跟农发行的叔叔阿姨们一起，想办法帮他们弄好，让他们能像我们一样住上好房子，也有像育成幼儿园一样条件较好的学校。这就是扶贫，这就是爸爸的工作呀！"

　　儿子似懂非懂地"哦"了一声，眼睛里不再有迷茫。

展青春光彩，献美好年华

　　在隆林县，农发行百色市分行、隆林县支行分别向隆林县水洞村、老寨村派驻了两位"80后"第一书记。

　　水洞村第一书记何剑飞2018年到水洞村驻村扶贫。三年间，他在水洞村组织村民种桑养蚕，建设桑蚕示范基地，利用捐赠资金帮助村民建设蚕房44座，44户贫困家庭实现家门口就业。蚕桑产业已经成为水洞村的致富产业，成为全县种桑养蚕的标杆。这种规模化种植、基地化示范的模式，在全县推广应用。为壮大水洞村集体经济，何剑飞联合其他两个贫困村，运用村集体发展资金，每个村出资50万元购买土方挖掘机出租，每年为水洞村集体经济分获租金收入4万元。带领村两委到四川省巴中市考察芦笋种植，并引种30亩，每年收入近5万元。面对村里严重缺水问题，何剑飞多次和村委一起翻山越岭寻找水源，协调县财政100万元，从8千米外的那么村水源地为村民引入了自来水。协调农发行捐赠资金19万元增建3个水柜，完善供水体系，解决村民饮水问题。筹集资金65万元，为22户住房面积不达标贫困户建起新房。帮助村里17户贫困户安置新房。

老寨村第一书记李廷奕，2018年告别了即将临盆的妻子，来到老寨村驻村扶贫，一干就是三年。老寨村党支部2017年被县里列为软弱涣散基层党组织，李廷奕到任后以党建作为帮扶切入点，在老寨村落实"三会一课"制度，联合农发行隆林县支行党支部开展"一帮一联"共建活动，深化"不忘初心、牢记使命"主题教育，进一步加深党群关系。通过学习教育，村两委干部党员意识和为民办事意识得到增强，村党支部战斗堡垒和党员先锋模范作用得到彰显，村民办事难的问题得到解决。李廷奕协调农发行捐赠资金为巴拉屯修建一座通往烟田的桥梁，巴拉屯400余亩烟叶种植基地，111户508人直接受益。协调15万元财政资金，从几千米外水源地将安全饮水接到村里，20多户长期饮水难问题得到解决。协调30万元农发行捐赠资金，在孵化基地旁配套建设小型屠宰场和冷库，助推村级清水鸭产业升级，完善孵化、养殖、屠宰、冷链的产业链条，为老寨村"一村一品"特色农产品走向市场创造了有利条件。

无论是水洞村，还是老寨村，在脱贫攻坚的路上都得益于百色市分行和隆林县支行派驻的两位第一书记，他们把全部的精力奉献给了贫困村，把美好的青春贡献给了扶贫事业。

【傅慎言曰】

习近平总书记指出："党政军机关、企事业单位开展定点扶贫，是中国特色扶贫开发事业的重要组成部分。"农发行分批选派优秀干部到定点扶贫县驻村帮扶、挂职帮扶，是职责所在。这些扶贫干部舍小家、为大家，在脱贫攻坚战场上，他们与地方党政携手奋进，与村两委并肩作战，与贫困户心手相牵，用实干体现担当，用实绩履行责任，在定点扶贫县印下了他们深深的足迹，留下了一个个感人肺腑的故事，谱写了一曲曲可歌可泣的赞歌。

这些干部与定点扶贫县、贫困群众不是一家胜似一家的鱼水深情，正是全面推进

乡村振兴，实现中华民族伟大复兴的根基、希望与力量所在。

四、捐在难处，赠在关键

急群众之所危，解百姓之所困。开展扶贫捐赠是定点帮扶中一项很有意义的工作。五年来，农发行始终以高度的政治使命感和社会责任感，把组织捐赠资金用于定点扶贫县扶危济困作为一项重大举措着力推进，动员贷款客户、非贷企业、社会团体和农发行全体员工，共同投身到全社会助力脱贫攻坚的大扶贫中来，用赤诚大爱和无私奉献为定点扶贫县解决最迫切、最棘手的难题。农发行定点扶贫县三人小组认真履行监管职责，充分尊重捐赠主体意愿，对明确用途的坚决按照捐赠人意愿落实。对未明确用途的，确保每一分每一厘都用在刀刃上、用在攻坚上、用在贫困户实实在在受益的项目上。

新冠无情人有情

2020年初，新冠肺炎疫情汹涌袭来。在这场阻击战里，坚强勇敢的农发行人始终与定点扶贫县"战"在一起，除了提供应急贷款给予支持，还积极捐赠防疫物资，助力定点扶贫县共同平安渡"疫"。

在吉林大安，三人小组及时向市政府转交农发行总行捐赠价值32万元的防疫物资，省分行捐赠的1.5吨医用消毒酒精，大安市支行捐赠的现金0.5万元，向一线防疫人员捐赠方便面10箱、矿泉水10箱、火腿肠10箱。

在云南马关，三人小组组长敖四林主动放弃春节与家人团聚机会，一直坚守岗位，全组正月初三就齐聚马关，入村督促检查防疫工作。多渠道帮助联系抗疫物资采购，农发行第一家向马关县捐赠了一次性口罩2650只，医护口罩100只，N95口罩2000只，以实际行动支持马关疫情防控。

在广西隆林，三人小组先后与广东、上海、云南、新加坡等地多家医疗用品企业和供应商联系，成功采购口罩1万只，帮助保障一线人员防疫物资需求。及时对接农发行系统向隆林捐赠口罩6600只、心肺复苏仪4台、防疫资金100万元。隆林县支行向介廷乡捐赠食品和矿泉水等物资，为一线防疫人员送去农发行的关怀。

在贵州锦屏，农发行扶贫综合业务部协调中关村精准医学基金会捐赠心肺复苏仪4台，协调安徽德隆集团捐赠一次性口罩5000只、医用护目镜767副。农发行党委组织部及时捐赠KF94口罩、普通一次性口罩各2000只。农发行贵州省分行捐赠10万元专项资助锦屏疫情防控。锦屏三人小组全员正月初三返岗，全力协助解决防疫物资紧缺问题。三人小组从境外采购一次性口罩5万只，全部捐赠锦屏。协调联系捐赠的疫情防控物资折价总计53.6万元，占锦屏全县金融机构捐赠的71.4%。各级地方党政给予一致好评，帮扶事迹多次获新华网等中央级主流媒体和省州党媒党刊专题报道，微信公众号"锦屏党建"作了《秉家国情怀　解燃眉之急》的专项宣传。

在江西南丰，农发行总行派专人将抗疫物资送至南丰县支行，包括一次性医用口罩4000只、KF94口罩2000只、84消毒液32瓶、N95口罩100只。南丰县支行第一时间将该批物资护送至南丰县红十字会。

捐资助学亮点纷呈

在吉林大安，农发行大安三人小组组长胥怀云通过朋友对接联系，促使中健三星（北京）临床心理门诊部对大安市3名贫困中小学生进行持续资助。在就读中小学期间，每人每学期资助2000元。考入大学就读期间，每人每学期资助4000元。作为这3个贫困家庭的帮扶责任人，胥怀云除日常走访外，在2019年秋季开学前自行出资带着3个贫困家庭的学生到大安市春雨书店选购学习资料，鼓励孩子们努力学习，努力成为对社会有用的人才。2020年，大安三人小组协调农发行系统及企业累计捐助全市18个乡镇贫困户学生、特困学生、品学兼优贫困学生835名。

在云南马关，农发行马关三人小组利用农发行捐赠资金2348.73万元成立了马关县扶贫助学基金。三人小组会同马关县政府制订扶贫助学项目实施方案，按照"公开透明、量入为出、突出重点、专款专用"的实施原则，管好扶贫助学基金，在马关县构建起到校、到人的教育扶贫资助制度。专项用于资助马关县2017—2022年考取的4690名贫困学生，实现建档立卡中高职、大专、本科、研究生全覆盖。资助金从每人每年1000元到5000元不等，直至大学毕业。

在广西隆林，农发行隆林三人小组持续协调捐赠资金资助隆林县贫困学生。2016年资助金额18.5万元，资助70名学生；2017年资助金额6万元，资助43人；2018年资助金额88万元，资助180人；2019年资助金额126.1万元，资助395人；2020年资助金额112.5万元，资助225人。累计资助金额351.1万元，资助913人。

在贵州锦屏，农发行董事会办公室的捐赠已经形成了持续帮扶机制。他们制定了《董办党支部扶贫助学管理办法》，全办干部职工每人每月从工资中拿出一定额度汇集成董办助学基金，专项用于资助锦屏县2名贫困学生龙家光、龙正森。每季度发放现金用于日常教育、生活费用及节假日开销等。"通过与锦屏县支行开展党建共建，我们了解到扶贫一线更多的具体情况，为进一步提升扶贫精准度和有效性奠定了基础。"董事会办公室主任张俊强说。董事会办公室累计捐赠超4.1万元，平均每人每年捐助3000元以上。首个受益的是全国最年幼的贫困户户主，锦屏县令冲村的龙家光，父亲已故，与母亲和年近八旬、体弱多病的爷爷奶奶生活。龙家光就读的锦屏县平金小学离家较远，每月需花费80元与小伙伴们一起包车上学，这让本就缺乏收入来源的家庭更加捉襟见肘。从2018年1月起，农发行董事会办公室每季度资助龙家光1500元，解决包月乘车、生活用品、学习用具等费用，减轻生活负担。同样受益的还有腊洞村贫困户龙正森。他就读于贵州凯里职业技术学校二年级。2018年的一场意外夺走了龙正森父亲的生命，体弱多病的奶奶需要照顾，止在读书的几个兄弟姊妹需要挣钱哺养，全家近十口人的生计如千钧重担压到他母亲肩上。董事会办公室决定，自2018年12月起每季度给予龙正森家1500元现金资助，逢年过节还额外送上慰问金。线上有温度，线下有温情。董事会办公室副主任张轩先后3次到锦屏县慰问，左玲、秦磊、张佐伟等党员干部共同赴龙家光、龙正森家慰问，将温暖送到家。2020年新冠肺炎疫情发生，农发行董事会办公室通过微信、电话等方式了解龙家光、龙正森两家的生产生活及心理健康情况，还在第一时间为两个家庭全体成员购买了新冠肺炎商业医疗保险，避免两户家庭因病返贫。

在江西南丰，农发行南丰三人小组推动成立教育基金会，得到江西省教育厅及县委政府大力支持，社会各界知名人士积极参与。带动全社会关心支持教育事业，弘扬尊师重教的社会风尚，开展奖教奖学、解困助学等活动，促进南丰教育事业发展。南丰县教育基金会采取理财增值模式，通过投资获取收益增值，再利用增值基金和部分母基金支持教育事业。2017年基金会原始资金池400万元，其中农发行捐赠款项150万元。2020年基金会已筹募资金1286万余元，仅农发行捐赠县教育基金会资金就达421.72万元。

■ 2017年8月22日，农发行在南丰教育基金成立大会上捐款150万元

齐心携手战疫情

2020年春节，一个14亿中华儿女都不曾忘却、不会忘却、不敢忘却的春节。"战贫"刚刚获得阶段成效，新冠肺炎疫情又疾疾袭来，保障群众安全、阻击返贫风险——一场叠加的战役悄然打响。

2月7日上午，随着最后一个标有韩文的包装纸箱运抵锦屏县红十字会，农发行捐赠锦屏县的20箱口罩全部捐赠到位，共计5万只。"感谢农发行及时援助，在困难时刻帮了我们的大忙啊！"锦屏县副县长龙咸勇在盘点现场时对农发行锦屏三人小组这样说。

日历翻回1月25日，正月初一。锦屏县政府连夜发布《关于调整春节放假时间的通知》，要求干部必须于2020年1月27日全部到岗到位，正常上班。"疫情就是命令，防控就是责任。"锦屏三人小组全部主动放弃难得的与家人团聚的时光，匆匆赶赴锦屏防疫一线。

大年初三，农发行锦屏三人小组成员、挂任锦屏经济开发区副主任唐鲲鹏和挂任县政府办副主任杨绍帆都准时到岗到位。当时，与全国大部分地区情况一样，锦屏也已"一罩难求"。他们从街道卡点了解到，值守人员两三天才能领到一只一次性口罩，紧缺程度可见一斑。黔东南州分行高级副经理、三人小组成员、挂任锦屏县副县长的潘贵平，遍访凯里各大药店采买口罩等防护用品。

在由京返黔的高铁上，秦小军与组员多次电话沟通，强调："越是在紧急关头、关键节点，越是在严峻挑战下、特困环境中，越要践行党员的初心使命，彰显农发行的责任担当。我们不是医护人员，缺乏专业医护知识，但我们要充分发挥组织优势挖掘自身资源，及时主动协助县委政府协调解决防疫物资紧缺的问题。"

1月27日晚，锦屏三人小组连夜启动"万只口罩援锦屏"行动，明确从农发行对锦屏的特困专项捐赠资金中拿出10万~15万元，坚持"多快好省"的采购原则，在3万~5万只范围内，自行交流确定采购事项，加紧采购。

为不占用国内资源驰援湖北、支持武汉，小组决定委托杨绍帆经大学校友联系，直接从韩国进口。渠道已找到，又遇新问题。在资金汇划上，春节假期各家银行尚未营业，等待营业再行付款将错失采购时机。在付款方式上，代购方明确"不接受对公账户结算""先款后货""一次性付清"等苛刻条件。在风险预估上，采购缺乏第三方监督、从威海港进口清关时间不明确、货运沿途经多个省市恐被征用。一系列问题接踵而来。

"口罩采买，效率为上。若有风险，自行承担。"打定主意后，杨绍帆连夜通过手机银行转账先行垫资12.5万元，迅速采购口罩5万只，其中4万只一次性捐赠锦屏县红十字会，余下部分由三人小组统筹捐赠帮扶联系村寨。

疫情发生后，农发行捐赠锦屏抗疫防疫物资折价总计53.64万元，占全县金融机构捐赠的71.4%。贵州省分行行长张孝成3月就赶赴锦屏，率队专门向锦屏捐赠抗疫资金10万元。省州县三级行紧急联动发放锦屏县首笔疫情防控贷款133.73万元，累计向锦屏发放疫情防控贷款893万元，支持医疗设施建设、应急调控粮油采购。

金融机构助力锦屏县疫情防控工作中，农发行捐赠次数最多、捐赠力度最大、贷款投放最快，新华网等中央主流媒体以及省州县三级党媒先后以《铁军利刃斩穷根》《农发行向锦屏县捐赠口罩4万个》《"疫"线担当，实干为民》《秉家国情怀，解燃眉之急》为题，进行专题报道。

杨绍帆在日记中写下这样一段：定点扶贫，托起的是23万锦屏父老早日脱贫解困、早日战胜疫情的殷殷期望，凝结的是总行党委对定点帮扶锦屏的关注与关心，聚集的是省分行党委对锦屏的关怀与厚爱，展现的是农发行人团结一心、携手奋战的集体意志，善打硬仗、能打胜仗的优良作风，决战脱贫、不胜不休的责任担当。

敬老爱老的农发行人

脱贫攻坚期间，农发行南丰三人小组通过调研发现，南丰除了农业产业，农村建设需要向前推进，农民个体发展需要稳步提升，农民养老问题也是"三农"问题中的一个重要部分。农民老年生活是否能得到有效保障，关系到几代人的福祉。

■ 三人小组在南丰县三溪乡庙前村走访低保户老人

农发行南丰三人小组首任组长张维胜，挂任县委常委、副县长，同时任南丰县养老院项目建设指挥长。他积极推进总投资1.02亿元的养老院项目建设工作。协调项目配套融资工作推进，农发行成功投放贷款0.75亿元，有效支持养老设施建设。

为改善敬老院孤寡老人的生活，让他们感受到各界人士的关爱，2017年10月13日，农发行工会团委工作部马延峰率队到南丰，开展主题为"学习点亮梦想　农发伴你成长"的青年扶贫自愿公益活动，为老人们送去了食用油、大米等慰问品。马延峰拉着老人的手，仔细询问老人平时的住宿、伙食等生活情况，一行人与老人们演唱两首红歌，大家跟着歌曲拍手打起了节奏，现场欢声笑语，其乐融融。

2018年，农发行南丰三人小组赵金霞、王亮、杨力安排农发行专项捐赠资金60万元，支持三溪敬老院配套设施采购，为敬老院里的老人们带来更好的生活环境。

2020年，农发行对口支援干部陈晓东来到南丰后，持续关注关爱农村老人的健康和生活，经常到三溪乡养老院慰问，与老人们促膝长谈，了解老人们的生活情况，鼓励老人们要积极面对生活，在老有所养的基础上实现老有所乐。

贫困户"眼里"的农发行

"今天的幸福生活得益于农发行对罗丹的帮扶，得益于农发行帮扶干部的关怀。"刘坤学说出了心底的话。

刘坤学，原锦屏县罗丹村贫困户，早年右眼受过伤，虽只有40来岁，却无法外出务工，常年在家务农，种有金秋梨20余亩。"以前是人种天养，等果贩子来收，好的只能卖到5角至6角一斤，果贩子看不上眼的就只能烂在地里，一年的种果收入只有1万元至2万元，越种越没有信心。"讲到以前的经历，刘坤学语气里透着无奈和彷徨。产业做不顺，又无法外出务工，刘坤学心情郁闷，再加上眼疾复发，右眼几乎看不见，家里收入低，根本不敢看病。"现在国家有了这么好的医保政策，大病能报销，你尽管找最好的医院去看病，医保报销了还有困难，尽管来找我。"2018年刚到锦屏的驻村第一书记秦小军得知后，急切地催促刘坤学，"收拾一下，明天就去，不要再拖了。"

"你的眼压大大超过正常值，来得再晚些，眼睛就废了。"在怀化眼科医院，听到主治医师的诊断，刘坤学后背一阵发凉。住院期间，刘坤学每隔一天就接到秦小军打来的电话，劝导他安心治疗。农发行锦屏县支行行长王芳渭也专门赶到怀化眼科医院探望刘坤学，叮嘱他一定要把病治好再出院。

"现在我的眼睛不感到疼痛了，正常干农活没问题。农发行对我真的太好了，还帮我解决了医保外8000多元的医疗费。"农发行用捐赠资金为刘坤学治好了眼疾，重振了他脱贫致富的信心。刘坤学还搬进了敦寨镇琴凼易地移民搬迁安置小区的新房，儿子就在小区旁边的锦屏县中等职业技术学校就读。农发行在锦屏县投入贷款4.5亿元帮助建设了扶贫安置小区，像刘坤学这样实现搬迁梦的有1.6万余人。

多方共赢的"大安模式"

脱贫攻坚期间，农发行大安三人小组会同扶贫部门统计所有在册的未脱贫户、边缘户、监测户、重病重残户、贫困学生、孤儿和孤寡老人名单，按照贫困程度、特困类型、生活支出必要费用等指标确定优先帮扶级别，形成帮扶对象数据库。

农发行大安三人小组收到拟捐资企业捐赠意向后，根据客户企业捐赠金额和拟帮扶人数，征求数据库内拟受捐人员所在乡镇政府意见，确定帮扶对象、帮扶事项、帮扶金额。对接捐资企业、当地慈善总会、受捐贫困户所在乡镇政府签订三方协议，明确各方权利义务，帮扶期限不短于2年。捐资企业将捐赠资金汇入当地慈善总会账户，当地慈善总会向捐资企业出具慈善捐赠发票并将款项划拨至乡镇财政所，由乡镇将捐赠资金派发至受捐人。乡镇政府收集产业发展、带贫成效、捐赠发放等一应佐证资料，对佐证资料真实性负责。三人小组负责全程调度并审核佐证资料完整性。慈善总会负责监督资金使用合规性。佐证资料收集整理完毕后，寄至捐资企业用于认定扶贫贷款。乡镇政府在收到捐赠资金后，组织安排发放，负责保障捐赠资金发放到位。

2020年3月农发行首次推行"大安模式"以来，吉林大安引进农发行广东、浙江、安徽、上海、山东、天津、吉林等分行的客户企业捐赠资金90余万元，帮扶贫困户500余户，每户直接获益1000元至3000元不等。

这种模式遵循"因时而定、因人而异、因事而为"原则，根据当地不同时期工作重点及帮扶现实需求，适时调整帮扶对象、帮扶措施和帮扶路径，通过农发行客户与贫困农户"结对帮扶"的方式，对不同类型贫困户进行精准施策、精准帮扶，改善了贫困村、贫困户基本生产生活条件，创建了帮助贫困户稳定增收的渠道，搭建了企业奉献爱心、履行社会责任的平台，减缓了当地财政投入脱贫攻坚的资金压力，推动了当地社会经济发展，实现了"户村企政银"多方共赢。

【傅慎言曰】

"没有锲而不舍的毅力，不愿付出艰辛于他人数倍的努力，不靠一点一滴的积累，涓滴成流，聚沙成塔，是不能做成事业的。"习近平总书记这么说。五年定点扶贫，五载风雨同舟。无论是决战决胜脱贫攻坚，还是新冠肺炎疫情防控，农发行始终站在一线，勇往直前，发挥三人小组的信息员、战斗员、组织员作用，广泛引导爱心企业、有识之士携手共担助力脱贫的社会责任，倡导捐赠帮扶尽力而为、量力而行，在党员干部和人民群众之间用真情大爱搭建了一座座连心桥，修通了一条条同心路，共同筑就让定点扶贫县老百姓过上好日子、美日子的康庄大道。

五、爱心消费，共克时艰

贫困地区特色农产品受地理交通条件、经济发展水平、制作加工工艺等多方面因素限制，普遍长期面临产品质量差、运输链条长、附加值不高等问题。"质量不高，卖不出去，挣不到钱"是贫困地区农民兄弟的最大困难。"输血式"扶贫必须逐步转化为"造血式"帮扶，才能真正激发贫困地区困难群众的自我发展活力。

实行消费扶贫帮助贫困人口增收脱贫，是社会力量参与脱贫攻坚的又一重要途径。消费扶贫在农发行一经推开，就一呼百应，一倡百和。有生产环节的提质增效，有销售环节的畅通渠道，还有消费环节的共同采购，以最直观、最直接的方式，全行全力全程打通贫困地区农特产品销售大动脉。农发行各级机构、干部员工实行"以购代捐"，通过倡议书、宣讲会、朋友圈动员社会各界"以买代帮"，从上到下、从内到外、从中心到外围形成了"人人愿为、人人可为、人人能为"的消费扶贫浓厚氛围。农发行干部亲赴各地直销，建立专区专柜，搭建电商平台，试行直播带货，创造了许多帮销新模式，真真正正用真心实意、真情实感为贫困群众换回真金白银。

（一）发动系统采购

农发行把消费扶贫作为克服疫情灾情影响、坚决完成脱贫攻坚任务的重要手段和提升产业扶贫质效、巩固脱贫成果的重要举措，切实发挥系统优势、金融优势和客户优势，从扶贫产品生产、流通、消费各环节全面发力，帮助解决贫困地区扶贫产品滞销难卖问题。

2020年3月，在《关于大力开展消费扶贫专项行动的通知》中，明确开展消费扶贫行动的总体要求和主要措施，将各项工作措施分解落实到部门。组织31家省级分行党委签订脱贫攻坚责任书，将"购买贫困地区农产品"和"帮助销售贫困地区农产品"两项指标任务作为考核的重要内容，立下了消费扶贫的军令状，压实消费扶贫责任。

9月，农发行开展"消费扶贫、你我同行"主题消费扶贫月活动，召开全系统视频动员会议，动员全行部员工、客户企业和社会各界，汇聚各方爱心合力，积极投入到消费扶贫行动中来，在全行掀起了消费扶贫热潮，帮助销售贫困地区农产品4330万元，直接购买贫困地区农产品1932万元。

大力组织机关内部直销。在总行机关和有条件的分支机构设置扶贫产品展销专馆专柜专区，举办贫困地区扶贫产品展销会、特色产品美食周等活动，集中展示销售扶贫产品。各级机关食堂与贫困地区扶贫商户签订长期购销协议，将日常食材所需与消费扶贫有机融合，加大采购力度。各级工会在组织开展节日慰问、夏送清凉和各类文体活动时，优先选择扶贫产品。创新推进电子商务营销。专门建设"农发易购"电商平台，为全行消费扶贫提供便捷优质的服务，上架45个县890款扶贫产品，上线一年累计销售扶贫产品1700余万元。组织开展扶贫产品"带货"大赛，吸引系统内广大青年员工积极响应参与，发布带货视频350多个，推荐扶贫产品450多种，浏览量超过300多万人次。定点扶贫县三人小组精心挑选167款特色产品，通过各类电商渠道推销代言，引导全行优先选购。专门研发微信小程序，鼓励各级机构和个人及时准确填报消费扶贫数据，全面反映消费扶贫成果。广泛发动客户企业助销，用好定点扶贫、东西部扶贫协作、"万企帮万村"和对口支援等帮扶机制，主动沟通协调客户企业，引导企业大宗采购扶贫产品。积极牵线搭桥，帮助贫困地区与东部大型商场超市建立长期稳定产销关系，将东部地区的消费需求与贫困地区的特色产业有机衔接起来，并及时将企业需求反馈到贫困地区，实现产销对接、互利共赢。重点支持定点扶贫县消费扶贫，在广西南宁举办定点扶贫县消费扶贫现场推进会，线上直播和线下销售相结合，同步展销农发行定点扶贫县扶贫产品。总行6个对口帮扶部室会同25家东西部省级分行，协调369家客户企业采购定点扶贫县的扶贫产品，邀请其中39家企业到会与定点扶贫县签订总计1.25亿元的消费扶贫意向采购协议。

（二）提升产品质量

罗丹梨有"品味"了

"罗帮何，三千三百元！"

"刘见华，一万零五百三十七元！"

"刘和平，四万八千六百三十一元！"

……

2019年9月3日上午，锦屏县罗丹村委会4楼会议室，在"罗丹梨不了"金秋梨线上销售收入发放现场，锦屏县杉乡文旅公司当场向30余户种植金秋梨的果农现金发放收入24.06万元。

其中，果农姚本兰实现销售收入4.86万元，成为当天收入发放会的"冠军"，全年售果收入7万余元，是上年的2.1倍。罗帮何、刘坤学、刘坤源……大伙儿或忙不迭地数着刚刚到手的现金，或交流来年的种梨打算，乐得眼睛都眯成一条缝，脸上的笑容迷人而可爱，自信又从容，不禁让人想起那一句，"幸福生活比蜜甜"。

更让罗丹村民振奋的是，在驻村第一书记秦小军的带领下，农发行援建的果园水窖已正式投入使用，解决了全村500余亩金秋梨种植缺水问题。同样由农发行援建的罗丹村水果保鲜冷库正式建成投产，库容总计1200立方米。经过连续两年实施果品提升工程，罗丹村金秋梨的糖度从2018年的7度提升到2019年的11度，再提升到2021年的14度。金秋梨质地更细腻，口感更脆爽，收购价格高于市场平均水平，全村223名贫困户实现全面增收。

"我们村的金秋梨真正实现品质提升，要感谢霍老师的指导咧！"罗丹村主任刘明祥说。他口中的"霍老师"是一名来自山西朔州的农技师，"90后"小伙子霍良。

霍良是山西一家农牧公司技术员。2019年，经秦小军对接联系，罗丹村从山西引进多肽有机肥试点土壤改良。同年5月，霍良受邀来到罗丹村开展墒情检测、施肥配剂，指导村民清园梳果、实施水肥管理。一套完整的水果种植精细化管理方案在罗丹村逐步推开，他这一干就是5个月，与秦小军、杉乡文旅公司董事长林雪梅一起，碰撞出"罗丹梨不了"这个金秋梨品牌。仅2019年，罗丹村就销售金秋梨60万斤，村集体经济增收3.6万元。

（三）推行产品直销

奔袭千里寻商机

"这下马关老百姓应该不用愁了！"农发行马关三人小组成员袁智勇顶着黑眼圈，在广东珠海兴奋地说道。要知道，这是2020年3月，疫情最紧张的时候。

然而突如其来的新冠肺炎疫情让马关农产品突然断了销路，贫困户一年的辛苦，丰收的愿望，被这场疫情给打乱了。看着手里滞销的蔬菜、榨菜、鸡蛋，农户只能无奈地哀叹。农发行马关三人小组组长敖四林愁眉紧锁，农产品销售不出去，老百姓的收入来源就成问题。"我们广东这边因为疫情原因，农贸市场产品紧缺。"在艰难的时刻，农发行广东省分行给马关三人小组传来了关键信息。

"现在非常时期，正是马关老百姓需要我们的时候。"在三人小组会议上，敖四林斩钉截铁地说。由于疫情，各地物流卡得很严，有的地方高速路"上得去，下不来"，搞不好没到广东，农产品在路上就坏掉了。但为了马关的贫困户，他们决定冒险一试，辗转租到一辆货车，装满12吨马关高原特色农产品，奔赴广东，寻找直销商机。

三人小组率领马关蜀丰公司、原味梦经销商一行6人，星夜兼程，用近一天半时间驱车上千千米前往广东。在广东省分行的帮助下，很快找到了珠海市隆幸配餐管理服务有限公司。在疫情期间见到新鲜的高原特色农产品，客商高兴不已，开出了好价钱，还表示有多少都可以收购。眼看销路打通了，大家一扫来时的困倦。经过商谈，同行的马关两家企业与珠海隆幸公司达成了长期供销协议，这趟不畏艰险、千里奔袭的寻商之旅终为马关百姓打开了销售渠道，马关百姓的农产品不愁卖了。

隆林特产走进总行机关

2018年12月3日，农发行总行机关食堂，一场别开生面的广西隆林特优农副产品展销活动拉开帷幕，农发行时任行长钱文挥、时任副行长殷久勇亲临活动现场，听取工作人员介绍产品，带头购买。

高山有机茶叶、手工红糖、黑猪腊肉、高山大米、隆林黑粽、高山茶油……琳琅满目。这场展销会由资金部、行政服务部联合隆林三人小组精心组织，突出"精准扶贫，以购代捐"的主题，帮助隆林贫困户打开农产品销路，激发贫困户的内生动力。

隆林县素有"土特产之乡"的美誉，农产品绿色原生态、健康无污染。由于地处偏僻，交通不便，农产品处于自产自销状态，销售渠道有限。这次活动设立展销区和体验区，通过现场参观体验，让总行机关干部职工直观感受定点扶贫县的风味、风物、风情，切实体会到消费扶贫的参与感和自豪感。大家纷纷驻足，争相购买。短短2天时间，参加展销的近600件农产品被抢购一空，现场为隆林县贫困户创收7万余元，追加订购20多万元。此后，行政服务部还在外卖区开设隆林专区，长期售卖隆林县消费扶品产品。

农发行总行机关员工带走的每一份扶贫产品，都是他们对定点扶贫县人民的真心和真情，寄托着农发行人对贫困山区的关爱和关怀，给贫困山区人民带去了温暖和信心。

乡土味道上餐桌

"两黑一黄一清，三张叶子一株蕉"是隆林农特产品的名片，主要有隆林黑猪、黑山羊、黄牛、清水鸭、茶叶、西贡蕉，特色产业覆盖率达96.45%。这些特色产品缺乏宣传，知名度不高，很难形成品牌，没有竞争优势，产业规模很小。在定点扶贫期间，农发行隆林三人小组为了让更多消费者认可隆林特产，把隆林产品推广到更多人的餐桌上，创新尝试"隆林美食体验周"消费扶贫模式。

2019年初，首场体验周活动在广西南宁举办，在农发行广西区分行、南宁市分行同步开展。农发行隆林三人小组成员言东华带上隆林本地厨师，提前对接举办单位食堂一周的食材需求量，提前一两天集中采购，用冷链车运输，确保食材新鲜。肉类选择全部来自隆林县带贫效果显著的养殖基地，蔬菜全部自贫困村或贫困户种植，确保贫困户实实在在受益，食客真真正正吃到乡土味道。活动最后一天，言东华对本次活动做了50份调查问卷，整体满意度达100%，以购代捐扶贫方式支持率达98%，隆林生态扶贫产品采购意愿达96%。活动实现食材销售收入近8万元，为推进消费扶贫工作提振了信心。

2019年4月，第二场隆林美食体验周活动在农发行总行机关再次呈现。这次活动，农发行创新部、行政服务部给予大力支持。得益于农发行总行机关食堂和干部职工热心支持，活动销售了近8万元的隆林扶贫产品。一同参加本次活动的隆林厨师黄国庆说："农发行人真是太热情了，对我们隆林来的山里人，感觉就像一家人一样。"

有了前两次活动的经验，2020年6月，应广西广电局邀请，农发行三人小组带上厨师团队、隆林食材和消费扶贫产品，重返南宁。这次活动以"舌尖上的非遗"为主题，由自治区广电局携手定点帮扶隆林县开展传统佳节非遗文化体验活动，邀请多家广西媒体进行报道。隆林三人小组以活动午餐为载体，增加现场制作隆林黑粽、糍粑、簸箕饭环节，提供现场茶艺表演。这次活动为隆林销售了近2万元的消费扶贫产品。

（四）开展阵地销售

小小展台聚大爱

在农发行，消费扶贫已经成为一种习惯。不少机构专门设置形式多样的销售专区，切实帮助定点扶贫县拓宽特产销路。

首都北京，农发行总行机关办公楼，定点扶贫县扶贫产品销售区占地约45平方米，专门配置货架、宣传板、收银台，陈列着来自各定点扶贫县的大米、茶叶、红糖、腊肉、干食用菌、季节性水果、食用油等，供总行机关干部员工选购。总行行政服务部还定期采购定点扶贫县的食材，帮助各定点扶贫县销售更多的消费扶贫产品。

广西南宁，农发行广西区分行机关食堂入口最醒目的位置，隆林县特优农产品展示专柜"那么土、那么香、那么好吃"的标语引人驻足观看。专柜顶部用琉璃瓦做成农家屋檐，货架用木板做成阶梯式，货架背景为宣传栏，对隆林县的基本情况、销售的主要农副产品进行详细介绍。在货架上整齐摆放的隆林消费扶贫产品，不定期更新。

吉林长春，农发行吉林省分行机关大厅入口，"消费扶贫，你我同行"八个大字分外夺目，宽大的展示台上摆放着茶叶、大米、食用油、干食用菌、小黄米、特级杂豆等一应定点扶贫县特产，厂家联系方式同步呈列，不管是干部职工还是企业，都能方便地采购心仪的产品。机关大厅的"带货"专区，已经成为吉林省分行一道亮丽的风景线。

体验式消费扶贫拓新路

南宁市青秀区新竹路35号，市区中心，车水马龙，行人川流不息，隆林各族自治县优质扶贫产品体验店正在把隆林特优农产品展示给省会广大市民，巨型招牌展示了隆林通过消费扶贫致富的火热干劲。

隆林消费扶贫产品体验店由农发行广西区分行、广西区政协办公厅、广西区广播电视局三家帮扶单位共同发起成立。体验店分为展销区和体验区。展销区主要展销隆林优质扶贫产品，根据隆林产品特点分为干品区和鲜品区，有黑山羊肉、黑猪肉、黄牛肉、清水鸭、高山香米、茶油、板栗等。体验区现场采用隆林食材、工艺制作隆林美食产品，供消费者进行品尝。店内空间图文并茂地宣传介绍隆林的生态自然环境、生态民俗文化和生态地标产品，展示隆林产业扶贫工作成效。

体验店采取合作共赢原则，以拓宽贫困地区农产品及特色产品流通和销售渠道为主要着力点，建立"后援单位平台＋城市销售平台＋生产基地"模式，由具备20年食材运营经验的广西多蒂湾供应链管理有限公司负责运营管理，大力拓展销售途径，培育地方名优产品的知名度。

体验店2020年实现销售收入395万元，带动近4万名贫困人口增加收入，带动隆林县供货企业产品结构和经营管理显著提升，销售实现成倍增长。隆林南方味道、隆林红姐食品、隆林山岭农业等涉农小企业从原来不足500万元的年销售收入，增长到超过2000万元。隆林三冲茶叶、蒋源食品、金秋农业、鸿河食品等公司，以及生产红糖、鸡蛋、鸭蛋的村镇合作社收入也实现了翻番。"如果没有体验店提供的展销平台，还有对我们的技术指导，我们公司的产品很难实现走出去。太感谢你们了！"在体验店供应商座谈会上，金秋农业总经理刘映驿感激地说。

在贵州贵阳，农发行贵州省分行在办公用房非常紧张的情况下，仍然把临街的两个铺面无偿提供给锦屏县作为消费扶贫体验店使用，锦屏的山茶油、羊肚菌、金丝皇菊、笋干、米粉、土鸡蛋等山货陆续走出深山，落脚贵阳，在省会继续飘香。

（五）实现线上销售

"农发易购"开新路

"赵常委，这百香果已经上市两周了，但是现在拿到县里卖，一天到晚都卖不出几斤，到了上市旺季怎么办呀！"隆林县坡合村致富带头人王本万向农发行隆林三人小组组长赵乐欣哭诉。

隆林的果农，每到丰收采摘季节，都看着压满枝头的硕果犯愁，贫困户长期被市场和销路问题困扰着。隆林的市场小，每次王本万带去县城的200斤黄金百香果都卖不完。赵乐欣带着隆林三人小组联系超市，发动朋友，带动同事购买，基本上能想到的招数都用遍了，可这些购买力于隆林贫困户手里积压的农产品而言，仍是杯水车薪。

一次与隆林县电商平台"南方味道"的合作，打开了赵乐欣的思路。为了进一步推动销售县里的消费扶贫产品，隆林三人小组在2019年初就萌生了开设一个网络电商平台销售扶贫产品的想法。4月，经农发行广西区分行帮助对接，隆林三人小组赵乐欣、郭熠、言东华找到广西金岸网络科技有限公司，开发了一个简易的网购App，定名"农发易购"。专门服务定点扶贫县农特产品的网购平台就这样诞生了。经过三个月的试运行，App反响平平，消费扶贫的成效未达预期。隆林三人小组及时调整思路，迭代产品，转用微信小程序板块开发组件功能，优化商城和后台烦琐的管理功能，便于推广使用。7月，第二代"农发易购"进入试运营，同时邀请其他定点扶贫县电商平台接入进来，共同扩大消费扶贫覆盖面。9月"农发易购"在农发行第三届定点扶贫县（对口支援县）招商引资对接会上正式启动上线运行，为大家采购定点扶贫县扶贫产品提供了更加方便快捷的线上渠道，当年实现了销售收入200多万元。

2020年，"农发易购"陆续把其他定点扶贫县消费扶贫产品纳入平台销售。9月中旬平台单日销售额突破100万元。全年销售额突破2400万元。"'农发易购'平台为我们隆林向外销售农产品提供了一个优秀的平台。"隆林县长杨科给予充分肯定。为感谢"农发易购"帮助贵州锦屏销售大量农产品，锦屏县政府送来"精心帮扶解民困，精准发力助脱贫"锦旗。

【傅慎言曰】

消费扶贫，通过扩大销售帮助贫困地区农特产品走向市场、走进市场，扩大社会公众对贫困地区农特产品的认知度和认可度，激发广大农村农民发展产业、注重品质、科学经营、勤劳致富的激情干劲。引导社会各界更加关心关注农业农村发展，引导更多资本、科技、人才等要素回流，解决"三农"发展缺资金、缺技术、缺人才的核心问题，促进经济发展，保持社会稳定，推动实现人才兴旺、产业兴旺，为生态宜居、乡风文明、治理有效、生活富裕奠定坚实基础。

六、就业帮扶，稳定脱贫

"一人就业，全家脱贫，增加就业是最有效最直接的脱贫方式""要加大就业扶贫力度"。习近平总书记高瞻远瞩。

号角声声起，战鼓催人急。

农发行立足政策性银行职责，通过信贷杠杆撬动，依托挂职帮扶，探索多渠道就业帮扶。在信贷政策上支持发展劳动密集型产业，扶持企业发展扶贫车间，吸纳搬迁群众就地就近就业，支持促进完善培训和就业服务体系。在捐赠帮扶上明确提高农村扶贫对象就业能力，补助劳动力接受职业教育，参加实用技术培训。

定点扶贫县三人小组会同地方党政，坚持招商落地带动和发展合作社带动双管齐下，探索返乡创业和技能成长同步推进，搭建扶贫车间和扶贫基地，竭忠尽智为贫困地区困难群众解决就近就地就业，操碎了心，想尽了法，但凡有一丝希望，便使十二万分的努力。

弱碱米注入强心剂

大安市裕丰粮贸有限公司是农发行大安三人小组的帮扶企业之一。三人小组组长胥怀云多次带领公司负责人梁好成到山东、广西等地考察学习，为公司开阔视野，引进先进经营管理理念。胥怀云曾建议公司将原有大袋包装大米分装小包，提升零售市场亲和力和竞争力，帮助公司产品销量扩大。还帮助公司牵线山东鲁花集团，建立长期购销关系。依托"农发易购"电商平台，帮助公司把产品销往全国各地。

大安市裕丰粮贸有限公司成立于2009年，注册资本1亿元，年产值1.3亿元，合作水稻种植基地50万亩，年加工稻谷能力30万吨，是一家集生物有机肥料研发、生产与销售，水稻种植、加工与销售，农业综合服务为一体的现代农业企业。公司一直致力于打造健康饮食理念，把功能性种植理念融入公司生产实践，开发了功能性大米、面、油、鱼、肉、蛋、果蔬等周边农副产品，建有优质水稻种植基地、优质杂粮种植基地、大米加工厂、生物有机肥厂、田园综合体。

基地总占地面积5000多亩，位于北纬45°黄金水稻种植带的吉林省大安市月亮泡镇，是中国唯一功能性大米——弱碱米的最优质种植带，采取"公司＋基地＋农户"模式，带动周边贫困户600多户家门口就业，实现脱贫，为周边百姓增收致富注入了一针"强心剂"。

引进蜀丰带生产

马关县蜀丰食品有限公司，是农发行招商引资会议上签约引进的企业，集种养殖生产、农产品加工、农业服务、农产品销售、餐饮及扶贫超市于一体，一、二、三产业融合发展的企业。公司现有职工168人，拥有2000余平方米的标准配送仓库、配菜车间、大型冷库，配送服务专用冷藏车11辆，应急车6辆。2018年，公司为69所学校

3万多人配送食品，实现年产值3000万元，上缴税金100万元，为社会解决劳动力就业1000余人。

公司通过优质安全农产品供给，以促进农业增效和农民增收为目标，建立生产、加工和服务一体化的种养结合、生态循环农业，全产业链经济联合体。依托市场、资金、技术等优势，在马关县小坝子乡镇采取"公司＋合作社＋基地＋农户"运行模式，开展蔬菜种植、畜禽养殖。公司与合作社签订合作协议，合作社与农户签订种养殖协议，实现品种、技术、管理、价格、销售、核算"六统一"。委托马关蜀丰中天养殖专业合作社在小坝子等乡镇建设无公害蔬菜基地、土鸡养殖基地，让学生们吃到家门口的放心菜，减少运输成本，保障收购价格，坚持让利于民，2017年在小坝子镇免费发放脱温鸡苗12200余只、蔬菜种子300多袋，免费技能培训1000多人次，发展社员300多户。2018年发展贫困户种植小铁头、大白菜、西红柿、辣椒、南瓜等时鲜蔬菜500余亩，发放生猪100余头、生态土鸡15000余只，带动贫困户300余户就地就业。

企业有效发展，农发行大力支持，贫困户切实受益，这样立志做马关当地品牌的企业，将带领当地百姓共同走上致富道路。

助力民企带动就业

广西隆林，有一位致富带头人李卫红，人称"红姐"。

年轻的时候，红姐曾是高级面点师，经营的餐馆让"红姐土特产好吃"声名远播，需求量越来越大。2015年，生意红火的红姐在食客的簇拥下，注册商标，申请流通许可证，办起了隆林红姐食品总汇，营业年收入20万元，正式职工3人。2017年，"三街红姐坊""好隆或"商标开始品牌化运作，发展成为隆林县家喻户晓的本土品牌。

2018年，农发行隆林三人小组开始帮助公司销售农特产品。2019年，引导成立隆林红姐食品有限公司，并帮助公司产品对接入驻"农发易购"电商平台。2020年，公司黑粽子生产车间建成后，出现资金困难，隆林三人小组帮助协调农发行捐赠资金20万元，支持公司采购设备。

2020年，红姐食品有限公司已是一家"扶贫电商＋实体店销售经营"的现代化企业，下设隆林红姐食品总汇、隆林陆成会农业开发有限公司、广西隆林红姐食品厂三家子公司，营业收入1400多万元，正式职工23人，其中大学毕业生9人。采取"公司＋基地＋合作社"模式，对接隆林板栗、黄金百香果、山茶油等经济作物及粮油种植基地0.5万余亩，黑土猪、清水鸭等畜禽养殖1821吨，公司与17个专业合作社，与1472户贫困户签订包销农产品协议，带动贫困户在家门口就业。

村庄公司就业忙

劳动力915人，就业率99.3%；贫困户736人，730人有工作。

这里是锦屏县高山深谷中的东庄村，农发行扶贫综合业务部的帮扶村，距县城65千米。从村里连通县道，13千米的山路，193道弯。深居山中的东庄村，办起了公司，发展了中药材种植、民族刺绣、畜禽养殖、蜜蜂养殖、乡村旅游、工程建设等产业，广泛带动村民就业。

"要是没有农发行的支持，我们村哪来这样大的变化。"提起现在的发展，东庄村村委会主任朱发成对农发行的感恩之情溢于言表。朱发成是本村人，1976年生，20岁出头就离开村里到外面打拼，开有汽修厂、砂石厂，是村里有出息、能干事的年轻人。2018年春节，通村路建成，朱发成满怀建设家乡的热情毅然返回村里，通过选举担任了村主任。

2018年在参加农发行苏州农村干部学院培训班后，朱发成带领村民致富有了新想法，探索了"公司+合作社+致富带头人+农户"的模式发展村级产业。在农发行扶贫综合业务部和锦屏三人小组的支持下，朱发成牵头组建了村集体企业锦屏县东庄农文旅农业发展有限公司，内设工程公司、种植合作社、养殖合作社、刺绣合作社等经营实体，采取自主经营、社员承包和分产统销等多种方式经营。东庄村通过实行公司化运作，产业发展强劲有力，经济发展活力迸发，村民逐渐适应从农民到"产业工人"的身份转换。

中药材种植产业通过东庄村农文旅公司与锦屏县飞地富民公司合作，统筹规划东庄中药材产业发展，争取资金和技术支持，2018年开始流转土地400余亩，种植金丝皇菊等中药材。农发行安排捐赠资金80万元援建东庄村金丝皇菊烘干车间和包装车间。到2020年2月，公司已向村民发放劳务及土地流转资金50余万元。

民族刺绣产业依托农发行捐赠37万元援建刺绣扶贫车间，成立了锦屏县苗庄民族刺绣农民专业合作社，从2018年初的10台缝纫机发展到现在具备民族服饰、民族刺绣、千层底布鞋等多品种民族特色产品的生产能力，直接帮助本村28户贫困户稳定就业。2020年接到东莞、贵阳等地多笔订单，年底发放劳务工资8万余元。

蜜蜂养殖产业自2019年以来聘用村里蜜蜂养殖能手实行承包管理，增购蜂箱至200余个，通过GAP（良好农业规范）认证，产品供不应求。

工程建设产业由东庄农文旅公司自营。2020年进一步规范专职施工队伍，培养吸纳本村工程建设人才，除承接本村工程外，积极主动承接外村外乡工程，解决村民就业。2020年配合贵州阜丰建筑工程公司组织村民参加停车场、产业路、污水处理等项目建设，村民务工劳务收入40余万元。

现在的东庄村，村民自我发展意愿更加强烈，群众脱贫致富内生动力更加充足，思想早已从"要我脱贫"转变为"我要致富"。

【傅慎言曰】

扶贫小车间，帮扶大作用。援建乡镇村寨扶贫车间，发展农民专业合作社，壮大地方龙头企业，帮助困难群众就地就近就业，就是决胜脱贫攻坚的强大"助推器"，能够让脱贫致富来得更快、更容易、更长久。

功崇惟志，业广惟勤。勤劳的农发行人在定点扶贫县，与地方党政一道、与贫困农户一起，用汗水浇灌脱贫的信心，用智慧点燃致富的希望。扶贫车间里的专心致志、水稻田里的精耕细作、施工现场的挥汗如雨，一幕幕、一桩桩、一件件，无不洋溢着手到擒来的自信和增收致富的坚毅。绝对贫困走到了尽头，美好生活出现了盼头，甜蜜日子有了奔头，这就是农发行人最大的欣慰。

社会回音篇

习近平总书记指出："党中央把脱贫攻坚摆在治国理政的突出位置，把脱贫攻坚作为全面建成小康社会的底线任务，组织开展了声势浩大的脱贫攻坚人民战争。党和人民披荆斩棘、栉风沐雨，发扬钉钉子精神，敢于啃硬骨头，攻克了一个又一个贫中之贫、坚中之坚，脱贫攻坚取得了重大历史性成就。"

坚持以百姓心为心，始终与人民同呼吸、共命运、心连心，是党的初心，也是党的恒心。作为政策性银行，农发行在脱贫攻坚战中主动承担艰巨任务，在金融服务脱贫攻坚中发挥引领和示范作用，为贫困地区的产业壮大、经济发展、社会稳定贡献了应有的智慧，高效地发挥出了金融扶贫先锋主力模范应有的作用。

农发行人在困难面前黢得出，关键时候顶得上，把心血和汗水、大爱和真情洒向贫困地区、贫困群众。农发行扶贫干部爬过最高的山，走过最险的路，去过最偏远的村寨，住过最穷的人家，哪里有需要，他们就战斗在哪里。汗水洒向扶贫地，硕果写在万户中。定点扶贫县处处呈现山乡巨变、山河锦绣的时代画卷。

这种勇于探索、甘于奉献、诚于协作的精神，正是农发行在服务脱贫攻坚中积淀下来、传承下去的宝贵财富，必将促进政策性金融服务工作不断深入，进一步彰显农发行品牌形象。

一、定点扶贫成效

自脱贫攻坚以来，农发行始终将定点扶贫作为重大政治任务，全行全力全程促进定点扶贫工作扎实开展。集众智汇合力，注真情出真金，助推吉林大安、云南马关、广西隆林、贵州锦屏如期实现脱贫目标。

农发行在打赢脱贫攻坚这场伟大战役中，涌现出一大批攻坚克难、创新实干、成绩卓著的先进集体和有情怀、有担当、有作为的先进个人，得到党中央和社会各界的充分认可。2016—2020年，连续5年荣获全国脱贫攻坚奖。2017—2020年，在中央单位定点扶贫成效评价中，连续4年获得"好"的最高等次。荣获《金融时报》2016"年度最佳脱贫攻坚银行"奖、中国银行业协会2018年助力打赢"三大攻坚战"成效奖、中国银行业协会2018年"最佳精准扶贫贡献奖"等多个奖项。80余个集体和个人获省部级以上脱贫攻坚表彰。

农发行充分发挥行业、系统、政策、客户优势，创新探索完善融资、融智、融商、融情"四融一体"帮扶体系，不断做深、做实、做细帮扶措施，推动4个县、409个贫困村和25.4万贫困人口全部如期实现脱贫。

（一）2017年定点扶贫主要成效
4个定点扶贫县全部完成年度脱贫攻坚规划的目标任务，共实现50071名贫困户脱贫、42个贫困村摘帽，4个定点扶贫县GDP增速均高于全国平均增速。

农发行决定把定点扶贫作为全行扶贫工作的窗口和标志，助力定点扶贫县率先脱贫、稳定脱贫，全方位安排部署信贷扶贫、产业对接、扶贫捐赠、培训帮扶及挂职干部三人小组等多项工作。审批18个项目累计33.46亿元，2017年发放到位18.86亿元，投向定点扶贫县贷款余额84.62亿元，比2016年末净增14.37亿元，增长20.45%，是同期全行各项贷款增长率（13.74%）的1.5倍，服务带动贫困户26.22万人次。

成功的工作模式初具雏形，"三级机构＋三人小组"的模式奠定了农发行总行全面统筹、省级分行全力协作、县级支行与挂职干部合力落实的帮扶组织体系。"信贷＋捐赠"资金体量聚集系统优势、客户资源、政府组织和社会力量多方资源。注重扶智融智的培育脱贫工作正式起航，苏州农村干部学院作为农发行定点扶贫县干部培训合作机构，正式与4个定点扶贫县政府签订定点扶贫县扶贫干部帮扶培训协议，连续帮扶培训3年，每年3期，年培训覆盖县、乡、村各级干部600人。帮助定点扶贫县搭建融商平台，组织召开助推定点扶贫县脱贫攻坚对接推进会，帮助4个定点扶贫县累计引入财政帮扶资金1715万元，建立扶贫助学基金200万元，提供就业岗位700余个，协调免费培训、学习、交流962人次，帮助贫困户转移就业3393人次。先后协调40多家企业到定点扶贫县考察，19家企业签订意向投资协议21.01亿元。

协调杭州富阳区与贵州锦屏，深圳罗湖区与广西隆林，江苏海安县与云南马关，山东昌邑县、文登县与吉林大安建立结对帮扶关系，因地制宜开展产业、教育、劳务输出扶贫并提供技术、资金支持，搭建东西部协作平台。

将无偿捐赠作为有益补充，农发行全系统向4个定点扶贫县无偿捐赠扶贫资金1476万元，用于道路建设、特殊学校及残疾人生活设施改善、资助贫困学生以及贫困户大病救助等扶贫项目67个，惠及贫困户6167名。引导社会力量向4个定点扶贫县爱心捐赠596.24万元（现金532.6万元、物资63.64万元）。

4个定点扶贫县累计出台落实中央扶贫政策措施359项。建立健全内部考核机制，将定点扶贫工作纳入绩效考核内容，充分调动各行定点扶贫积极性和主观能动性。在中央和省级主流媒体宣传4个定点扶贫县扶贫工作947次，其中对农发行定点扶贫工作专题报道57次，集中展示了农发行定点扶贫取得的成果、挂职干部的风采以及农发行人的扶贫担当，引导社会各界重视、关注、参与扶贫。作为唯一协办单位参加并配合"坚决打赢脱贫攻坚战，迎接党的十九大胜利召开——中央国家机关定点扶贫工作成果展"，吸引60多家中央主流媒体对定点扶贫成果进行宣传报道。

（二）2018年定点扶贫主要成效

4个定点扶贫县2018年实现163个贫困村脱贫出列、80232名贫困人口脱贫，贫困发生率平均降幅达6.25个百分点。

超额完成中央单位定点扶贫责任书各项任务：向4个定点扶贫县投放信贷资金30.71亿元，完成率255.92%。投入帮扶资金1305万元，完成率130.5%。帮助引进企业投资6.67亿元，完成率133.5%。引进帮扶资金4831万元，完成率210%。培训基层干部284人，完成率142%。培训技术人员272人，完成率136%。购买贫困地区农产品263.08万元，完成率131.54%。帮助销售贫困地区农产品1290.67万元，完成率860.45%。积极帮助引进优质产业化龙头企业，签订合作协议85个，意向投资金额169.58亿元。

加强顶层设计，制定《中国农业发展银行2018年定点扶贫工作意见》，明确全年定点扶贫工作思路、措施、目标，将重点工作任务纳入扶贫任务清单定期督办。总行行领导主持召开脱贫攻坚会议13次，共赴定点扶贫县督导调研12人次，成立由时任董事长解学智任组长的定点扶贫工作领导小组，建立总行行领导包片负责制和总行部室对口帮扶责任制，在省、市、县三级行设立相应的扶贫机构。

选优配强挂职干部。派驻挂职干部15人，新选派3名处长压茬轮换。广西隆林、云南马关增派3名贫困村驻村第一书记。加强挂职干部管理，建立了职责清晰、分工明确的三人小组扶贫工作机制，强化激励和保障措施。

建立常态化督导机制，制订《中国农业发展银行督促检查定点扶贫县落实脱贫攻坚主体责任工作方案》，明确总、省、市、县四级行和三人小组督导主体及各自督导任务。抽调总行部室负责人及系统内业务骨干16人组成4个工作组，通过实地调研、进村入户、座谈交流、政策对接、查阅档案、明察暗访等方式，对定点扶贫县地方党政主体责任落实、扶贫政策落实、工作落实、作风建设等方面开展督促检查。

以"四融"为核心的系列帮扶举措陆续执行。制定28条优惠政策，降低贷款准入门槛、执行优惠利率，全年投放贷款30.71亿元，同比增长63%。举办定点扶贫县扶贫干部培训班4期，对致富带头人、贫困户实用技能进行培训，开展贫困地区大学生村官培训3期，累计培训1336人次。在4个定点扶贫县分别举办产业扶贫招商引资对接会，签订合作协议85个，意向投资金额169.58亿元，募集社会捐赠资金1497万元。全年拨付专项扶贫捐赠资金850万元，专项扶贫党费280万元，主要用于惠及贫困村或贫困户的公益性、基础性、基层党建项目建设支出。分支机构自愿捐赠171万元，主要用于解决贫困学生的生活保障。组织开展系统内公益捐赠527万元，重点用于帮扶贫困家庭和特困群众。协调东部市县与4个定点扶贫县构建结对帮扶关系，协调东部地区党政拨付财政资金定向帮扶定点扶贫县2715万元。在中央和省级主流媒体宣传4个定点扶贫县扶贫工作36次，宣传农发行定点扶贫工作好做法、新亮点。

加强扶贫合作，与中国扶贫志愿服务促进会、人民银行、国家外汇管理局、人保集团、中国信保等部门和金融单位建立交流合作机制，共同研究制订支持其定点扶贫县巨鹿县脱贫攻坚金融服务方案。成功承办中央金融单位定点扶贫工作推进会。邀请23家中央金融单位有关负责人出席，交流分享定点帮扶工作经验，得到了与会单位一致好评。

（三）2019年定点扶贫主要成效

4个定点扶贫县269个贫困村脱贫出列，97992名贫困人口脱贫，其中锦屏县、马关县、大安市贫困发生率分别降至1.36%、1.08%和0.33%。隆林县贫困发生率下降到2.44%。

提前一个季度完成中央单位定点扶贫责任指标任务，其中：投入帮扶资金2382.85万元，完成率达159%。引进帮扶资金2710.78万元，完成率达115%。培训基层干部713人，完成率达143%。培训技术人员1645人，完成率达165%。购买贫困地区农产品1177.4万元，完成率达196%。帮助销售贫困地区农产品37813.56万元，完成率达1260%。投放信贷资金19.234亿元，完成率达148%。帮助引入投资11.86亿元，完成率达198%。

总行党委始终坚持"走下去"靠前指挥，总行班子成员赴定点扶贫县调研10次，主要负责人调研考察5次，其他班子成员调研考察5次。总行行领导主持召开定点扶贫工作会议31次，总行对口帮扶部室、省级分行负责人前往定点扶贫县176人次。对脱贫计策坚持"请上来"，注重邀请定点扶贫县党政到农发行座谈，共商脱贫大计。

持续选派优秀干部挂职，在4个定点扶贫县共派驻挂职干部16人，继续选派优秀干部担任贫困村驻村第一书记。树立正确用人导向，提拔重用8名优秀挂职干部，持续关心关爱挂职扶贫干部工作生活，解决后顾之忧，向4个定点扶贫县投放信贷资金19.23亿元。推出支持深度贫困地区"新10条"差异化信贷，适当降低客户信用等级、适当放宽贷款担保要求、实行尽职免责、提高风险容忍度等，创新"4321"的政银企担合作模式，与农村金融机构进行合作，支持农村产业合作组织、创业致富带头人，推动定点扶贫县特色产业发展。

持续加大干部人才培训力度。全年举办7期扶贫干部培训班，培训713人，较上年多429人。开展致富创业带头人及实用科技人才培训，培训1645人，较上年多1373人。启动定点扶贫县乡村中小学教学水平提升项目，培训60名贫困乡村中小学教师。学员们自发赠送锦旗"五省师杰京拾贝，扶贫恩泽谢发行"，表达对农发行的感激之情。

积极开展以购代捐，全年购买定点扶贫县农特产品1177.4万元，比目标任务多577.4万元。研发并启用"农发易购"电商平台，上架定点扶贫县特色农副产品近

100种，实现销售额近200万元，为大山里的农产品开辟了一条销往全国各地的"快速通道"。农发行发动全行之力，通过组织引导、上门推介等方式，全年帮助销售贫困地区农产品37814万元，比目标任务多34814万元。

用心用情招商，积极做好牵线搭桥工作，帮助4个定点扶贫县新落地项目14个，引进企业投资11.86亿元。在浙江省杭州市富阳区成功举办第三届助推定点扶贫县产业扶贫招商引资对接会，60家企业代表、20家爱心捐赠单位代表160余人参会。会上签订合作协议12个，意向投资20亿元。

深化与苏州农村干部学院合作的做法，得到社会认可，成为中央单位定点扶贫培训干部的一张名片。作为唯一协办单位配合人民银行在云南省怒江州召开中央金融单位定点扶贫工作研讨会，23家中央金融单位负责人参会。会议播放了由农发行牵头制作的宣传视频《脱贫攻坚的金融力量》。

■ 2019年9月，农发行在浙江省杭州市富阳区举办定点扶贫县招商引资对接会，与会企业参加爱心捐赠

（四）2020年定点扶贫主要成效

集中全行力量，克服重重困难，提前7个月完成中央下达的2020年定点扶贫责任书目标任务，有力地促进定点扶贫县消灭剩余绝对贫困和巩固脱贫攻坚成果。

全行动员尽锐出战。召开2020年农发行年度工作会议、决战决胜脱贫攻坚工作会议，召开定点扶贫工作调度会等专题会议11次，把定点扶贫作为全年重点任务进行安排部署。坚持"四级书记"抓定点扶贫，继续向定点扶贫县派驻优秀干部17名。

　　紧盯最后堡垒挂牌督战。研究制订脱贫攻坚挂牌督战工作方案，对定点扶贫县和剩余未摘帽县脱贫攻坚责任落实、政策落实、工作落实情况实施挂牌督战。新冠肺炎疫情期间，行领导采取视频方式督战4次。新冠肺炎疫情刚刚稳定，行领导立即分赴定点扶贫县督导调研，主要负责人遍访4个定点扶贫县，现场督导调研9次。四级行联动统筹调配帮扶资金1313万元，引进帮扶资金805万元，投放信贷资金7.7亿元，有力支持推动隆林县脱贫摘帽。

■ 2020年3月，农发行召开决战决胜脱贫攻坚工作会议

　　攻坚克难统筹支持疫情防控和脱贫攻坚。疫情发生后，快速响应并印发《关于统筹做好新型冠状病毒感染肺炎疫情防控和服务脱贫攻坚有关工作的通知》，有力有序支持复工复产。全年向定点扶贫县投放贷款17.96亿元，其中，投放疫情防控应急贷款1733万元，支持购建医疗设备设施、储备医疗物资等。通过国内国外各种渠道多方联系，协调7.3万只医用口罩、20台腹部提压心肺复苏仪等价值约206万元的防疫物资驰援各定点扶贫县，有效缓解当地防疫物资紧缺的状况。

倾情倾力开展消费扶贫行动。3月，召开全行决战决胜脱贫攻坚工作会议，对开展消费扶贫专项行动进行部署。9月初，在全系统组织开展消费扶贫月活动，号召全系统以购代捐，发挥广西南宁、贵州贵阳定点扶贫县产品体验店作用，动员各级机关内部设置专柜专区、电子商务营销，各级机关食堂、工会采购进行支持。全年全行帮助销售贫困地区农产品5.71亿元，直接购买贫困地区农产品5887.35万元。

创新举措扎实开展精准帮扶专项行动。一是开展产业扶贫专项行动。发放产业扶贫贷款5.89亿元，带动贫困人口367人。引进落地项目10个，投入金额39348万元，带动贫困人口35867人。二是开展教育扶贫行动。投入1940万元资助3076名贫困学生。发放4亿元贷款支持隆林县义务教育均衡发展项目，惠及贫困人口1077人。三是开展健康扶贫专项行动。投入292万元帮助定点扶贫县医疗机构完善基础设施、购买医疗设备，惠及贫困人口103368人。帮助锦屏县协调22万元专项资金培训乡村医生196人，全面提升诊断能力。四是开展专项培训行动。疫情期间通过网络视频培训、印发技术手册等方式培训创业致富带头人和贫困群众，帮助提高就业能力。下半年，与苏州农村干部学院合作，举办定点扶贫县"三支队伍"专题培训班7期，每期9天，培训扶贫干部795人，帮助干部开阔视野、增强干事创业能力。全年共培训基层干部1659人，培训技术人员4241人。

二、定点扶贫县党政声音摘录

农发行开展定点扶贫，工作有目共睹，成效有口皆碑。定点扶贫县党政对农发行的深情帮扶心怀感激，赞许有加。

大安市委副书记薛丰刚：

农发行认真履行中央单位定点帮扶主体责任，聚焦系统优势、客户资源，瞄准"两不愁三保障"的目标任务，全力支持大安脱贫攻坚。

近年来，农发行先后派出8位处级干部到大安市政府担任副市长，"一棒接一棒"地配合做好扶贫帮扶工作。大安市委、市政府主要领导也定期到农发行和省行汇报脱贫攻坚进展情况，银政双方建立了常态化的互访沟通机制。特别是2018年以来，总行6位领导先后莅临大安调研指导，省行李国虎行长19次到大安指导扶贫，调研粮食长势，部署秋粮收购，加大中长期贷款支持力度。2015年以来，农发行投放贷款67.2亿元，无偿捐赠1588万元，对大安市的脱贫攻坚起到了非常重要的推动作用。

胥怀云给人的感觉非常和善，在平常的沟通过程当中，他从来不把自己以政府领导自居，非常好接触，非常有利于工作。胥怀云在工作作风方面也非常严谨，农发行的每一笔资金支付都经过认真的审批，报农发行县、市、省三级行核实支付，建立完善的工作档案。

马关县委书记李献文：

农发行党委政治站位高，对脱贫攻坚使命理解到位、执行到位。从挂钩马关以来，农发行认真按照总书记和党中央的要求，真心真诚进行马关的帮扶工作。董事长、行长、副行长先后几次到马关了解农民、了解农村、了解我们的贫困状况，给我们带来了理念和人才，在这些合力的支持下我们马关才能顺利脱贫。

贫困地区缺的东西太多了。对于脱贫攻坚，马关之前的工作一直有种盲人摸象的感觉，缺思想、少思路、差方法，往往事倍功半。马关穷，地方财政只有6.1亿元，要解决住房、通行、饮水、上学等问题，都需要实实在在的真金白银。从这几年看，国家扶贫资金大约占1/4，另外的3/4大多数都是靠农发行支持。这几年农发行已经批了40亿元贷款支持马关发展。从2015年开始，我们重点投入农村危房改造。如果没有农发行的支持，实现脱贫目标可能就来不及了。

农发行在地方最需要的时候成立了三人小组，这些同志不管学识、见识、思维都比较广，有思路，有思想，把这些思路带到马关来，加上扎实有效的工作作风，给马关带来了源源不断的动力。我们也给予充分的信任，把挂职干部当一线干部来用，一视同仁，要求三人小组在完成总行党委委派任务的同时，要对脱贫攻坚真干、真学、真懂。

吃苦也是一种财富，跟咱们群众打成一片是最大的财富。三人小组跟群众打成一片，群众不知道他们是北京人，只知道他们是马关人。农发行的挂职干部从不认识马关到现在留恋马关，在他们的生命当中，这段经历想必是一笔宝贵的精神财富。

马关在脱贫攻坚期间一共需求62亿元的融资，农发行一家投放了32.7亿元，占比52%。

江卫国行长是个干事的人，雷厉风行的人。我第一次见他是2016年12月到北京开会的时候，我还在想着直接找省行行长留联系方式会不会比较唐突，谁知道江行长反而凑过来问："你记我的电话没有？你的电话我都有，我看你有没有我的电话，脱贫攻坚这么重要的事，总行党委交给我，我们两个的事，咱俩不交流跟谁交流？"后来，只要是马关的事情，凡是我们不满意的，江行长全部现场办理，哪怕肚子饿着、哪怕飞机马上起飞，也要现场把马关的文件签下来。

农发行的干部，责任担当确实不一样。时任文山州分行行长冯裕波、副行长甘琳等，都是干实事的人。

隆林县委副书记、县长杨科：

这几年，农发行从总、省、市、县四级行和三人小组，体现了政策战略到位，思想认识到位，帮扶措施到位，成效非常显著，对隆林的帮扶真的是太大了。

隆林是一个贫困面广、贫困程度深、贫困人口多的地方，属于典型的民族地区、边远地区、革命老区、石漠化地区。整个"十三五"脱贫攻坚期间，隆林在短短的5年内，把所有的历史欠账，包括基础设施、产业、公共文化服务工程全部做完，对政府工作的要求就是质量要高、速度要快、效果要好。这5年当中农发行作为中央定点扶贫单位、作为国家政策性银行的帮扶，地方政府确确实实感受到了。

这几年来，我觉得农发行在整个隆林的脱贫攻坚历程中起到了一个不可替代的作用，尤其是决胜期间更是起到了举足轻重的作用。所以在党中央、国务院要求推选表彰脱贫攻坚的时候，我们隆林政府毫不犹豫地就把隆林县支行推上去了。

金融扶贫方面，整个农发行在这几年间授信给隆林的资金是50多亿元，对隆林的工业基础设施等方面给予了准入、利率、期限等特殊政策、特殊照顾。尤其是钱行长在隆林期间谈到业务创新时那句"业务探索你们努力推进，政策创新我来担当"，非常振奋。招商引资方面，农发行通过遍布全国的客户资源和人脉资源，帮隆林引进了这些龙头企业，成效显著。在捐赠帮扶方面，农发行一是运用系统内部捐赠资金，二是通过呼吁社会企业捐助，帮隆林解决了很大问题。这些资金在政府急缺的领域纷纷到位，更显得雪中送炭，意义非同一般。

在三人小组挂职隆林以后，小组从总行、区行等不同层面出发，对地方政府整个帮扶思路出了很多点子，农发行的扶贫模式创新有效、作用很大。

隆林县副县长黄桂华：

这些年农发行对隆林的支持真的很大，这不仅仅是我个人的体会，县政府及县直部门的领导也都有体会。第一是基础设施方面。隆林乡村通屯道路建设如果没有农发行1亿元的融资，是建不起来的，我们的任务也很难完成。2016年后，农发行又给了30多亿元的融资支持，在工业、农业、危房改造等方面给予了支持。如果没有这些资金，我们很难打赢脱贫攻坚战。在百色市其他贫困县，他们都很羡慕我们有农发行的帮扶。有了农发行，在整个脱贫攻坚期间不缺资金。第二是融资方面。农发行广西区分行、三人小组创新模式，对隆林的融资需求，农发行总行给予特殊支持。这些都增强了我们打赢脱贫攻坚战的信心。第三是招商引资方面，也为隆林做了很多工作，总行、广西区分行开招商引资会议，帮助把企业引到隆林，落地后对地方产业的带动很大，比如富凤、百矿、大北农、国储林等，有些产业发展起来后带动作用是非常强的。第四是培训。农发行对各乡镇村干部、致富带头人分期分批进行培训，比如说到苏州培训，很多人到发达地区回来后观念都不一样了，感谢总行给了这个平台。消费扶贫方面观念超前，农发行在隆林先做了起来，后面各个后援单位才跟进，参照农发行消费扶贫的模式开展帮扶，广西壮族自治区还把我们定为消费扶贫先进县。农发行三人小组的机制非常好，在帮扶单位中只有农发行这样做了，能很好地发挥集体决策作用。

锦屏县委书记毛有智：

短短几年时间，锦屏的产业、面貌、乡村治理、人文素质、人居环境，都发生了翻天覆地的变化。锦屏的变化，体现在方方面面：一是在政治上、思想上、行动上，真正地保持一致，这是核心。二是作风的转变，真抓实干，基层干部能力提升，做到张嘴能讲，提笔能写，抬腿能做。三是社会和谐稳定，解决信访问题，打击两抢一盗，打击黄赌毒，扫黑除恶，获得全国的进步奖和全省的示范窗口，社会综合治理成效突出。四是建党百年之际，开新局，闯新路，把锦屏打造成公园型城市，走到哪里都干净、清爽、整齐。进一步持续改善和保障民生，改善教育、医疗条件。锦屏连续三年都有考上清华北大的学生。

锦屏脱贫攻坚的宣传片，我们不作秀，都是真实的前后对比的写照。我看解董事长看着看着就满眼都含着眼泪了，他问我你感动不？我说我肯定感动。他说感动就对了，连自己都感动不了的片子，肯定感动不了别人，因为这事是你亲身经历，首先能感动自己，才会感动别人，这说明你身心都进去了。

定点扶贫开展以后，解董事长每年都来锦屏，而且来了以后看得很细，问得很深，要求很严，充分体现了总行领导及全行的政治高度和战略高度，真正把锦屏的帮扶工作当成是自己的事，是动之以情、晓之以理的。省行前任董明行长，现在的张孝成行长，全部是带着班子到锦屏，锦屏有什么问题、有什么困难全部现场办公，和县委、县政府一起思考问题，谋划解决问题。

杨端明，全国脱贫攻坚的先进，是把整个心思都放在老百姓的身上。周颖力，家里面两个小孩，不仅把精力和心思放在定点扶贫上面，还动员家里面的人全部捐钱，第一次就捐了120万元。邓勇，到了锦屏以后一样兢兢业业。还有现在派驻的秦小军、唐鲲鹏、杨绍帆，他们站位高、思路活、人脉宽、资源多，最关键是情怀深。总行派出的是精兵强将，来了以后都体现了党员的信仰和信念，敢于担当、勤政为民、廉洁自律，到锦屏后都能很快地融入老百姓。

农发行最大的资源优势就是融资，在总行领导和各级行的担当下，农发行对锦屏的项目都是手把手地教，一步步来落实，最终促成了30多亿元的投放。

农发行整合资源的力度非常到位，发动系统内外有合作、有关系的所有优秀的企业和社会爱心人士全部来支持锦屏，捐钱捐物，帮助农特产品销售消费，帮扶特困家庭，改善医疗教育条件，帮扶发展农村集体经济和产业。

农发行注重人才扶贫。不但把自己的人才派到锦屏来，还把外面优秀的人才请到了锦屏，有些来投资兴业，有些来上课指导，有些来义务帮助。不单有"请进来"，还有"带出去"，农发行把锦屏的干部带出大山，去培训和学习，一是开阔眼界，二是增长知识，三是提升他们的技能。锦屏的村镇领导，甚至包括普通的老百姓，通过培训在思想观念和眼界方面都发生了深刻的改变。

取得的这些成绩，我们要懂得感恩。所以全县干部和人民都在讲，我们发自内心地感恩农发行所有的领导和全系统的同志们，对锦屏的这种倾心倾力的支持和帮助，我们一辈子铭记在心。

锦屏县副县长龙咸勇：

要是没有农发行支持我们，可能锦屏今天就不是这个样。可以说在脱贫攻坚当中我们精彩地完成了银政合作。从资金支持、工作方法来看，农发行是真正地在做事，大家有目共睹，老百姓的满意度非常高，我自己说起来都是非常激动的，希望下一步乡村振兴继续要帮扶我们。

谈到现在的锦屏，龙咸勇很感慨，从道路建设、房屋、环境到卫生，方方面面都改变很多，锦屏的人居环境、住房建设得到改善，国储林项目、羽毛球生产、铁皮石斛等产业欣欣向荣，县城三江六岸青山环绕，"公园锦屏"的品牌已经声名远播。

总行的领导每年都要来，省行的领导每年都来支持我们。在锦屏挂职的秦小军等三人小组，冯行长、王芳渭等都很优秀，给予了我们大力的支持。我们有什么困难，只要汇报了过去，省行都是第一时间给我们解决。得益于农发行给我们大力的支持，我们当地的领导，包括我们老百姓，都知道农发行。农发行对锦屏脱贫攻坚的支持是巨大的。到锦屏的客人，只要走一走看一看，脱贫攻坚的成效和农发行的帮扶实效都实实在在地映在眼里。

我们跟农发行这种关系，只能说水乳交融。第一是金融支持，第二是我们定点扶贫的人力参与，第三是招商引资和东西部协作，只要是农发行能做的，我们有需求的，农发行会想尽一切办法提供帮助。我们地方政府，就是秉承一条：拼命去做、敬业去做、用心去做。

南丰县委书记吴自胜：

我觉得农发行对于南丰这一欠发达地区的支持是全方位的。从信贷资金到无偿捐赠，农发行的支持深入养老、教育、民生、人才资源、现代产业发展、金融创新、扶贫开发等方面，是全方位、多渠道、深层次的帮助，成效非常明显，干部群众赞不绝口，所以这些东西不是我们短短的这两句话就说完了，而是这八年以来扎扎实实做出来的，是立得住的效果，是群众看得到的实惠。农发行赢得了32万老百姓的口碑，也得到了县委、县政府的充分肯定，服务南丰的对口支援工作是功不可没的。

2013年至今的对口支援工作是一个比较恢弘的工程，农发行从总行到县行，都在不折不扣地践行总书记的要求，为打赢脱贫攻坚战，落实对口支援，始终无私奉献地支持南丰，我深表敬意。农发行是带着对老区人民的深情厚谊，采取"四融一体"的工作机制，推进了政策性金融扶贫实验示范区的建设。

对口支援工作中，解学智、钱文挥、鲍建安、孙兰生、徐一丁等行领导多次来到南丰第一线进行实地调研，并且在支持的过程中选派了最优秀的干部支援南丰，在这里跟我们同工作同劳动，共同促进脱贫攻坚和乡村振兴的事业发展，非常不容易。到现在为止，农发行对我们的项目支持已达到了30多亿元、44个项目。比如我们新区的高中、生态修复、第二自来水厂、城西棚户区改造、农村公路改造等，都是我们当下急需解决、没有钱解决、想解决而又解决不了的问题。

农发行有三个特点：一是特别讲政治。只要中央有要求，农发行就不折不扣、全力以赴，涉及对口支援，农发行要人给人、要钱给钱、要项目给项目，不管是原来调离的还是现在在任的，大家一轮接着一轮干，政策性特别强。二是特别讲感情。对口支援8年下来，不管人换了多少茬，感情一直是血浓于水。帮扶项目建设，帮扶产业发展，帮扶贫困户脱贫解困，农发行对老乡带有的这种深情厚谊和支持，老百姓都看在眼里。三是特别讲奉献。到地方派驻的干部，如果没有奉献意识，没有奉献精神，跟老百姓是融入不到一块去的，地方组织和基层干部，眼睛也是雪亮的，就看你是不是真心地投入在这里。

南丰县委副书记、县长乐启文：

在过去近十年的帮扶道路当中，农发行给予南丰极大的支持、关心和帮助，对促进南丰振兴发展起到了非常重要的作用。近年来，南丰的基础设施更加坚实，民生福祉不断增进，干部群众的精神风貌不断提升。自2013年以来，农发行人一任接着一任干，我们感到由衷的敬佩。没有党中央、国务院的政策关怀，没有农发行这种用心用情用力的对口支援，南丰的各项工作、城乡面貌，就不会有现在这个样子。

资金支持上，农发行给南丰大量的项目融资，到位的资金累计达40多亿元，为南丰基础设施建设、路网建设、民生工程建设、工业园区建设方面补齐了短板和弱项，为解决南丰人民群众长期以来关注的"行路难、入学难、就医难"等问题，发挥了重要的作用。

扶持特色产业方面，农发行为誉为"民族品牌、千年果业"的南丰蜜橘和"中国龟鳖之乡"的南丰甲鱼产业，专门量身定制了"吕梁模式"的支持方式。银政共担风险、设立产业发展基金，为南丰蜜橘和甲鱼的种植、种养大户提供了资金支持，为南丰脱贫攻坚和乡村振兴起到了非常大的引领作用。

用好捐赠资金方面，农发行先后近2000万元的无偿捐赠资金投入农村道路、敬老院、养老院、教育基金等领域。其中教育资金突出奖优、扶困，确保贫困学生不辍学，让贫困家庭的孩子能够看得到明天，使教育资金发挥最大的效益。

招商引资方面，农发行利用自己的资源，每年在南丰召开一次产业招商会。农发行将自身资源和长期合作的大批客户资源引入南丰，效果非常好，确实是用心用情用力来支持南丰。

培训扶智方面，我认为农发行不仅仅从提供融资资金、无偿捐赠方面支援，更是从精神层面上支援，让乡村干部接受新知识、领会新技能、拓宽新视野。几年坚持下来几百号人的培训，可以预想他们在未来对南丰的发展会有多大贡献，我认为这个工作做得非常有意义。

派驻干部方面，先后4批优秀的干部抛弃优越的工作生活条件到基层支援南丰，是一种无私的大爱精神和奉献精神。农发行各级干部良好的精神状态和务实担当的精神风貌，给我留下了深刻的印象，是留给南丰干部群众宝贵的精神财富。

三、定点扶贫县村镇干部、企业和群众代表这样说

大安市四棵树乡大洼村党支部书记孟祥伟：现在脱贫攻坚结束了，咱们农发行投入精力这么大，全面服务，帮我们争取到这么多资金、这么多项目，全汇集到老百姓的身上，让我们好办事，好推进工作。

大安市太山镇地窝卜村党支部书记李峰：

村里这些像样的基础设施，都是农发行捐助资金修建的，村民们打心眼儿里感谢农发行！

大安市华誉农村电子商务有限公司总经理丛佳军：

我们公司是通过胥副市长的介绍，在2019年加入了"农发易购"电商平台，目前销售情况特别好，几乎天天都在发货。最好的时候，1个月之内，1个贫困村就售出了10万枚鸡蛋。

马关县麻栗山丫口易地扶贫搬迁安置点贫困户周德坤：

给那么多钱，让我们住上新房子，当然开心嘛！住上了安全稳固的房子，以后再也不用一下雨就担惊受怕了。

马关县马白镇副镇长山超：

在农发行的支持下，规范化、产业化种植巴西菇，带动了当地劳动力就业，激发了老百姓增收致富的干劲，也助推了精准扶贫工作的开展。

隆林县三冲茶叶有限公司董事长陶思艺：

风险补偿基金真是帮了我一个大忙，贷款很快就审批下来，解了我的燃眉之急。

隆林县那么村党支部书记李丽：

没有农发行的支持，没有农发行几任驻村第一书记的努力帮扶，我们那么村今天不会变得这么好。

隆林县蛇场乡马场村小学校长郑传金：

桂合集团能到村里来设立种桑养蚕基地，老百姓能够家门口就业，多亏了赵乐欣常委的引进。

隆林县招商局局长罗燎原：

感谢农发行各位领导对我们招商工作的支持，自从赵乐欣常委来到隆林任职后，给我们介绍好多好的资源、好的客商到隆林投资，值得一提的是大北农项目，投产后将对隆林产业经济发展带来很好的带动作用。入驻隆林的民营500强企业，大北农是第一个。

隆林县交通局局长罗前华：

农发行这些年对隆林定点支持工作做得非常好，自从农发行进入隆林帮扶后，领导很重视，还派人来驻点。农发行对隆林基础设施建设方面投入资金体量很大，没有他们的支持，隆林的6所学校是建不起来的，包括隆林百矿工业园区也是建不起来的。乡到县的二级公路，原来只是想修一两条就可以了，但因为有农发行的支持，一下子就修了6条二级三级路。全县到各个乡镇的路都通了，路网顺畅了。

隆林县华隆集团有限公司总经理黄红岩：

农发行在基础设施方面给予了很大的支持，包括2016年至2017年的路网建设，中医院的搬迁、体育馆的建设、新建的学校都给予了大力支持。隆林的基础设施建设，如果没有农发行的支持，我们将寸步难行。

锦屏县罗丹村贫困户刘坤学：

我家现在金秋梨3亩果园，2020年的收入就有六七万元钱，原来我们的果园品种老化、土地板结，农发行派了秦书记以后，他带着我们修建水窖，改良土壤，改良种苗，我们村的梨现在打出品牌啦，果品有销路，收入也上去了，我们村里最富的梨农一年有10多万元的收入，别的村都羡慕我们村呢！

锦屏县罗丹村贫困户刘坤源：

秦书记是个好书记，他给我们罗丹带来了好班子、好党员、好带头人。

锦屏县东庄村致富带头人朱发成：

农发行给我们的捐赠资金，给我们注入了集体经济的新动力。现在我们村公司雇用本地工作人员都要挑选能力强的人了，要知道以前是从外面请人做工都请不到的啊。老百姓务工的积极性大增，我们的村支部建设好了，村民素质也上去了，公司经营和产业状况越来越好，老百姓有钱了，思路也更灵活了。

锦屏县政府办公室主任龙令炉：

农发行的模式很好，基层行及时地把地方的困难和需求向上反映，总行领导一竿子插到底，我们锦屏的困难上接天线、下入地线、三人小组在中间沟通，缓解了很多不对称和阻力。农发行是带着情感责任情怀来参加脱贫工作的，脱贫是紧密干群关系、预防官僚主义的最好实践。政府与群众一家亲,中央扶贫单位与地方一条心,哪有办不成的事。

南丰县政府办工作员汤绍辉:

引入多肽有机肥项目改良土壤,陈晓东副书记为最需要的产业提供支持,这是最好的领导。

南丰县白舍镇人大主席方玮:

现在,我们房前屋后都变得很整洁,不仅是村委会的办公环境,老百姓的环境,都发生了质的飞跃、质的变化。在农发行的关心重视和大力支持下,我们确确实实是发生了翻天覆地的变化,这都归功于社会组织和农发行的支持。

南丰县庙前村党支部书记吴国付:

张维胜副县长在挂职我们这儿的时候经常带东西来慰问老百姓,现在他还时不时地来看看他挂钩的三户贫困户,经常来看看我们的房子是不是漏了,垃圾是不是捡干净了,对我们很是照顾。后来赵金霞副县长来了,说来帮我们发展产业,为村里的养殖合作社操了好多心,一会儿给我们联系养殖技术人员,一会儿给我们寻找销售渠道,只要收购商的价格高一点,她比我们都高兴。再后来就是我们现在的陈晓东副书记,他大力提倡多肽肥,在我们这儿做了试点,今年来看,施过肥的橘子树,枝叶更厚了,树枝更好了,等到今年橘子挂果的时候就能看到最终的效果,我们都盼着呢。

南丰县陆家村浙际村民小组组长王银平:

原来进村的路太窄了,骑个摩托车都可能要掉到沟里。进村打药、出村卖蜜橘都要走这个路,农发行的捐赠资金来了以后,给了我们15万元,加固路基,拓宽路面,加宽到了2米。现在小三轮、平板车都可以进出了,每年700万~1000万斤的蜜橘从这小小的便道上运出山,你们别看路不是很光滑,但是我们不需要那么光滑,我觉得这是解决实际困难的,这就是我们最需要的。

南丰桔元丰投资发展集团有限公司总经理章灵:

从2019年7月开始,农发行开始整合南丰当地的平台公司。农发行的人员素质高、主动学习能力强、工作影响面广、支持力度大、覆盖范围宽,在发展思路和转型动力方面给我们很大的启发,值得我们学习。希望农发行以后增配人员继续支持南丰。

四、媒体声音

(一)中央媒体评价节选

新华社:

1.《中国扶贫开发协会和农发行合作的首个贫困村大学生村官培训班开班》(2017

年12月5日）

为加大贫困地区扶贫扶智投入力度，中国农业发展银行与中国扶贫开发协会合作的首个贫困村大学生村官培训班在苏州开班，来自甘肃、宁夏、湖北、江西、安徽、重庆、江苏7个省份的200名贫困村大学生村官参加培训。

根据中国农业发展银行与中国扶贫开发协会此前签署的培训合作框架协议，双方将合作举办4期培训班，对800名国家级扶贫开发重点县的建档立卡贫困村驻村第一书记、大学生村官进行扶贫专题培训。培训费用由中国农业发展银行承担，中国扶贫开发协会负责组织实施。

2.《中国农业发展银行通过招商引资　助力云南马关县产业扶贫》（2018年9月16日）

据介绍，对接会向客商推介了5个大类45个项目，项目涉及工业建设、现代商贸物流、乡村振兴、文化旅游及城镇开发等。农发行将为符合贷款条件的部分企业，在马关的扶贫产业投资项目提供意向性融资5.2亿元。

中国农业发展银行党委委员、执行董事、副行长林立在讲话中指出，中国农业发展银行认真贯彻落实党中央精准扶贫、精准脱贫方略，较好地发挥了在金融扶贫中的骨干和引领作用，2018年6月末，银行精准扶贫贷款余额为1.34万亿元。在脱贫攻坚进入啃硬骨头的关键时期，中国农业发展银行将和地方政府、实体企业一道，找准着力点，进一步帮助贫困群众脱贫，全力以赴帮助马关县打赢打好脱贫攻坚战。

中国农业发展银行云南省分行行长江卫国表示，农发行云南省分行形成了定点帮扶全程融智、融资、融商、融力、融情的工作机制，做到了信贷产品优先试点、信贷政策优先倾斜、信贷资金优先保证，全力助推马关脱贫攻坚。下一步，农发行云南省分行将继续落实好金融扶贫优惠政策，携手政府与企业以及社会各界力量，为打赢马关脱贫攻坚战、实现同步小康目标贡献力量。

3.《农发行对脱贫攻坚工作挂牌督战》（2020年3月2日）

中国农业发展银行统筹做好支持疫情防控和经济社会发展工作，日前制订印发《中国农业发展银行脱贫攻坚挂牌督战工作方案》。

方案提出，农发行将对未摘帽贫困县相关分支机构挂牌督战，督促相关分支机构狠抓工作落实，充分发挥政策性银行在金融扶贫中的先锋主力模范作用，坚决助力如期实现现行标准下农村贫困人口全部脱贫、贫困县全部摘帽。

方案明确，要做好中央巡视反馈问题整改以及扶贫成效考核、各地"大排查"等发现问题的整改，持续加大疫情防控、"二保障"和饮水安全、产业扶贫、易地扶贫搬迁后续支持等，积极开展东西部扶贫协作、"万企帮万村"、消费扶贫等行动，有效防控风险。

方案要求，总行对口帮扶部门要把支持未摘帽贫困县作为全年扶贫重点工作来抓，相关省级分行要以较真碰硬的决心，扎实开展督战工作，按月分析、动态调度，及时解决督战中发现的突出问题。要强化工作作风，提升工作效率，切实防止层层加码，避免增加基层负担，全力确保挂牌督战，"督"到实处、"战"出成果。

4.《农发行隆林县支行荣获"全国脱贫攻坚先进集体"》（2021年2月26日）

2月25日，全国脱贫攻坚总结表彰大会在北京举行。中国农业发展银行隆林县支行荣获"全国脱贫攻坚先进集体"荣誉称号。

"十三五"以来，农发行隆林县支行把服务隆林脱贫摘帽作为重要使命，打造融资、融智、融商、融情"四融一体"扶贫模式，构建"四级行联动"运作机制，连续三年获得隆林县脱贫攻坚先进单位称号，助推隆林县8.67万贫困人口、97个贫困村顺利脱贫。

"融资"全力补足隆林发展短板

五年来，农发行隆林县支行紧扣脱贫目标和突出短板，累计投放扶贫贷款34.2亿元，贷款余额20.75亿元，较2015年末增加了3.4倍。给予优惠利率等差异化政策，投放扶贫贷款平均利率4.13%，每年让利逾900万元。投入6.4亿元支持易地扶贫搬迁和村屯道路硬化，让3382户搬入敞亮新房，畅通1464.86千米农村公路，解决29351名贫困群众"住行"问题。投放5.48亿元支持隆林县民族高中及6所义务教育学校建设，提升改善教学条件。聚焦隆林特色农业产业，投放2.9亿元支持储备林项目。

"融智"凝才聚智激活隆林金融力量

农发行隆林县支行深入一线访贫问苦，与地方党政共商扶贫大计。全行先后派驻13名挂职干部。积极推动健全隆林县金融服务体系，牵头成立农村产权交易服务中心，开展农村产权抵押融资试点，促进土地经营权流转；引入"4321"风险分担机制，建立政府风险补偿基金，解决担保难问题，提升隆林金融生态环境，吸引多家商业银行入驻，完善投融资体系。开展专项培训，累计培训扶贫干部、致富带头人2433人，提升发展内生动力，带领贫困群众脱贫。

"融商"招商引资促发隆林商业活力

农发行隆林县支行将产业扶持作为重点来抓，聚全行之力招商引资。连续3年举办招商引资对接会，先后引进广西长江天成集团、广西桂和集团、北京大北农科技集团、吉利百矿集团、广西国控林集团5家企业落地项目5个，项目投资总额14.4亿元，形成规模合力，有效推动产业扶贫提档加速，促进更多贫困人口就地就近就业。通过农发行产业扶贫风险补偿基金模式，引导全县金融机构开展产业扶贫，补齐产业扶贫短板。

"融情"爱心助力助推隆林脱贫攻坚

农发行隆林县支行积聚社会力量、全行力量，引导7268万元捐赠帮扶资金投向隆林，用于惠及贫困村和贫困户的公益基础性项目建设、基层党组织建设、贫困学生的生活保障等。致力于打造"隆林品牌"，大力开展消费扶贫，上线"农发易购"电商平台，开设"隆林优质扶贫产品体验店"，在南宁举办消费扶贫现场推进会，推介广西扶贫产品，组织农发行系统长期"以购代捐"，通过机关直销、电商营销、企业助销等形式，累计购买和帮助销售隆林农产品1187万元，采购意向1400余万元。

《人民日报》：

1.《金融扶贫"大手笔"》（2016年7月17日）

"农发行作为政府的银行、支农的银行、补短板的银行，长期支持贫困地区改善生产生活条件，与其他金融机构相比，农发行在服务脱贫攻坚方面具有独特优势。"农发行副行长鲍建安日前在银行业例行新闻发布会上这样说。

据介绍，农发行近年来持续加大对贫困地区的信贷投入，"十二五"期间累计放贷1.6万亿元。去年以来，该行以支持易地扶贫搬迁为突破口，创新模式，初步走出了一条政策性金融服务脱贫攻坚的路子。

"因为这1000万人都是搬迁难度比较大的，所以农发行把支持易地搬迁扶贫作为支持脱贫攻坚的'头号工程'。"该行扶贫金融事业部总经理徐一丁介绍，经充分调研，该行于2015年8月在全国金融系统中率先投放了首笔易地扶贫搬迁贷款。

为了将未来五年的规划蓝图变成现实，农发行正积极构建自己的金融扶贫体系，因地制宜选择支持重点。"让贫困群众挪穷窝只是第一步，紧接着的工作就是要把产业扶上去，要让搬出来的人有活干、有收入、能致富、能脱贫。搬迁不是目的，目的是要致富。"副行长鲍建安说。

"农发行将秉持家国情怀，充分发挥骨干和引领作用，为坚决打赢脱贫攻坚战提供强有力的金融支撑。"副行长鲍建安说。

2.《金融扶贫"输血"变"造血"》（2018年10月14日）

报道聚焦农发行量身定制金融服务方案，对云南马关县开展定点帮扶情况。

贫困山区基础差，发展难，短板咋补？中国农业发展银行定点帮扶云南马关县，缺啥补啥，量身定制金融扶贫方案，强基础、扶产业、畅销路，6年投入21.16亿元，新技术、新理念注入贫困县，助力1.2万户4.67万人脱贫，探索出一条"输血"变"造血"的金融扶贫新路。

"我们县属于区域性贫困，山大沟深，需要实实在在的真金白银。"马关县委书记李献文说。自农发行定点扶贫以来，通过信贷投放、扶贫基金等方式，突出支持基础设施建设，破解脱贫制约瓶颈。

"要致富，先修路。"李献文介绍，芭蕉是马关县特色农产品之一，但交通不便，收购的大卡车根本开不进去。一到收购的日子，农民只能靠人工背到狭窄的山区村道，再由小型农用运输车运到集镇装车。农发行通过省级统贷，向马关发放农村公路建设贷款8700万元，解决农产品出山难题。

定点帮扶以来，农发行先后投放公路建设贷款4.3亿元、易地扶贫搬迁贷款3.56亿元、改善农村人居环境贷款7.68亿元，改造农村危房3.9万户，14.5万贫困人口直接受益。

针对群众增收问题，农发行依托信贷政策，协助县里编制脱贫攻坚产业发展规划，制定菇、辣椒和食用玫瑰等产业扶贫办法，确保贫困户通过发展产业稳定增收。

在注入扶贫资金、就地开展产业扶贫的同时，农发行积极搭建信息互通平台，形成"政府+银行+企业"的良性联动机制，为马关输入市场、技术、理念，着力解决贫困地区内生动力不足的问题。

中央人民广播电台·央广网·中国之声：

《农发行举办定点扶贫对接推进会》（2017年4月14日）

本次召开的对接推进会是农发行认真贯彻党中央、国务院的新部署和新要求，将做好定点扶贫帮扶举措落到实处的具体体现。会议本着自愿、互惠、互利原则，通过搭建合作帮扶平台，推进社会捐赠、产业对接、东西部协作，引导各方力量凝聚共识，将东部地区资金、技术、经验优势与西部地区资源、环境、生态优势精准对接，建立多层次、多形式、全方位扶贫协作关系，开创优势互补、长期合作、双赢甚至多赢的良好局面。会议期间，农发行及部分企业向定点扶贫县捐赠了扶贫资金，举行了东部省份区县与定点扶贫县友好合作帮扶签约仪式及定点扶贫县干部帮扶培训签约仪式，实施了农发行战略合作客户、优质产业化龙头企业客户和定点扶贫县的产业对接，并召开了定点扶贫工作座谈会、农发行专项政策讲解及经验介绍会等。

经过各方面的辛勤努力，本次会议取得了丰硕成果。一是积极拓展东西部协作范围。去年以来，农发行在加强东西部省级分行结对扶贫协作的基础上，通过积极协调，促成深圳市罗湖区、江苏省海安县、杭州市富阳区、福建省安溪县、山东省昌邑市、威海市文登区6个东部发达地区区县与5个定点扶贫县建立友好合作帮扶关系。会上，6个东部区县分别与5个定点扶贫县签订了友好合作帮扶协议。二是深入对接产业发展需求。农发行积极发动战略合作客户及优质产业化龙头企业客户参加本次会议，会议期间举行了产业对接会，5个定点扶贫县代表分别向与会企业介绍了当地资源、产业发展状况及发展需求，山东布恩农牧科技集团有限公司等20家企业与定点扶贫县现场达成合作意向，并签订合作协议。三是建立干部培训帮扶机制。农发行将联合苏州农村干部学院于未来3年举办多期培训班，组织定点扶贫县县、乡、村各级干部参加培训，为打赢脱贫攻坚战储备人力资源。四是捐赠扶贫专项资金。农发行计划2016—2020年五年内每年向5个定点扶贫县捐赠950万元，会上另有14家企业向5个定点扶贫县一次性捐赠618万元。

（二）中央电视台报道

1.《新闻直播间》播发《今年农发行将发放扶贫贷款6000亿》（2017年4月14日）。

2.《新闻直播间》播发《中国农业发展银行千亿专项贷款支持易地扶贫搬迁后续扶持》（2020年7月28日）。

3.《新闻联播》播发《农发行1至7月扶贫贷款累计投放超过3000亿元》（2020年8月31日）。

4.《朝闻天下》播发《农发行今年已投放扶贫贷款3511亿元》（2020年9月11日）。

5.《新闻直播间》播发《农发行累计投放扶贫贷款2.5万亿，定点扶贫显成效》（2020年9月30日）。

（三）其他媒体声音节录

《金融时报》：

1.《对症下药开"良方" 农发行云南省分行对口帮扶助农户脱贫》（2017年7月11日）。

银企携手 倾力扶持重楼种植。农发行云南省分行作为云南省委、省政府"富民兴边"工程成员单位，切实履行对口帮扶职责，通过实地调研，邀请云南白药集团、云南农业大学为马关县的三七种植户转变种植品种，培育农村新的经济作物。通过马关县政府牵线搭桥，由农发行云南省分行和云南白药集团共同出资20万元捐赠徐开贵，并无偿提供种苗和技术支持，收入归徐开贵个人，技术向广大农户推广，培育发展重楼产业，带动贫困农民群众脱贫致富。

马关县重楼种植从2005年的一亩地发展到今天上千亩，种子产量从2005年的十几公斤到今天的数十吨，重楼从面临濒危的险境走了出来，得益于农发行云南省分行和云南白药集团的大力扶持，重楼这个珍贵药物物种又焕发出勃勃生机。

不忘初心 带领乡亲脱贫致富。马关县重楼种植产业发展一直牵动着农发行人的

266

心。今年3月，田安正、景文峰、李胜豪3位农发行云南省分行退休老干部专程到企业实地察看、分析研究企业生产经营状况，了解资金需求。3月下旬，农发行云南省分行行长江卫国与江苏省分行行长丁伟，带领江苏企业家到马关县企业种植基地考察，为企业后续发展出谋划策，意向性通过农发行扶贫批发贷款方式，支持马关县重楼种植，带动千家万户，积极发挥产业扶贫效用。

农发行文山州分行行长冯裕波表示，对口扶贫马关县任务重、责任大。该行作为具体承办行，将把融资与融智、基础设施建设与产业扶贫、短期金融支持与长期金融服务有机地结合起来，充分发挥当地的各种资源优势，精准发力，谱写脱贫攻坚新篇章。

2.《不让一个农村贫困学生因贫失学　农发行支持云南马关县教育扶贫侧记》（2018年7月11日）。

"有了中国农业发展银行每年5000元的资助，我在大学期间的生活费问题就可以全部解决了。"刚刚拿到农发行助学金的云南省昆明医科大学临床医学专业学生袁立娇（化名）的语气中充满了感激之情。

采访中，《金融时报》记者了解到，为了不让一个农村贫困家庭学生因贫失学、因学致贫、因学返贫，农发行从2015年起按照"公开透明、量入为出、突出重点、专款专用"的实施原则，在马关县构建起到校、到人的教育扶贫体系。如今，越来越多的贫困学子在农发行的资助下圆了求学梦，甚至由此改变了命运。

扶贫先扶智

农发行自2013年6月定点帮扶马关县以来，各级行积极发挥农业政策性银行作用，认真履行党中央、国务院赋予农发行信贷扶贫使命，把定点扶贫作为服务脱贫攻坚的重点工作，成立了定点扶贫领导小组，建立总行领导包片扶贫联系制度，制定《政策性金融扶贫五年规划》，实行了一系列倾斜支持政策。

值得一提的是，农发行副行长林立直接挂钩马关县，每次来到马关，他都事无巨细，实地查看农发行信贷支持项目建设情况，重点了解扶贫产业培育、教育扶贫项目、农村基础设施建设、农村饮水安全改善等方面的情况。林立多次叮嘱农发行驻马关扶贫工作组，一定要做实做细教育扶贫工作，绝不能让一个贫困家庭的孩子因贫失学、因学致贫、因学返贫。

数据显示，目前，农发行总行有关部门及农发行福建省分行、江苏省分行、云南省分行已累计捐赠筹集专项教育扶贫资金212.49万元。这些捐赠资金，实行一笔资金、一个方案、跟一批人。农发行资助贫困学生项目正帮助260名马关县"建档立卡"大学生解决求学的费用难题。

■ 林立同志赴云南马关调研

■ 林立同志在云南马关县大栗树乡坝子村调研

断贫要断根

采访中《金融时报》记者了解到，2015年和2016年，农发行每年对25名当年录取的贫困大学生进行一次性资助，每人2000元至4000元不等的资助金缓解了贫困家庭的燃眉之急。

不仅如此，农发行总行基础设施部还捐赠1.05万元资助了5名大学生。对于贫困家庭来说，要供一个大学生顺利毕业仍然捉襟见肘。2017年，农发行总行发起"爱心捐赠，精准扶贫"公益捐助活动，为贫困学了享受高等教育护航"最后一公里"。

据了解，在2017年马关县的高考生中，有160名"建档立卡"贫困生考上本科、专科类院校。为切实解决贫困家庭的后顾之忧，经农发行驻马关扶贫工作组与马关县政府研究决定，使用农发行扶贫捐赠资金80万元，对录取的贫困大学生每人进行5000元的一次性资助。至此，农发行资助马关县贫困大学生项目，基本实现了建档立卡贫困大学生资助全覆盖。

3.《脱贫攻坚马关行　农发行云南马关定点扶贫采访记》（2018年11月20日）。

虽然说一方水土养一方人，然而，南捞乡山体滑坡频发，过去，村民们居住的老宅都是土木垒起来的，因下雨滑坡而导致家毁人亡的事屡有发生。加之道路差，晴通雨阻，群众出行难、农用物资及农产品运输难，严重阻碍了老厂村的经济发展，全村整体搬迁成为唯一选择。

用农发行挂点马关执行董事、副行长林立的话说："在脱贫攻坚进入啃硬骨头的关键时期，农发行就是要拿出愚公之志，找准着力点，全力以赴帮助马关县打赢、打好脱贫攻坚战"。

打破制约脱贫的瓶颈。基础设施落后，始终是制约马关脱贫的瓶颈。目前，农发行已经发放贷款4.5亿元，改造当地农村危房超过3.9万户，逾14.5万贫困人口直接受益。不仅如此，该行还发放贷款1.3亿元支持农村公路建设，如今，绝大多数建制村都已通上硬化路。

缺少致富产业一直是导致马关县贫困发生率较高的主要因素之一。如何改变马关县产业结构单一、农业产业化龙头企业少、农产品销售渠道缺乏的状况，成为近年来农发行帮助马关脱贫的一项重要工作。

值得一提的是，为支持马关发展产业，农发行审批扶贫批发贷款1.06亿元，仅支持工业辣椒、巴西菇、食用玫瑰、禽畜养殖等项目，就带动3.28万贫困人口增收。

阻断贫困代际传递。受教育程度越高，贫困发生率就越低，阻断贫困代际传递越有效——这是农发行在马关定点扶贫的深切体会，也是记者此次实地调查采访的真实感受。

4.《农发行举办2019年定点扶贫县（对口支援县）招商引资对接会》（2019年

9月29日）

9月26日至28日，中国农业发展银行2019年定点扶贫县（对口支援县）招商引资对接会在浙江杭州举办。

这是农发行第三年举办定点扶贫县（对口支援县）招商引资对接会。会议期间，5个定点扶贫县党政负责人推介了当地产业项目和优惠政策，并与浙江天子股份有限公司等15家企业签订了投资合作协议，意向投资金额20亿元；16家企业代表参加了定点扶贫县现场爱心捐赠；举办了"农发易购"电商平台上线启动仪式；通报了东部9个省级分行2019年定点帮扶成效，东部9个省级分行共同发布了加强东西部协作定点帮扶倡议。此外，5个定点扶贫县还分别组织召开了政银企三方洽谈会，就企业到定点扶贫县投资进行了深度对接。

几年来，农发行累计向定点扶贫县投放贷款155.35亿元，捐赠3600余万元，培训基层干部和技术人员2520人，在中央单位定点扶贫工作考核中连续2年获得了"好"的等次。与此同时，农发行把支持定点扶贫县产业发展作为重中之重，专门制定产业扶贫两个贷款办法，创新产业扶贫"吕梁模式"，加快推进一、二、三产业融合、农业产业联合体等创新模式的推广运用，今年前8个月投放产业扶贫贷款1146.4亿元，占全行扶贫贷款投放的56%。几年来，农发行累计投放产业扶贫贷款7637亿元。

5.《风雨八载扶贫路　决战决胜在今朝——农发行隆林扶贫八年纪实》（2020年7月27日）。

6月29日，中国农业发展银行（以下简称农发行）引进并提供贷款支持的"隆林年出栏50万头生猪生态农业产业链项目一期工程"开工仪式在广西壮族自治区百色市隆林各族自治县岩茶乡者艾村陇桂屯举行。开工仪式现场，南方夏日的湿热天气让背后的绿山显得更青翠欲滴，背景图上育肥猪承载着隆林脱贫致富的希望。

"以前，出入村只有黄泥路，村民出行必须先徒步，再骑摩托车，最后再搭车才能到县城，一旦下雨则完全无法通行。村里种植的杉木，也因为运输成本高难以卖出好价钱。现在，通屯的水泥路都有4.5米宽，不论晴天雨天村民们出行都很方便。这是我们农发行为当地老百姓做的一件大好事。"农发行驻那么村第一书记曹亚楠自豪地说。

"风险补偿基金模式真是帮了我一个大忙，贷款很快就审批下来，解决了我的燃眉之急。"三冲茶叶有限公司董事长陶思艺告诉记者，农发行该笔贷款从受理到发放用时仅5天，大大缓解企业流动资金压力。

此外，三人小组还全力组织隆林农业政策性保险业务开展，2019年保险投保额和理赔金额分别是上年的3倍和6倍，分别达到2400万元和1600万元，基本上实现了"应保尽保，应赔尽赔"。仅生猪保险业务，面对2019年突发的猪瘟灾害就为全县生猪养殖户挽回损失1500余万元。

脱贫摘帽不是终点，而是新生活、新奋斗的起点。一路风景一路歌，在农发行风雨兼程的扶贫路上，有欢笑、有泪水，更多的是刈隆林扶贫成果的喜悦。2020年之后，农发行要继续把支持隆林稳定脱贫的大旗坚定不移地扛下去，在服务当地乡村振兴的道路上，继续发挥农发行人的"光"与"热"。

6.《农发行定点扶贫措施　力度大效果好》（2020年12月17日）。

今年以来，农发行向定点扶贫县投放疫情防控应急贷款1733万元，支持购建医疗设备设施、储备医疗物资等。减免受疫情影响地区客户的46项服务费，同时做到不抽贷、不断贷。对由于疫情原因不能及时进行扶贫贷款认定的企业，允许容缺办理扶贫贷款认定手续，确保扶贫企业享受优惠政策。

农发行还倾情倾力开展消费扶贫行动。通过在广西南宁、贵州贵阳开设定点扶贫县扶贫产品实体体验店、在各级机关内部设置专柜专区、创新电子商务营销等方式展销定点扶贫县产品。今年以来，全行帮助销售贫困地区农产品5.74亿元；累计发放产业扶贫贷款2205亿元，全力提升贫困地区扶贫产品供给质量；累计投放贷款1482亿元，全力支持贫困地区打通扶贫产品产供销渠道。

《农村金融时报》：

1.《农发行将定点扶贫帮扶举措落到实处》（2017年4月17日）。

据记者了解，本次召开的对接推进会是农发行认真贯彻党中央、国务院的新部署和新要求，将做好定点扶贫帮扶举措落到实处的具体体现。会议本着自愿、互惠、互利原则，通过搭建合作帮扶平台，推进社会捐赠、产业对接、东西部协作，引导各方力量凝聚共识，将东部地区资金、技术、经验优势与西部地区资源、环境、生态优势精准对接，建立多层次、多形式、全方位扶贫协作关系，开创优势互补、长期合作、双赢甚至多赢的良好局面。

国务院扶贫办、人民银行、银监会相关部门负责人，农发行相关部门、相关分支机构负责人，农发行定点扶贫县、对口支援县及东部地区友好合作帮扶县党政领导，企业代表等约150人参加了会议。

近年来，农发行认真贯彻落实中央决策部署，把定点扶贫作为服务脱贫攻坚的重点工作，成立定点扶贫工作领导小组，建立总行领导包片扶贫联系制度，制定《政策性金融扶贫五年规划》，实行一系列倾斜支持政策，选派骨干力量驻县、驻村挂职扶贫，量身定制金融服务方案，主动提供融资融智服务。

关于如何做好下一步定点扶贫工作，农发行表示，将深刻领会习近平总书记提出的"四个需要"内涵，以更大的决心、更明确的思路、更精准的举措、超常规的力度开展定点扶贫，坚决助推定点扶贫县打赢脱贫攻坚战。

2.《政策性金融定点扶贫的隆林经验》（2018年6月14日）。

因病、因学、因残、因灾、因缺资金……作为一个典型的国家级贫困县，隆林几乎囊括所有的致贫因素，辖内88个贫困村中，有58个深度贫困村，部分村的贫困发生率甚至达到50%。

作为政策性银行，金融扶贫是农发行近年来各项工作的重中之重，该行仅2017年就累计投放精准扶贫贷款5120亿元，截至2017年末贷款余额12649亿元，居全国金融系统首位。让这样一家在扶贫领域有着万亿级资金投入的政策性金融机构定点帮扶隆林，国家脱贫攻坚的决心和力度可见一斑。两年过去，隆林的面貌如今已经发生重大的转变。农发行也不断探索总结，力求走出一条能推广、可复制的政策性金融扶贫路径。

"基础设施，尤其是路非常关键，通过农发行信贷资金的支持，现在那么村各个屯之间都有标准的硬化道路。不仅如此，村里还装了172盏路灯，现在村民夜里出行都不用手电了。"新州镇镇长李世冠告诉记者，自从通屯路建成后，那么村的杉木、黑猪等产品的价格直接翻番，并且有商家上门来收购，这和之前运费高昂，甚至无人问津的局面形成了鲜明的对比。

"最初到那么村，我把各家各户走了个遍，发现这里的年轻人都无所事事，房子、路等都很差。"何定刚曾是农发行派驻那么村的第一书记，如今他将接力棒交给了新派驻的第一书记曹亚楠。

"我们隆林县一年可用的财政收入只有2亿多元，很多资金靠中央转移支付，在此情况下，地方政府必须主动作为争取金融机构的支持。正好农发行四级行定点帮扶，给我们资金上很大的支持。"隆林县县委常委副书记、隆林脱贫攻坚指挥部常务副指挥长钟永锋告诉记者，2016年，农发行给予当地3亿余元的信贷支持，促成了900多千米通屯路的建设。

"农发行在这块给我们的支持尤其重要，2015年的时候广西区分行就主动对接，要求我们策划好项目。前期投入了4亿元的铺底资金，帮助我们做好了征地拆迁、基础设施的建设。"钟永锋表示。

"我们也根据隆林实际，宜种则种，宜养则养，实在不行的就劳务输出。"钟永锋表示。据悉，除了通过补贴的方式鼓励百姓进行小规模的自家养殖发展特色产业外，隆林还不断同对口帮扶省份的企业协商合作，尝试将当地的特色种养殖业形成规模，农发行也利用自己的资源，积极帮助寻找企业，建立对接。

"所有的这些，都需要资金的保障到位，这方面农发行几年来给了我们特别大的帮助。现在农发行的资金占据所有扶贫资金的40%以上。"钟永锋表示。

3.《农发行隆林县支行 "输血" 又"造血"服务脱贫攻坚》（2020年4月29日）。

五年来，农发行隆林县支行压实脱贫攻坚责任，加大资金投放力度，强化"四级联动"帮扶合力，以"四融一体"推动隆林县打赢脱贫攻坚收官战，累计投放贷款27.08亿元，其中扶贫贷款26.92亿元，贷款余额20.08亿元，为隆林县2020年彻底脱贫摘帽打下了坚实基础。

住上"暖心房"。农发行隆林县支行开展信贷支持易地扶贫搬迁后续扶持专项行动，积极支持易地扶贫搬迁安置区产业发展和配套基础设施和公共服务设施建设，真正确保搬得出，稳得住，切实保障搬迁群众合法权益，让贫困群众有获得感、幸福感、安全感。

走上"致富路"。农发行隆林县支行以"修好贫困地区脱贫路"为己任，充分发挥政策性金融扶贫作用，以支持农村公路建设为突破口，加大对隆林农村公路建设信贷资金投入，改善贫困地区交通不便的情况，消除制约农村发展的交通瓶颈，为贫困群众脱贫致富奔小康提供有力保障。

教育"有保障"。扶贫先扶智，教育扶贫贷款充分体现农发行贯彻落实党的十九大"优先发展教育事业"的重要决策，体现助力"加快实施教育扶贫工程，让贫困家庭子女能够接受有质量的教育，拥有内生动力，从根本上摆脱贫困"的社会责任担当，实现从输血式扶贫转向造血式扶贫的转变，体现了农发行服务脱贫攻坚的大局意识。

手里"有收入"。发展产业是实现脱贫的根本之策，要结合实际，把培育产业作为推动脱贫攻坚的根本出路。农发行隆林县支行聚焦产业扶贫这一关键，积极探索创新扶贫模式，推动隆林产业特色转换为经济发展优势，努力打造政策性金融支持创业扶贫的"样本工程"。

4.《农发行隆林县支行：为国"储材" 为民"储财"》（2020年6月30日）。

近日，农发行广西隆林县支行获批4亿元林业资源开发与保护中长期贷款，首笔投放2亿元，用于隆林县国家储备林基地建设，预计带动5000户贫困户脱贫增收，为推进乡村绿色生态、助力脱贫攻坚提供了强有力的政策性金融支持。

据悉，隆林县是农发行全国4个定点扶贫县中唯一没有脱贫出列的县，地处云贵高原的东南边缘，石山面积超过三分之一，丛林笼罩率高达65%，耕地面积稀少、交通出行不便，目前仍有10个深度贫困村，涉及2219户共7829名贫困户尚未脱贫。

"林地流转出去25余亩，一年有12.5万元收入。"项目负责人表示，当地老百姓除了有每亩林地流转的收入，还能依靠国家储备林项目就近务工梳林，每年实现自家增收6万元，一举两得实现为国家储木材，为群众储钱财。

《中国金融》：

《农发行高调举办定点扶贫对接推进会》（2017年4月14日）。

2017年4月13日至14日，农发行在京召开了"中国农业发展银行助推定点扶贫县脱贫攻坚对接推进会"。农发行领导班子齐齐亮相，可见农发行对此次会议的高度重视。

近年来，农发行认真贯彻落实中央决策部署，把定点扶贫作为服务脱贫攻坚的重点工作，成立定点扶贫工作领导小组，建立总行领导包片扶贫联系制度，制定《政策性金融扶贫五年规划》，实行一系列倾斜支持政策，选派骨干力量驻县、驻村挂职扶贫，量身定制金融服务方案，主动提供融资融智服务。

通过此次会议不难看出农发行在推动定点脱贫攻坚方面有着严密的部署。一是积极拓展东西部协作范围。2016年以来，农发行在加强东西部省级分行结对扶贫协作的基础上，通过积极协调，促成深圳市罗湖区、江苏省海安县、杭州市富阳区、福建省安溪县、山东省昌邑市、威海市文登区6个东部发达地区区县与5个定点扶贫县建立友好合作帮扶关系。二是深入对接产业发展需求。农发行积极发动战略合作客户及优质产业化龙头企业客户参加本次会议，会议期间举行了产业对接会，5个定点扶贫县代表分别向与会企业介绍了当地资源、产业发展状况及发展需求，山东布恩农牧科技集团有限公司等20家企业与定点扶贫县现场达成合作意向，并签订合作协议。三是建立干部培训帮扶机制。农发行将联合苏州农村干部学院于未来3年举办多期培训班，组织定点扶贫县县、乡、村各级干部参加培训，为打赢脱贫攻坚战储备人力资源。四是捐赠扶贫专项资金。农发行计划2016—2020年五年内每年向5个定点扶贫县捐赠950万元，会上另有14家企业向5个定点扶贫县一次性捐赠618万元。

《吉林日报》：

《全行全力全程　融资融智融力，农发行吉林省分行服务脱贫攻坚有成效》（2019年3月29日）。

农发行吉林省分行坚决贯彻落实党中央、国务院精准扶贫基本方略，认真落实总行以服务脱贫攻坚统揽业务全局的战略定位，围绕省委、省政府的决策部署，构建了全行全力全程、融资融智融力的金融扶贫工作格局。2018年，发放精准扶贫贷款40.96亿元，全行精准扶贫贷款余额191.58亿元，辐射了21个县、802个贫困村，惠及贫困人口10多万人。

高位统筹，定点帮扶再上新台阶。大安市是吉林省8个国定贫困县之一，也是农发行定点扶贫县。多年来，农发行紧紧围绕该市如期脱贫目标，集全系统之力，选派省分行机关骨干与总行下派挂职干部组成大安三人小组，形成四级行协调推进的工作机制，全力融资融智融商融情。2018年，农发行审批大安市精准扶贫贷款15.03亿元，截至2018年末，农发行大安市支行贷款余额39.76亿元，占当地所有金融机构贷款总额的三分之一。

《广西日报》：

《农发行广西区分行"四融一体"助隆林脱贫》（2020年11月16日）。

隆林各族自治县是农发行总行定点扶贫县，多年来，农发行始终把隆林各族自治县脱贫摘帽作为重大政治任务，农发行总、省、市、县四级行联动，用真心、动真情、下真功，着力在党建扶贫、金融扶贫、产业扶贫、协作扶贫、招商扶贫、智力扶贫上狠下功夫，坚持"四融一体"的工作思路，统筹人力、物力、财力，从机构、政策、人员、项目等方面深度服务隆林的脱贫攻坚。

"融资"：全力补足发展短板。五年来，农发行累计向隆林各族自治县投放扶贫贷款34.2亿元，用于支持隆林各族自治县通屯道路、易地扶贫搬迁、义务教育均衡发展、医疗设施、特色产业等扶贫项目建设，有效改善了隆林各族自治县基础设施薄弱环节和特色产业发展短板。

《贵州日报》：

《扶贫路上显真情　精准滴灌拔穷根——农发行交出定点帮扶锦屏县打赢脱贫攻坚战的精彩答卷》（2020年5月27日）。

捷报传来，当地百姓干群百感交集，兴奋不已。三江两岸边，山间田园间，城乡居民为告别贫穷欢呼，挺起脊梁致敬这个伟大的时代，双眸飞扬闪耀新的希望……

一组新数据，彻底改写锦屏经济社会版图：全县112个贫困村全部实现国家标准出列，贫困人口减少74902人；贫困发生率由34.29%降至1.47%；城镇、农村人均可支配收入分别从20443元、5705元增至31537元、9440元……

幸福，是奋斗出来的。眼前，正是人们拥有获得感和幸福感的时代。

2020年4月的隆里乡华寨村，"道由白云尽，春与青溪长"。顺着村口干净平坦的小道往前不远，是82岁老人李宏安的家。庭院中茶花飘香，房屋里电视热闹。作为经历贫困到小康的亲历者，老人安详的脸上透着满足："以前村里都是烂泥路，卫生也不行。现在，宽敞整洁的水泥路通往家家户户，鲜花环绕庭院，环境优美整洁，大家过上了心目中的好日子。"

——聚焦教育扶贫，补短板强弱项。

——立足城乡医疗基础，积极推进"医共体试点"。

——扶贫必扶智，积极改变干部群众的思想观念，融智激发内生动力。

从教育到医疗，从经济发展到社会事业，山乡巨变刷新着城乡居民的生活。人民收获满满，幸福萦怀，激荡起生机勃勃的全新气象，疾驰的"发展号"巨轮将锦屏带向了下一个航程。

新时代，新锦屏，有了农业政策性金融加持，振奋人心的更多改变正在路上。

附录

一、定点扶贫和对口支援大事记

2016年

2016年1月20日，副行长姚瑞坤到定点扶贫贵州省锦屏县调研，就做好扶贫工作和支持经济社会发展开展座谈交流，黔东南州和锦屏县委、县政府领导参加。

2016年1月22日，行长祝树民在广西百色市分行就党建和扶贫工作调研并座谈。

2016年1月27日，副行长殷久勇到定点扶贫县云南省马关县调研，走访慰问贫困户，实地考察有关易地扶贫搬迁项目。

■ 殷久勇同志在马关县看望慰问困难群众

2016年1月27日，副行长姚瑞坤到总行机关定点扶贫县吉林省大安市调研，并到乐胜乡同生村看望慰问困难群众。

2016年1月28日，副行长姚瑞坤会见吉林省大安市党政领导，商谈定点扶贫事宜，并与大安市干部座谈交流扶贫工作；到大安市支行看望慰问员工。

■ 姚瑞坤同志深入锦屏县龙池村调研，慰问困难户，带去组织温暖

2016年5月20日，在首次农发行脱贫攻坚工作会议上，董事长解学智发言。此次会议期间套开首次定点扶贫工作会，行长祝树民、副行长鲍建安针对定点扶贫工作分别作了讲话，进行具体部署。

2016年5月24日，行长祝树民在武汉主持召开脱贫攻坚工作会议及定点扶贫和对口支援县金融扶持政策座谈会，副行长鲍建安出席。

2016年6月15日，行长祝树民主持召开扶贫金融事业部执行委员会2016年第1次会议。

2016年6月16日至17日，行长祝树民赴云南省马关县调研定点扶贫工作，深入当地贫困户以及易地扶贫搬迁安置点实地考察。

2016年6月30日，董事长解学智主持召开脱贫攻坚工程领导小组第4次会议。

2016年8月10日至11日，董事长解学智赴农发行定点扶贫县贵州省锦屏县考察调研，与地方党政领导就脱贫攻坚工作进行座谈；在贵阳市会见贵州省委书记陈敏尔、省长孙志刚、常务副省长秦如培、省委秘书长刘奇凡。

2016年9月21日至24日，副行长鲍建安赴贵州调研，就支持地方经济社会发展、合作共建扶贫实验示范区等问题与地方党政领导交换意见；慰问当地贫困户；在江西省抚州市研讨支持南丰县定点扶贫工作事宜。

2016年10月10日，行长祝树民主持召开扶贫金融事业部执行委员会2016年第7次会议。

2016年10月19日至22日，行长祝树民赴广西壮族自治区贺州市调研旅游扶贫项目；研究"万企帮万村"精准扶贫行动及支持东西部扶贫协作有关事宜；在南宁出席中央定点扶贫单位帮扶贫困县工作座谈会，会见广西壮族自治区党委书记彭清华；在农发行定点扶贫县隆林县调研"万企帮万村"企业，并慰问贫困户。

2016年11月11日，副行长鲍建安出席定点扶贫县挂职干部三人小组动员会并作动员讲话。

2016年12月7日，行长祝树民主持召开扶贫金融事业部执行委员会2016年第9次会议，传达学习栗战书在中办定点扶贫工作座谈会上的讲话精神，研究加快推进产业扶贫信贷工作的思路。

2016年12月8日至9日，董事长解学智赴农发行定点扶贫县云南省马关县调研。

2016年12月30日，董事长解学智在广西壮族自治区隆林各族自治县新州镇那么村下寨屯走访慰问困难群众。

2017年

2017年1月4日，行长祝树民主持召开扶贫金融事业部执行委员会2017年第1次会议，审议《关于召开脱贫攻坚工作会议的方案》《助推定点县脱贫攻坚对接推进暨培训会工作方案》。

2017年2月15日，副行长鲍建安赴黑龙江齐齐哈尔市泰来县考察产业扶贫项目；在农发行定点扶贫县吉林省大安市调研。

2017年3月29日，行长祝树民主持召开扶贫金融事业部执行委员会2017年第3次会议，传达学习贯彻国务院扶贫开发领导小组第十五次会议精神，研究助推定点扶贫县脱贫攻坚对接推进会筹备事宜。

2017年4月13日至14日，召开农发行助推定点扶贫县脱贫攻坚对接推进会，精准对接定点扶贫县脱贫攻坚需求，搭建对接合作平台，提升定点扶贫县造血功能与自我发展能力。

2017年4月21日，行长祝树民主持召开扶贫金融事业部执行委员会2017年第4次会议，传达学习贯彻习近平总书记近期关于脱贫攻坚工作的重要讲话精神；讨论推动政策性金融扶贫实验示范区建设的有关建议；研究助推定点扶贫县脱贫攻坚对接推进会任务落实工作；审议《精准扶贫信贷产品业务分工方案》。

2017年5月13日，副行长鲍建安在江西省抚州市南丰县出席江西省分行与总行对口支援县南丰县政府战略合作协议签约仪式并讲话。

2017年8月3日，副行长姚瑞坤在农发行定点扶贫县吉林省大安市听取市委、市政府、农发行定点扶贫三人小组扶贫工作汇报。

2017年8月10日，副行长鲍建安主持召开扶贫金融事业部专题会议，研究推进定点扶贫工作。

2017年9月21日，副行长林立出席中央单位定点帮扶广西贫困县工作座谈会。

2017年10月10日，董事长解学智出席由农发行承办的"坚决打赢脱贫攻坚战 迎接党的十九大胜利召开——中央国家机关定点扶贫工作成果展"。

2017年10月19日，副行长林立赴农发行定点扶贫县云南省马关县调研扶贫项目，了解贫困户增收效果；研究文山和马关金融扶贫方案。

2017年11月8日至10日，副行长林立在广西百色市了解地方社会经济发展和金融扶贫有关情况；在广西隆林县考察教育扶贫项目，研究加强金融支持隆林县脱贫攻坚具体措施；慰问深度贫困群众。

2017年11月16日，董事长解学智赴贵州省锦屏县调研，考察贵丰牧业养鹅产业化项目、农发行捐建定点扶贫龙池村冷库项目、南京亚狮龙体育用品有限公司锦屏项目。

2017年12月20日，副行长鲍建安赴广西隆林县新州镇那么村慰问贫困户，调研走访定点帮扶和产业扶贫情况。

2018年

2018年1月10日，行长钱文挥主持召开扶贫金融事业部执委会2018年第1次会议，传达学习中央农村工作会议中有关扶贫工作部署、全国扶贫开发工作会议精神；审议扶贫金融事业部2017年工作总结和2018年工作思路，听取执委会各成员部门2017年扶贫工作总结和2018年扶贫工作思路汇报；审议农发行2017年定点扶贫工作报告等。

2018年1月13日，副行长鲍建安到总行定点扶贫县锦屏县看望慰问农发行驻村干部及乡村扶贫干部，在敦寨镇和龙池村开展扶贫调研活动。

■ 鲍建安同志与锦屏县驻村干部、村民座谈交流

2018年2月8日，行长钱文挥会见总行定点扶贫县隆林县党政班子一行。副行长鲍建安主持召开了座谈会，探讨切实帮助隆林县解决好制约当地经济发展和脱贫攻坚所面临的问题。

2018年3月16日，副行长鲍建安主持召开总行机关赴定点扶贫县挂职干部座谈会。鲍建安对挂职干部提出"爱百姓、能吃苦、做得了事情、沉得了心，做出无愧于农发行、帮扶所在地和这个时代的业绩"的嘱托。

2018年3月23日，董事长解学智主持召开脱贫攻坚工程领导小组暨定点扶贫工作领导小组2018年第1次会议。

2018年4月16日，副行长鲍建安主持召开定点扶贫工作座谈会。

2018年4月24日，行长钱文挥主持召开扶贫金融事业部执行委员会2018年第2次会议，传达学习国务院脱贫攻坚工作专题会议精神，审议《中国农业发展银行健康扶贫贷款办法》《关于做好政策性金融支持贫困村提升工程的意见》《关于做好政策性金融支持贫困村创业致富带头人工作的意见》《定点扶贫县贷款利率优惠方案》。

2018年4月27日，行长钱文挥赴广西壮族自治区百色市调研脱贫攻坚工作，考察百东新区"深百小镇"项目和深百扶贫产业园建设。到农发行定点扶贫县隆林县，考察易地扶贫搬迁城西安置点，与隆林县委县政府负责人、农发行三人小组以及隆林县相关部门人员座谈。

2018年5月10日至11日，副行长鲍建安赴农发行对口支援县江西省南丰县调研，考察新区医院、养老服务中心、添鹏甲鱼养殖有限公司、新区整体城镇化等扶贫项目。

2018年7月12日，行长钱文挥主持召开扶贫金融事业部执行委员会2018年第3次会议，传达学习《中共中央　国务院关于打赢脱贫攻坚战三年行动的指导意见》，听取上半年脱贫攻坚工作、定点扶贫工作。

2018年9月12日至14日，副行长林立在昆明市会见云南省副省长董华，商谈政银合作和加大支持马关县脱贫攻坚工作；出席中国农业发展银行助推马关县产业扶贫招商引资对接会。

2018年9月20日至21日，副行长鲍建安出席农发行助推江西省南丰县产业扶贫招商引资对接推进会座谈并讲话。

■ 农发行助推江西省南丰县产业扶贫招商引资对接推进会

2018年9月25日至27日，副行长孙兰生在吉林长春会见省委常委、常务副省长吴靖平等党政领导，商谈政银合作支持脱贫攻坚有关事宜；赴农发行定点扶贫县吉林大安市调研农发行扶贫贷款支持项目；出席中国农业发展银行助推大安市产业扶贫招商引资对接会；听取吉林省分行、白城市分行金融支持脱贫攻坚及有关经营情况汇报。

2018年9月26日至27日，行长助理朱远洋在农发行定点扶贫县广西隆林县召开座谈会，与地方党政领导商谈隆林县脱贫攻坚工作；在广西隆林各族自治县桂黔工业园区、岩偿村油茶基地、母施村板栗基地考察；出席农发行助推隆林产业扶贫招商引资对接会并讲话。

2018年9月28日至29日，副行长鲍建安在贵州省锦屏县会见省政协副主席罗宁等党政领导，商谈支持脱贫攻坚工作；在贵州省锦屏县出席农发行助推定点扶贫县产业扶贫招商引资对接会。

2018年10月10日，董事长解学智赴贵州省锦屏县调研，先后参观考察隆里乡华寨村、敦寨镇油茶基地、养猪场、锦屏院士工作站；与副行长鲍建安考察承办中央金融单位定点扶贫现场推进会筹备情况，会见中国人民银行副行长刘国强。

2018年10月11日，中国人民银行在贵州省锦屏县召开中央金融单位定点扶贫工作推进会。会议由农发行承办，董事长解学智、副行长鲍建安出席会议并讲话。

2018年10月23日，行长钱文挥到农发行定点扶贫县大安市调研脱贫攻坚工作，赴丰收镇广发养殖合作社、中谷国家粮食储备库调研，慰问大安市贫困户，听取扶贫三人小组工作汇报。

2018年11月2日，行长钱文挥主持召开扶贫金融事业部执行委员会2018年第4次会议，听取承办中央金融单位定点扶贫工作推进会情况报告和5个定点扶贫（对口支援）县产业扶贫招商引资对接会情况报告；审议《中国农业发展银行督促检查定点扶贫县履行脱贫攻坚主体责任工作方案》。

2018年11月8日至9日，副行长殷久勇在吉林省大安市与地方党政领导、农发行扶贫三人小组座谈脱贫攻坚工作；考察农发行党费支持的地窝卜村暖棚扶贫项目；走访慰问高家村贫困户。

2018年11月15日至16日，副行长孙兰生在贵州锦屏县支行调研，主持召开座谈会，了解黔东南州、锦屏县支持脱贫攻坚情况；到农发行信贷支持、捐建易地扶贫搬迁安置小区、中小学实地调研；在罗丹村看望慰问农发行驻村干部，了解定点扶贫帮扶情况；听取农发行对口支援三人小组有关工作情况汇报；在黔东南州锦屏县会见州县领导，商谈金融支持脱贫攻坚有关事宜。

■ 孙兰生同志赴贵州锦屏县考察产业扶贫项目

2018年12月6日，董事长解学智赴农发行定点扶贫县云南马关县调研，考察南山园区易地扶贫搬迁安置点、贵翔农业科技有限公司等，走访慰问搬迁贫困户，与文山州和马关县党政领导座谈。

2018年12月29日，行长钱文挥同广西隆林县党政领导和农发行三人小组等座谈，分析2018年隆林县脱贫攻坚进展及存在的问题；与百色市市长周异决会谈，深入了解百色市脱贫攻坚工作总体情况。

2019年

2019年2月13日至14日，副行长林立在贵州省锦屏县调研金融支持脱贫攻坚和党建工作，实地考察专项基金扶贫项目、易地扶贫搬迁安置点和教育扶贫项目。

2019年2月14日，董事长解学智赴农发行定点扶贫县吉林省大安市调研；慰问贫困户、基层扶贫干部、农发行定点扶贫工作组；考察农发行扶贫捐赠资金援建的暖棚项目；与白城市、大安市党政领导座谈金融服务大安市脱贫攻坚工作。

2019年2月18日至19日，副行长殷久勇赴农发行定点扶贫县广西隆林县调研产业扶贫项目。

2019年2月20日至21日，行长钱文挥赴云南马关县小马固贫困村慰问贫困户和驻村扶贫干部、农发行驻马关帮扶工作三人小组；到南山园易地搬迁安置点检查调研；与云南省委书记陈豪、省长阮成发、常务副省长宗国英座谈，并共同出席《农发行、云南省政府支持云南实施乡村振兴金融服务合作协议》签约仪式。

2019年2月22日，副行长鲍建安赴农发行对口支援县江西南丰县调研慰问，与地方政府、企业代表座谈支持当地脱贫攻坚工作，调研农发行捐赠资金建设三溪乡敬老院项目，慰问贫困户。

2019年2月25日，行长钱文挥、副行长殷久勇出席农发行2019年金融债券承销团组建大会暨债券发行15周年高峰论坛，招商基金与广西隆林县政府代表举行扶贫捐赠签约仪式，将其发售的农发债券指数基金所得的部分管理费无偿捐赠给农发行定点扶贫县广西隆林县。

2019年2月27日，副行长鲍建安主持召开农发行定点扶贫工作座谈会。

2019年3月12日，副行长殷久勇会见吉林省大安市党政领导一行。

2019年3月26日，行长钱文挥、副行长赵鹏出席服务广西脱贫攻坚挂牌督战暨隆林县定点扶贫工作视频会。

2019年5月29日，行长钱文挥主持召开扶贫金融事业部执行委员会2019年第2次会议暨扶贫金融事业部总裁办公会2019年第1次会议，学习贯彻习近平总书记在解决"两不愁，三保障"突出问题座谈会上的重要讲话精神；传达《国务院扶贫开发领导小组关于2018年中央单位定点扶贫工作成效考核情况的通报》，审议《关于2018年中央单位定点扶贫工作成效考核发现问题的整改方案》《农发行党委关于贯彻落实习近平总书记近期脱贫攻坚系列重要指示精神的意见》《关于做好网络扶贫金融服务工作的实施意见》；学习《关于做实扶贫金融事业部的工作方案》。副行长林立到定点扶贫县吉林大安走访慰问贫困家庭；与白城市委市政府商谈扶贫和乡村振兴金融服务工作。

2019年7月6日，副行长林立赴云南马关县调研扶贫工作；实地察看易地扶贫搬迁、安全饮水等项目，考察南山高原特色产业园区；出席贫困大学生座谈会及东西部扶贫协作捐赠仪式；与地方党政领导座谈，督促推动工作。

2019年7月10日，行长钱文挥主持召开扶贫金融事业部执行委员会2019年第3次会议暨扶贫金融事业部总裁办公会2019年第2次会议，传达学习国务院扶贫开发领导小组第七次会议纪要等中央有关会议精神；听取农发行落实中央脱贫攻坚专项巡视整改工作情况、上半年脱贫攻坚工作情况和下半年工作措施、上半年定点扶贫工作情况和下半年工作措施、支持深度贫困地区脱贫攻坚工作推进会筹备情况等。

2019年7月29日，行长钱文挥赴农发行定点扶贫县隆林县调研有关教育扶贫、电商扶贫项目进展情况，并与隆林县县长杨科交流座谈。

■ 钱文挥同志在广西隆林县水洞村走访慰问贫困户

2019年7月30日，行长钱文挥在广西隆林县水洞村慰问贫困户，实地调研有关易地扶贫搬迁、教育扶贫、产业扶贫项目；赴百色市调研有关旅游扶贫项目；出席广西分行党建领航脱贫攻坚座谈会，听取相关分支行党建及脱贫攻坚情况汇报；与地方党政领导交流座谈。

2019年8月4日，董事长解学智赴贵州省黔东南苗族侗族自治州围绕"不忘初心、牢记使命"主题教育进行调研，考察黎平县肇兴侗寨易地扶贫搬迁和农村公路建设项目、黎平会议纪念馆、锦屏县罗丹村中农国盛500亩水果土壤改良项目，并在锦屏县召开帮扶督促工作座谈会；会见地方党政领导。

2019年8月5日至6日，副行长林立在扶贫联系点云南马关听取精准脱贫工作情况汇报，察看易地扶贫搬迁、安全饮水等项目；出席贫困大学生座谈会；出席东西部扶贫协作捐赠仪式。

2019年9月5日，行长钱文挥主持召开扶贫金融事业部执行委员会2019年第4次会议暨扶贫金融事业部总裁办公会2019年第3次会议，审议《中国农业发展银行2019年定点扶贫（对口支援）县招商引资对接会筹备方案》《农发行2019年助推定点扶贫县脱贫攻坚专项督导工作方案》，听取关于扶贫领域作风问题专项治理情况及下一步工作措施的汇报，研究关于使用人民银行专项扶贫再贷款资金有关事宜。

2019年9月17日至19日，行长钱文挥赴广西壮族自治区百色市调研，会见自治区政协副主席、百色市委书记彭晓春等地方党政领导；赴农发行定点扶贫县广西隆林县调研，考察隆林扶贫产业园、隆林高中、电商平台项目；前往隆林者浪扶贫车间调研并入村看望贫困户；与地方党政领导及农发行三人扶贫小组座谈，深入了解2019年隆林县脱贫攻坚进展及存在的问题。

2019年9月25日至27日，农发行在浙江杭州召开2019年定点扶贫（对口支援）县招商引资对接会。

2019年10月9日至10日，副行长孙兰生赴南丰县实地查看众创食品产业园基地，在江西桔娃食品有限公司调研；在三溪乡看望慰问贫困户，与地方党政领导座谈；与定点扶贫三人小组谈话，了解对口支援工作情况。

2019年10月23日，行长钱文挥赴锦屏支行调研，看望慰问干部员工；实地考察锦屏四中、潘寨大公田易地扶贫搬迁项目点；出席锦屏县定点扶贫座谈会，与地方党政领导座谈，研究政策性金融助力脱贫攻坚有关事宜。

2019年10月23日，董事长解学智赴江西省南丰县调研，会见地方党政领导，听取驻南丰县对口支援三人小组工作汇报。

2019年11月29日，副行长徐一丁赴云南省兰坪县出席中央金融单位定点扶贫工作研讨会并发言。

2019年12月27日，董事长解学智主持召开党委扩大会暨脱贫攻坚工程领导小组会议，研究中央脱贫攻坚专项巡视"回头看"相关工作，审议总行党委《关于脱贫攻坚专项巡视整改情况的汇报》《2019年服务脱贫攻坚工作总结》《2019年定点扶贫工作情况的报告》。

2020年

2020年1月4日，董事长解学智主持召开党委会议，研究审议《农发行2018—2019年度脱贫攻坚奖获奖名单》《关于做好2020年金融扶贫工作坚决助力打赢脱贫攻坚战的意见》《关于做好2020年定点扶贫工作的意见》。

2020年1月15日，副行长林立听取云南马关挂职三人小组组长汇报脱贫攻坚工作情况。

2020年3月26日，行长钱文挥、副行长赵鹏出席服务广西脱贫攻坚挂牌督战暨隆林县定点扶贫工作视频会。

2020年3月30日，董事长解学智主持召开党委会议，研究总行定点扶贫县2020年捐赠预算安排。

2020年4月8日，副行长徐一丁出席总行2020年第一季度定点扶贫（对口支援）专题调度视频会并讲话。

■ 农发行召开定点扶贫专题调度会议

■ 钱文挥、赵鹏挂牌督战广西

■ 解学智、徐一丁、周良伟挂牌督战贵州

2020年4月16日，副行长徐一丁主持东部省级分行定点扶贫帮扶工作调度视频会。

2020年5月8日，副行长林立主持会议，听取定点帮扶云南马关县扶贫工作情况汇报。

2020年6月4日，董事长解学智、副行长徐一丁、董事会秘书周良伟出席贵州省锦屏县、沿河县脱贫攻坚挂牌督战会议。

2020年7月10日，董事长解学智在贵州锦屏县平秋镇晓岸村调研服务脱贫攻坚工作，看望农发行锦屏三人小组，并与黔东南州、锦屏县、平秋镇、晓岸村等相关人员座谈，连续第五年深入现场调研督导锦屏县脱贫攻坚工作。董事长解学智先后冒雨考察了平秋镇晓岸小学、晓岸村村委会、晓岸村卫生室、九寨村侗族刺绣合作社和北侗民俗文化博物馆；详细了解锦屏县教育扶贫、健康扶贫、产业扶贫等脱贫攻坚重点工作，深入研究村级合作社运营、村集体经济发展、村级党组织建设等情况，并召开座谈会。

2020年7月15日，副行长徐一丁主持召开二季度定点扶贫专题调度视频会议。

2020年7月29日，行长钱文挥赴农发行定点扶贫县隆林县调研有关教育扶贫、电商扶贫项目进展情况，并与隆林县县长杨科交流座谈。

2020年7月30日，行长钱文挥在广西隆林县水洞村慰问贫困户，实地调研有关易地扶贫搬迁、教育扶贫、产业扶贫项目。

2020年8月12日至13日，副行长林立在云南省马关县会见地方党政领导；实地调研马关县易地扶贫搬迁集中安置点项目、农业产业基地项目，走访慰问贫困户和农发行扶贫助学资金帮扶的贫困大学生家庭；出席农发行定点帮扶工作座谈会暨定点帮扶捐赠仪式，听取工作汇报，商讨研究进一步巩固马关县脱贫攻坚成果和支持乡村振兴等事宜；专题听取农发行派驻马关县定点扶贫三人小组、文山州分行和马关县支行脱贫攻坚工作情况汇报。

2020年8月17日，副行长孙兰生在总行会见农发行对口支援县江西省南丰县县委副书记、县长乐启文一行，并主持召开座谈会，就深入做好对口支援工作，进一步帮扶赣南等原中央苏区振兴发展进行座谈交流。

2020年9月5日，副行长赵鹏赴广西调研脱贫攻坚工作。

2020年9月9日至10日，董事长解学智、副行长徐一丁在吉林省大安县开展脱贫攻坚调研；赴大安市考察玉河水稻合作社；慰问参观四棵树乡第二小学；在大洼村与贫困户，村、乡、县三级干部座谈。解学智一行考察了大安市玉河水稻种植农业合作社，到四棵树乡第二小学慰问贫困学生，深入四棵树乡大洼村了解定点扶贫工作情况；其间，解学智会见吉林省委书记巴音朝鲁，赴吉林省分行看望干部员工并听取分行工作汇报，总行有关部室负责人参加调研。

■ 2020年9月10日，解学智同志到大安调研

2020年9月22日，副行长徐一丁在苏州农村干部学院出席2020年定点扶贫县扶贫干部第一期培训班开班仪式。

2020年9月29日，副行长徐一丁在广西会见自治区常务副主席秦如培；出席农发行2020年定点扶贫县消费扶贫现场推进会；下午，主持第三季度定点扶贫工作调度会。

2020年11月25日，副行长孙兰生在江西省分行主持座谈会，听取分行财会、运营、群团工作以及金融支持脱贫攻坚、对口支援南丰县情况汇报。

2020年11月26日，副行长孙兰生在江西南丰县实地调研农发行信贷支持的河东新区高中建设项目、复工复产产业扶贫项目，出席县教育基金会2020年奖教奖学活动；下午，在三溪乡庙前村慰问贫困户；其间，孙兰生会见了江西省副省长罗小云，商谈政银合作有关事宜，听取了江西省分行金融支持脱贫攻坚和对口支援南丰县工作情况汇报；实地考察了南丰一中新建项目和相关企业复工复产、产业扶贫项目；出席了南丰县教育基金会2020年奖教奖学活动；走访慰问了三溪乡庙前村贫困户，详细了解农发行捐赠资金支持乡村建设情况。

2020年11月27日，董事长钱文挥、副行长赵鹏在云南马关县考察调研有关旅游扶贫和产业扶贫项目；与文山州地方党政领导召开马关县定点扶贫座谈会。

2020年12月9日，董事长钱文挥主持召开脱贫攻坚工程领导小组2020年第2次会议暨扶贫金融事业部执行委员会2020年第4次会议；听取扶贫金融事业部执行委员会成员单位2020年脱贫攻坚工作和定点扶贫工作情况的汇报，部署下一步重点工作。

二、荣誉榜

（一）2021年党中央、国务院表彰情况

姜列友　全国脱贫攻坚先进个人

熊化平　全国脱贫攻坚先进个人

康　慨　全国脱贫攻坚先进个人

扶贫金融事业部　全国脱贫攻坚先进集体

贵州省分行　全国脱贫攻坚先进集体

新疆维吾尔自治区分行　全国脱贫攻坚先进集体

吕梁市分行　全国脱贫攻坚先进集体

广西隆林各族自治县支行　全国脱贫攻坚先进集体

（二）历年全国脱贫攻坚奖获奖情况

胡世才　2016年全国脱贫攻坚奖

徐一丁　2017年全国脱贫攻坚奖创新奖

杨端明　2018年全国脱贫攻坚奖创新奖

扶贫综合业务部扶贫政策与实验示范处　2019年全国脱贫攻坚奖组织创新奖

扶贫金融事业部新疆分部　2020年全国脱贫攻坚奖

（三）2021年人民银行表彰情况

杜宗泽　金融单位定点扶贫先进个人

周颖力　金融单位定点扶贫先进个人

袁智勇　金融单位定点扶贫先进个人

乡村振兴部定点扶贫处（扶贫合作处）　金融单位定点扶贫先进集体

（四）省级脱贫攻坚集体和个人获奖情况

1. 吉林省

刘　存　2018年吉林省脱贫攻坚奖创新奖

吉林省分行扶贫业务处　2019年吉林省脱贫攻坚奖组织创新奖

张广宇　2019年吉林省脱贫攻坚奖创新奖

胥怀云　2019年吉林省脱贫攻坚奖特别贡献奖

白城市分行　2020年吉林省脱贫攻坚奖组织创新奖

长岭县支行　2020年吉林省脱贫攻坚奖组织创新奖

王冠洲　2020年吉林省脱贫攻坚奖特别贡献奖

袁　锐　2020年吉林省脱贫攻坚奖创新奖

2. 江西省

江西省分行　2015—2017年度省派单位定点帮扶贫困村工作先进单位

上饶市广信区支行　全国"万企帮万村"精准扶贫行动组织工作先进集体

3. 广西壮族自治区

韦朝广　2020年全国金融五一劳动奖章

4. 贵州省

杨端明　2017年贵州省脱贫攻坚先进个人

铜仁市分行党委　2018年贵州省脱贫攻坚先进党组织

林星亮　2018年贵州省脱贫攻坚优秀村第一书记

农发行驻锦屏县帮扶工作组　2019年贵州省脱贫攻坚先进集体

水城县支行党支部　2019年贵州省脱贫攻坚先进党组织

马　骥　2019年全省脱贫攻坚优秀基层党组织书记

绥阳县支行党支部　2020年贵州省脱贫攻坚先进党组织

杨政武　2020年贵州省脱贫攻坚优秀共产党员

郭　春　2020年贵州省脱贫攻坚优秀共产党员

潘贵平　2020年贵州省脱贫攻坚优秀共产党员

袁华武　2020年贵州省脱贫攻坚优秀共产党员

殷宇刚　2020年贵州省脱贫攻坚优秀共产党员

秦小军　2020年贵州省脱贫攻坚优秀村第一书记

遵义市分行　全国"万企帮万村"精准扶贫行动组织工作先进集体

5. 云南省

冉　华　2016年云南省脱贫攻坚社会扶贫奖

张西林　2017年云南省脱贫攻坚奖"扶贫先进工作者"

蒋正平　2018年云南省脱贫攻坚奖"扶贫先进工作者"

马关县支行　2019年云南省脱贫攻坚奖"扶贫先进集体"

马关县支行　2020年云南省脱贫攻坚奖"扶贫先进集体"

张太明　2020年云南省脱贫攻坚奖"扶贫先进工作者"

敖四林　2020年云南省脱贫攻坚奖"扶贫先进工作者"

（五）农发行脱贫攻坚先进集体和先进个人获奖情况

1. 2016—2017年度脱贫攻坚奖先进集体

贵州省分行

云南省马关县支行

广西壮族自治区隆林各族自治县支行

吉林省大安市支行

2. 2016—2017年度脱贫攻坚奖先进个人

杨端明　总行办公室处长级干部，挂任贵州省龙池村第一书记

许立民　总行扶贫综合业务部扶贫政策与实验示范处副处长

何定刚　广西分行派驻隆林县新州镇那么村第一书记

3. 2018—2019年度脱贫攻坚贡献奖先进集体

广西壮族自治区百色市分行

贵州省锦屏县支行

农发行驻云南马关帮扶工作三人小组

总行粮棉油部棉花信贷业务处（粮棉油扶贫业务处）

总行基础设施部公路建设处

4. 2018—2019年度脱贫攻坚贡献奖先进个人

胥怀云　总行人力资源部副总经理级干部、挂职大安市副市长

刘俊标　总行扶贫综合业务部定点扶贫处（扶贫合作处）处长

张广宇　吉林省白城市分行党委书记、行长

韦朝广　广西壮族自治区百色市分行党委书记、行长

林　卫　贵州省分行基础设施处处长

周万书　云南省马关县支行党支部书记、行长

5. 2020年度脱贫攻坚贡献奖先进集体

总行扶贫综合业务部（易地扶贫搬迁部，产业发展扶贫部）产业扶贫处

吉林省长岭县支行

江西省吉安市分行

广西壮族自治区河池市分行

贵州省分行基础设施处

6. 2020年度脱贫攻坚贡献奖先进个人

郑　宇　吉林省分行扶贫业务处客户经理、驻定点扶贫县帮扶三人小组成员

李国良　总行人力资源部（党委组织部）副总经理（副部长）兼总行党校副校长

陈小强　总行基础设施部/基础设施扶贫部总经理

林丹娜　广西壮族自治区分行扶贫业务处业务经理

王创业　广西壮族自治区隆林各族自治县支行行长

赵天晓　贵州省分行扶贫业务处高级经理

石锦仁　贵州省黔东南州分行政策性业务部高级主管

李震宇　云南省分行扶贫业务处客户经理

7. 2020年度脱贫攻坚奉献奖先进集体

北京市分行创新处

辽宁省分行创新处

上海市奉贤区支行

江苏省泰州市分行

浙江省分行创新处

福建省分行营业部

山东省潍坊市分行

广东省分行创新处

8. 2020年度脱贫攻坚奉献奖先进个人

敖四林　总行工会团委工作部副主任级干部、挂职副县长、驻定点扶贫县帮扶三
　　　　人小组组长

秦小军　总行大客户部/营业部外汇与投资业务处处长级干部、驻村第一书记、驻
　　　　定点扶贫县帮扶三人小组组长

9. 脱贫攻坚总结表彰先进个人

侯振宇　吉林省脱贫攻坚先进个人

刘永连　吉林省脱贫攻坚先进个人

崔　哲　广西区脱贫攻坚先进个人贡献奖

覃尚新　广西区脱贫攻坚先进个人

赵乐欣　广西区脱贫攻坚先进个人

秦小军　贵州省脱贫攻坚先进个人

殷宇刚　贵州省脱贫攻坚先进个人

林　卫　贵州省脱贫攻坚先进个人

任晓璇　贵州省脱贫攻坚先进个人

罗丽芬　贵州省脱贫攻坚先进个人

顾世界　贵州省脱贫攻坚先进个人

冯万华　贵州省脱贫攻坚先进个人

李必树　贵州省脱贫攻坚先进个人

杨政武　贵州省脱贫攻坚先进个人

何景飞　贵州省脱贫攻坚先进个人

徐　辉　贵州省脱贫攻坚先进个人

怀建丽　贵州省脱贫攻坚先进个人

袁智勇　云南省脱贫攻坚先进个人

李　丽　云南省脱贫攻坚先进个人

高国良　云南省脱贫攻坚先进个人

崔　喆　云南省脱贫攻坚先进个人

10. 脱贫攻坚总结表彰先进集体

吉林省分行扶贫业务处　吉林省脱贫攻坚先进集体

余江区支行　江西省脱贫攻坚先进集体

扶贫金融事业部广西分部　广西区脱贫攻坚先进集体

百色市分行　广西区脱贫攻坚先进集体

修文县支行　贵州省脱贫攻坚先进集体

遵义市分行　贵州省脱贫攻坚先进集体

赤水市支行　贵州省脱贫攻坚先进集体

镇宁县支行　贵州省脱贫攻坚先进集体

关岭县支行　贵州省脱贫攻坚先进集体

黔南州分行　贵州省脱贫攻坚先进集体

长顺县支行　贵州省脱贫攻坚先进集体

台江县支行　贵州省脱贫攻坚先进集体

铜仁市分行　贵州省脱贫攻坚先进集体

沿河县支行　贵州省脱贫攻坚先进集体

纳雍县支行　贵州省脱贫攻坚先进集体

威宁县支行　贵州省脱贫攻坚先进集体

黔西县支行　贵州省脱贫攻坚先进集体

六盘水市分行　贵州省脱贫攻坚先进集体

水城县支行党支部　贵州省脱贫攻坚先进集体

普洱市分行客户业务部　云南省脱贫攻坚先进集体

三、定点扶贫县帮扶实效

吉林省大安市

1. 2020年3月完成第三方评估组和省级核验组验收，2020年4月正式脱贫摘帽，贫困发生率从2015年的14.8%下降到0，贫困户共31979人成功脱贫。

2. 连续3年超额完成定点扶贫8项任务目标。

3. 2016年以来审批发放各项贷款41.88亿元，截至2020年末大安市支行贷款余额28.13亿元，占当地金融机构贷款总额的三分之一。2016年以来累计发放31.09亿元扶贫贷款，占比达74.24%。全部落实优惠利率，平均利率为4.39%，让利0.51亿元。

4. 制订"教育、消费、健康、就业、培训及特殊困难户"6个扶贫专项行动方案。细化总行8项量化工作目标，将定点扶贫县指标任务纵向分解到各二级分行，横向分解到相关处室，将定点扶贫工作纳入绩效考核和扶贫条线考核体系。

5. 2018年3月，全省首笔扶贫批发贷款4亿元成功落地，实现吉林省以批发转贷方式支持产业扶贫的"零突破"。借助农商行人员和网点方面的优势，支持家庭农场、养殖场、专业合作社等农村新型经营主体13个，带动贫困人口7160户。2018年至2019年吉林省分行审批发放扶贫批发放贷款5.8亿元，贷款的发放引领商业性金融扶贫。

6. 组织大安各级党政干部227人到苏州干部培训学院培训。结合当地特色产业种植、农产品质量安全、动物养殖及疫病防治开展技产业技术培训。开展健康培训，普及医疗知识自2016年以来共培训基层干部542人、技术人员2033人。2020年培训基层干部360名，完成总行任务目标的450%；培训技术人员1383名，完成总行任务目标的531.92%。

7. 开展捐资助学，援助大安市18个乡镇的贫困户学生、特困学生、品学兼优的贫困学生835名。

8. 引导内外部捐赠资金汇入大安，自2016年以来农发行捐赠和引入企业捐赠大安市扶贫资金2562.13万元。其中2020年投入帮扶资金532.35万元，完成总行任务目标的133.09%；引进帮扶资金413.79万元，完成总行任务目标的165.52%。

9. 自2018年以来，促项目在大安落地7个，投资金额6274.9万元落地项目共解决就业岗位1000余人，有效发挥扶贫带动作用。

10. 以购代捐，协调总行、其他省兄弟行、本省各级行献爱心购买扶贫产品，农发行全系统食堂及员工购买定点扶贫县农产品1131.36万元，同时积极协调省内外企业帮助大安销售农产品6235.75万元。有效促进了当地产业发展，带动贫困户增产增收。

11. 动员全省职工积极参与消费扶贫活动，全省1500多名职工与50个职工食堂购买扶贫产品121.33万元。协调全国其他兄弟行购买大安农产品768.63万元。在福建、广东及山东兄弟行的帮助下，协调企业购买大安玉米7552吨、大米2992.8吨，金额3105.29万元。

12. 消费扶贫专项行动，2020年累计购买扶贫产品889.96万元，帮助定点大安销售农产品3105.29万元。购买农产品完成总行任务的1779.92%，帮助销售贫困地区农产品完成总行任务的1035.10%。

云南省马关县

1. 2020年4月完成第三方评估组和省级核验组验收，2020年5月正式脱贫摘帽，贫困发生率从2015年的21%下降到0，贫困户共100058人成功脱贫。

2. 2016年定点帮扶马关县以来，累计发放信贷资金32.7亿元，占比达52.6%，为全县脱贫攻坚提供有力的资金支持。经过全县上下的共同努力，全县115个贫困村全部脱贫退出，累计退出贫困人口26166户96114人，城乡常住居民人均可支配收入从原先的8360元增加到目前的14870元，GDP连续四年实现了10%以上的增长速度。2020年5月顺利通过了省级贫困县退出专项评估检查和国家脱贫攻坚普查，贫困发生率由原先的21%降到1.08%，剩余未脱贫1125户3517人也已达到脱贫退出条件，脱贫攻坚工作取得了决定性胜利，实现圆满收官。

3. 马关县贫困地区基础设施明显改善，公共服务大幅提升，全县基本实现农村危房清零目标，建制村通硬化路率达到100%，通自然村道路硬化率和通达率分别为78%、100%，全县通车里程达4288千米。

4. 马关县全面实施3.9万户农村危房改造；全面完成657千米建制村通硬化路建设，建设3座水库，实施农村饮水工程1173件；新建马关县中医院，建设全县标准化农村卫生室112个，配备乡村医生371名，加大校舍建设力度，全面排除校舍C、D级危房，实施113所学校398个单体建设项目和多媒体教学配备；让2395户9155人（其中建档立卡1210户4773人）搬出生存和发展环境恶劣地区，实现脱贫致富。

5. 主动争取上级无偿补助资金。促成省住建厅增加马关县2017年度农村危房改造专项计划4450户，财政无偿补助资金近5600万元；促成地方财政和上级补助资金解决马关县29个村卫生室不达标、51个贫困村医疗设备未达标问题；协调地方政府财政和电力部门补助资金解决全县剩余28个贫困村、73个村小组未通10千伏以上的动力电问题；2019年协调省发改委额外追加马关县易地扶贫搬迁以工代赈资金400万元。

6. 累计组织县乡村三级扶贫干部培训893人次，累计培训技术人员1219人次，参与培训农户近万人次，帮助贫困农户增产增收；培训20名贫困乡村中小学教师，培训成效得到了高度认可，学员们自发送来锦旗"五省师杰京拾贝　扶贫恩泽谢发行"。

7. 招商引资拓宽产业发展空间。充分利用客户资源和组织优势，在农发行牵头下与马关县政府到江苏海安、上海虹口、广东、广西、山东、吉林、江西、浙江、福建九个经济发达地区考察学习，宣传马关，挖掘和寻求商机；以每年不少于3个落地项目的频率，引进企业投资近亿元；历年助推马关县产业扶贫招商引资对接会，累计参加企业代表和爱心捐赠单位代表300余人，会上签订合作协议40余个，意向投资近70亿元。

8. 捐赠及动员捐赠的各类无偿捐赠资金共计5178.56万元，其中系统内捐赠资金2530.26万元，引导社会各类企业团体捐赠2648.3万元；已支持马关县义务教育均衡发展建设项目1亿元，涉及7个乡镇29个贫困村，贫困人口8874户31214万人直接受益；累计收到各类教育捐赠资金3552.75万元，已资助马关县贫困学生2469名，2016—2020年共资助3445人。

广西区隆林县

1. 2020年10月完成第三方评估组和省级核验组验收，2020年11月正式脱贫摘帽，贫困发生率从2015年的23.57%下降到0，贫困户共86076人成功脱贫。

2. 2016—2020年，广西区分行累计向隆林审批贷款57.68亿元，累计投放31.48亿元，截至2020年末各项贷款余额24.49亿元，较2015年末增加19.73亿元，增长率

414.49%，占隆林县金融机构贷款余额的30%左右，保持在金融机构前列。

3. 挂牌督战期间，累计投放贷款7.61亿元，实现总行、区分行督战任务超额完成，任务完成率分别为190.25%、126.83%。扶贫贷款投放高于上年同期、扶贫贷款增速高于全区扶贫贷款平均增速，全面完成2020年中央八项指标督战任务，充分发挥我行在金融扶贫中的先锋主力模范作用。

4. 截至2020年，为隆林县安排捐赠资金2095.55万元，其中，安排内部捐赠资金1313.03万元，协调外部帮扶资金782.52万元，为隆林县"两不愁，三保障"和农发行定点帮扶村解决实际困难。

5. 灵活运用"降低客户信用等级准入要求""执行优惠利率"等总行制定的59条差异化支持政策。2015年以来，审批项目均采取优惠利率发放，平均利率下浮10%以上，年均让利740万元，是隆林县各金融机构中让利效果最显著的金融机构。

6. 开展消费扶贫专项行动成效显著，累计购买隆林县农产品219.39万元，帮助销售隆林县农产品748.91万元，带动1.3万余人增收。

7. 积极推动教育扶贫专项行动，历年资助隆林籍贫困学生资金累计591.5万元。2020年累计投放教育扶贫贷款3亿元，助力隆林县第五中学、隆林县民族高级中学9月前实现开校办学。

8. 大力开展隆林县脱贫摘帽专项行动：易地扶贫安置后续扶持隆林县城西安置点超过1万人；马场村合作社19人到桂合集团公司学习种桑养蚕技术；组织隆林县地方官员和致富带头人参加总行苏州农村干部学院培训班；组织广西六万林场累计聘用当地工人500人次，贫困人口占30%以上等。

贵州省锦屏县

1. 2019年，锦屏县地区生产总值由2015年底的34.76亿元增长至56.59亿元，农村居民可支配收入由6390元增长至9466元；5个贫困乡镇、112个贫困村全部实现国标出列，累计减贫17501户74902人，综合贫困发生率从2014年建档立卡时的34.29%降至1.47%，较原定计划提前一年正式退出脱贫县序列。2020年初剩余的1195户2985名贫困户已达脱贫标准，锦屏全县实现贫困人口"清零"。

2. 总行党委成员深入锦屏调研共计12人次。贵州省分行张孝成行长履新首站基层调研就到锦屏，时任行长董明以及省分行党委其他成员先后总计47人次到锦屏指导联系定点帮扶。省分行"一把手"亲自联系锦屏，采取多种形式开展定点扶贫工作调度80余次，全行、全力、全程服务定点扶贫，抓细、抓实、抓到位得到有效落实。

3. 2016年以来，累计审批锦屏县项目贷款26.91亿元、投放15.53亿元，"融资"力度持续加大。2019年支行投放全省系统首笔农民合作社小微企业贷款、首笔林权抵押贷款、首笔生猪产业发展贷款、首笔扶贫批发贷款等"四个首笔"。2020年10月末，支行贷款余额17.51亿元，占全县金融机构企业贷款的57.1%；信贷规模较成立之初增长9.99亿元，年均增幅77.62%，贷款余额在黔东南州12家支行中排名第二、单县第一，在锦屏县7家金融同业中，信贷投入连续三年增速领跑全县。贷款部分执行优惠的贷款利率，每年减少企业融资成本750余万元。

4. 新设锦屏县支行，建立定点帮扶桥头堡，2017年10月在系统抽调12名优秀年轻业务骨干加入到金融服务锦屏脱贫队伍。新设农发行锦屏县支行以来，批准贷款项目13个，发放信贷资金11.34亿元。

5. "志智双扶"成效明显。累计帮助锦屏开展各类培训20余期，参训总计1852人，其中，基层干部508名、技术人员1282名、教师62名。

6. 招商引资落地见效。2017年起，总行连年举办定点扶贫县招商对接会以来，共有26家企业到锦屏实地考察，签订意向性投资协议21个，金额18.55亿元，南京亚狮龙、浙江铁枫堂等公司9个项目落地锦屏，累计投入资金0.58亿元；其中浙江铁枫堂生物科技公司铁皮石斛项目，带动1350人就业，含贫困户325名；南京亚狮龙生产基地直接带动就业200余人。

7. 扶贫捐赠帮扶力度大，累计系统内外共向锦屏捐赠扶贫资金0.51亿元，其中系统内捐赠0.26亿元；引进企业捐赠0.25亿元，捐赠企业多达到116家。捐赠资金投入的义务教育、基本医疗、改善贫困户生活条件等领域，惠及农村贫困人口2.1万人。

8. 消费扶贫效果好。累计帮助购销锦屏县农特产品835.78万元，其中各级行和员工购买金额467.06万元，帮助销售金额368.72万元。省分行继续无偿提供商业门面，为锦屏县开设名优特农产品贵阳店。省分行6名行领导率先带头一次性购买农产品人均1000元以上；各级行工会福利采购59.53万元，动员企业帮销66.08万元。

江西省南丰县

1. 陆续选派4批、8名干部赴南丰县挂职锻炼，与当地干部一道努力推进经济振兴，贡献农发行智慧。

2. 自2013年开展对口支援以来，南丰县GDP从76.63亿元增加到137.88亿元。财政收入从8.03亿元增加到2019年末的13.52亿元。贫困发生率由4.4%下降至0.18%。

3. 累计投放各类信贷资金从2013年的0.63亿元增加到2020年末的30.99亿元，支持重点项目10个，支持民营企业5户。着力打造政策性金融扶贫实验示范区，推动产业扶贫"吕梁模式"在南丰落地。

4. 着重投入教育领域，累计帮助培训南丰县基层扶贫干部、当地致富带头人、基层技术人员4242人次。

5. 累计投入引进帮扶资金1576.31万元，用于帮助当地新建和完善民生基础设施，有力地推动了相关事业的发展；牵头成立南丰县扶贫教育基金，累计捐赠421.72万元，资助、奖励师生1300余人次；捐赠支持三溪乡敬老院、三溪乡中心学校等项目。

四、定点扶贫派驻干部

2015—2020年总行机关赴定点扶贫县挂职干部名单

地点	姓名	挂职职务	挂职时间
吉林大安	何录	大安市副市长	2015年9月—2018年4月
	胥怀云	大安市副市长	2018年4月至今
	杨德军	大安市扶贫办副主任	2016年10月—2019年10月
	王冠洲	大安市扶贫办副主任	2019年10月至今
贵州锦屏	杨端明	罗丹村第一书记	2015年9月—2019年10月
	秦小军	罗丹村第一书记	2018年9月至今
	周颖力	锦屏县金融办副主任	2016年10月—2019年10月
	唐鲲鹏	锦屏县经开区党委委员、管委会副主任	2019年10月至今
广西隆林	杜宗泽	隆林县委常委、副县长	2015年9月—2018年4月
	赵乐欣	隆林县委常委、副县长	2018年4月至今
	郭熠	隆林县县长助理	2016年10月—2019年10月
	罗松	隆林县副县长	2019年10月至今
云南马关	岳喜军	马关县委常委、副县长	2015年9月—2018年4月
	敖四林	马关县委常委、副县长	2018年4月至今
	崔喆	马关县县长助理	2016年10月至今

2015—2020年分支行选派定点扶贫县挂职干部名单

地点	姓名	挂职职务	挂职时间
吉林大安	郑宇	农业局副局长	2016年11月—2019年9月
	侯振宇	农业局副局长	2019年9月至今
贵州锦屏	邓勇	锦屏县副县长	2016年11月—2019年4月
	潘贵平	锦屏县副县长	2018年12月至今
	杨绍帆	锦屏县政府办副主任	2019年8月至今

续表

地点	姓名	挂职职务	挂职时间
广西隆林	曹亚楠	那么村第一书记	2018年3月至今
	言东华	隆林县县委书记助理	2018年3月至今
	何剑飞	水洞村第一书记	2018年4月—2020年4月
	白　涛	财政局副局长	2020年6月至今
	何定刚	那么村第一书记	2016年9月—2018年3月
	罗赟华	那么村第一书记	2015年10月—2016年8月
	潘代伦	那么村驻村工作队员	2018年3月至今
	邱广华	隆林县副县长	2017年1月—2018年3月
	梁剑培	驻那么村工作队员	2016年3月—2018年3月
	李廷奕	老寨村第一书记	2018年3月至今
云南马关	袁智勇	马关县副县长	2016年11月至今
	曹　跃	东瓜林村第一书记	2015年9月—2017年3月
	王梓润	东瓜林村驻村工作队员	2019年3月至今
	徐　金	东瓜林村第一书记	2017年3月—2019年3月

2013—2020年总行机关选派对口支援县挂职干部名单

地点	姓名	挂职职务	挂职时间
江西南丰	丁振京	南丰县委副书记、副县长	2014年1月—2016年1月
	张维胜	南丰县委常委、副县长	2016年3月—2018年4月
	王　亮	南丰县副县长	2016年11月—2019年12月
	赵金霞	南丰县委副书记、副县长	2018年4月—2020年5月
	陈晓东	南丰县委副书记、副县长	2020年5月至今

2013—2020年分支行选派对口支援县挂职干部名单

地点	姓名	挂职职务	挂职时间
江西南丰	吴路明	南丰县县长助理	2013年12月—2015年2月
	杨　力	南丰县县长助理	2016年11月—2019年4月
	方必胜	南丰县县长助理	2019年4月—2020年6月

后记
EPILOGUE

　　时代造就英雄，伟大来自平凡。农发行走过的定点扶贫和对口支援之路，取得的成就有目共睹。为全面总结经验，讲好扶贫故事，铭记扶贫精神，总行党委决定编撰《中国农业发展银行定点扶贫之路》一书，把服务定点扶贫县的好做法、好事迹、好精神记述下来，载入农发行史册。

　　在本书形成过程中，农发行乡村振兴部全程组织、动员、调度、指导，分别选调吕维彬、言东华、杨绍帆、陈博组成编写组，历时五个月时间完成书稿编撰工作。全书分为战略背景、顶层设计、四级联动、融资助战、融智助力、融商助阵、融情注爱、社会回音八个篇章，全面回放定点扶贫和对口支援工作历程，多角度立体展现了农发行扶贫人的精神风貌。

　　为写好农发行支持定点扶贫县这篇"大故事"，编写组先后深入广西、广东、贵州、云南、吉林、江西6个省（自治区）分行和5个定点扶贫县进行实地调研采访，走访了41个乡村、35家企业、15个农民合作社、5个易地扶贫搬迁安置点、11户贫困户，考察了16所学校、幼儿园、医院、敬老院、儿童福利院和卫生所，查看了9个活动广场和乡村道路。在6个省（自治区）分行和5个定点扶贫县支行召开座谈会，听取历任三人小组成员工作情况介绍，与定点扶贫县党政及职能部门进行座谈交流，从不同侧面、不同领域全面掌握定点扶贫和对口支援工作大量的鲜活案例和第一手资料，为本书的形成提供了丰富的素材。

　　非常感谢为本书提供支持、作出贡献的所有领导和同事们，特别感谢黑龙江省分行、广西壮族自治区分行、贵州省分行、云南省分行选派精干力量参与编写工作，感谢5个定点扶贫县党政领导和三人小组的全力配合，感谢河北省张北县支行在本书统稿期间提供的有力保障。

　　定点扶贫你我并肩前行，乡村振兴携手再铸辉煌。我们深知，一切成绩归功于人民，归功于党。谨以此书向那些曾经和依然在为定点扶贫县默默无私奉献的同志们致敬！

本书编写组

2022年6月